4·16구술증언록 단원고 2학년 9반 제1권

# 그날을 말하다

## 세희 아빠 임종호

4·16구술증언록 단원고 2학년 9반 제1권

# 그날을 말하다

## 세희 아빠 임종호

4·16기억저장소 기획 편집
(사) 4·16세월호참사가족협의회 지원 협조

한울

일러두기

1. 음절로 식별 가능한 소리를 들리는 대로 전사하는 것을 원칙으로 한다.

2. 의미를 파악하기 위해 추가 설명이 필요할 경우 [ ]로 표시한다.

3. 몸짓, 어조 등 비언어적 행위는 ( )로 표시한다.

4. 구술자가 말을 잇지 못해 말줄임표를 사용하는 경우 ……, …로 길고 짧음을 표시한다.

5. 비공개 영역은 〈비공개〉로 표시한다.

6. 비공개해야 하는 희생자 형제자매의 이름은 ○○, △△ 등의 도형기호로, 생존자의 이름은 A, B, C 등 알파
   벳 대문자로 표시한다.

7. 비공개해야 하는 제3자는 직분이나 소속, 성만 공개하고, 이름은 ××로 표시한다. 비공개해야 하는 숫자는
   자릿수에 상관없이 □로 표시하며, 지명은 □□로 표시한다.

4·16기억저장소에서는 세월호 참사 5주기를 맞아 구술증언 수집 사업의 결과물 일부를 100권의 책으로 발간하게 되었습니다. 이 사업은 2015년 6월부터 다양한 학문 분야 구술 연구자들의 자발적인 참여로 진행되어 왔으며, 세월호 참사를 좀 더 정확하고 다각적으로 기록하고 기억하고자 하는 노력의 일환으로 수행되었습니다.

2014년 참사 발생 이후, 참사 피해자들의 목격담과 경험은 안타깝게도 공식적인 국가기관과 언론의 기록 속에서 철저히 소외되거나 왜곡되었습니다. 그것은 세월호 참사가 우리에게 안긴 죽음과 고통의 충격만큼이나 우리 사회의 끔찍한 비극이었습니다. 따라서 사업을 진행하면서 세월호 참사 희생자 가족, 생존자, 생존자 가족, 어민, 잠수사, 활동가, 기자 등등, 참사의 초기 과정을 직접 경험한 분들의 증언을 우선적으로 수집했습니다. 구술자는 이 사업의 취지와 방식에 개인적으로 동의한 분 중에서 선정했으며, 참여 과정에 어떠한 금전적 보상이나 이익이 제공되지 않았습니다. 또한 구술증언 수집 사업을 진행하는 동안, 면담자는 연구자이자 참사를 겪은 공동체 시민으로서 최대한 윤리적이고자 노력했습니다.

구술자마다 매회 약 2시간씩 3회를 원칙으로 음성 녹취와 영상 촬영을 하는 방식으로 진행되었고, 증언의 일관성을 확보하기 위해 면담자는 큰 틀에서 공통 질문지를 사용했습니다. 공통 질문지의 내용은 참사와 구술자 간의 관계성에 따라 차이가 있지만, 유가족 구술의 경우 1회차 '참사 이전의 삶, 팽목항과 진도에서의 경험, 자녀에 대한 기억'을, 2회차 '참사 이후 투쟁과 공동체 활동 경험'을, 3회차 '참사 이후 개인 및 가족이 경험한 삶의 변화와 깨달음, 자녀의 현재적 의미'를 중심으로 했습니다. 이처럼 증언 내용은 참사 이전에서 시작해 참사 발생 당시의 경험과 이후의 변화 과정까지 폭넓게 수집했고, 면담자는 구술 채록 과정에서 구술자의 발화를 최대한 존중하고자 했으며, 무엇보다 각자의 특수한 경험과 다른 시각을 충실히 반영하고자 했습니다.

이 구술증언록의 발간을 위해, 채록된 음성 자료는 문서로 변환해 구술자와 함께 검토했고, 현재 시점에서 공개할 수 있는 영역과 할 수 없는 영역으로 구별했습니다. 따라서 책에 실린 내용은 모두 구술자로부터 공개를 허락받은 부분입니다. 비공개 영역은 추후 구술자의 동의를 받아 적절한 절차를 거쳐 추가로 공개될 수 있으리라 생각합니다.

이 구술증언록 100권에는 그동안 우리 사회에 왜곡되어 알려지거나 잘 알려지지 않았던, 참사 발생 직후 팽목항과 진도 혹은 바다에서의 초기 상황에 관한 중요한 증언이 포함되어 있습니다. 또한, 자녀를 잃는 잔인하고 애통한 상황을 겪으면서도 그 누구보다 강인한 정치적 주체로 성장할 수밖에 없었던 유가족의 마음과 경험을 구체적으로, 그리고 여러 각도에서 살펴볼 수 있습니다. 그 외에도, 이 구술증언록은 2014년을 전후한 한국 사회의 여러 측면을 드러내는 귀중한 자료가 되리라고 생각합니다. 무엇보다 국내외의 많은 분이 이 책을 읽어, 장차 세월호 참사의 진상 규명과 역사 서술에 기여할 수 있기를 바랍니다.

구술증언 수집 사업이 진행되고, 책으로 출간되기까지 많은 분의 도움과 지지가 있었습니다. 이 지면을 빌려 부족하나마 감사의 말씀을 전하고자 합니다.

먼저 (사)4·16세월호참사가족협의회와 4·16기억저장소에 감사를 드립니다. 이분들의 신뢰와 적극적인 협조가 없었다면, 이 사업은 처음부터 시작할 수조차 없었을 것입니다. 또한 어려운 정치 환경 속에서도 사업의 취지에 공감해 재정 지원을 결정해 준 아름다운가게와 역사문제연구소에 감사드립니다. 두 단체 덕분에, 이 사업을 4년 동안 계속해 올 수 있었습니다. 그리고 구술증언록 100권의 발간에 동의하고, 바쁜 일정에도 출판 실무를 기꺼이 맡아주신 한울엠플러스(주)에도 감사를 드립니다. 이 외에도 많은 개인과 단체가 직간접적으로 많은 도움을 주시고 격려해 주셨습니다. 여기에 모두 밝히지 못하는 것을 죄송하게 생각합니다.

　말할 필요도 없이, 가장 크고 또 가슴 아픈 감사는 구술자 한 분 한 분께 드리고자 합니다. 이 책이 발간될 수 있었던 것은, 무엇보다 용기를 내어 아픔과 고통의 기억을 다시 떠올리고 장시간 진심으로 이야기를 해주신 구술자가 있었기 때문입니다. 오랜 시간 이야기를 나누며 함께 공감하기도 했지만, 그 아픔과 고통을 어떻게 가늠할 수 있을까 싶습니다. 더 큰 도움이 되지 못함을 안타까워하며, 이 구술증언록 100권의 발간이 피해자분들에게 조금이라도 위로가 될 수 있기를 기원합니다.

2019년 4월

4·16기억저장소 구술팀 책임자
서울대학교 인류학과 교수 이현정

# 차례

■ 4회차 ■

# 세희 아빠 임종호

구술자 임종호는 단원고 2학년 9반 고 임세희의 아빠다. 첫째로 태어난 세희는 점토공예를 좋아하던 착하고 얌전한 딸이었다. 아빠는 좀 더 나은 사회를 만들기 위해 고민하며, 세월호 투쟁과 함께 노동 연대 투쟁에도 힘쓰고 있다.

임종호의 구술 면담은 2016년 1월 11일, 26일, 2월 4일, 10일, 4회에 걸쳐 총 9시간 13분 동안 진행되었다. 면담자와 촬영자는 김아람이었다.

구술자 본인의 프라이버시나 제3자의 프라이버시를 보호해야 할 부분을 제외하고는 구술자의 발화를 있는 그대로 전사했다.

# 1회차

2016년 1월 11일

· · · · · · · · · · · · · · · · · · · · · · · · · · · · · · · · · · · · · · · ·

면담자     본 구술증언은 4·16 사건에 대한 참여자들의 경험과 기억을 기록으로 남김으로써 이후 진상 규명 및 역사 기술에 기여하고자 합니다. 지금부터 임종호 씨의 증언을 시작하겠습니다. 오늘은 2016년 1월 11일이며, 장소는 안산시 단원구 정부합동분향소 내 불교방입니다. 면담자와 촬영자는 김아람입니다.

<br>

<br>

2
구술 참여 동기, 출판된 책『금요일엔 돌아오렴』

면담자     9반에서 처음 구술하시는 건데 구술증언에는 어떻게 참여하시게 되셨어요?

세희 아빠     기억저장소 임기현 씨가 이런 게 있다고 얘길 하더라고요. 항상 기록 저장이나 이런 거 하는 데 있어서 거부 반응이나 이런 건 없었구요. 그래서 흔쾌히 하기로, 하겠다고 얘기했습니다.

면담자     『금요일엔 돌아오렴』이 책으로 나왔는데 구술증언도 책으로 나오면 좋겠다는 생각을 하지는 않으셨나요?

세희 아빠     글쎄요, 그런 생각까진 안 해봤구요. 처음에『금요일엔 돌아오렴』도 책으로 나올 거라고 생각도 안 했거든요. 기록을 할려고 한다라고 그 정도만 알고 있었고, 책으로 나올 거라는 것도 나중에 알았죠. 그래서 인터뷰 육성 기록 하는 중간 정도, 요 정도…, 그 이전에도 계속해서 서울에서 만나서 얘기도 했었고, 하면서 녹음을 하시더라구요. '그런가 보다' 생각을 하고 있었고, "책을 만들려고 한다" 그러면서 "기록들을 할려고 하는데 인터뷰를 해달라"라고 해서 그때 제 기억으로 4시간 넘게 했던 기억이 있어요. 그 기록을 바탕으로 해서 책이 나온 거 같애요.

면담자   처음에 그런 건 생각을 못 하셨군요.

세희 아빠   예. 전혀 그렇게 나올 거라 생각을 못 했고, 그때는 잠깐잠깐 서울에 집회나 이런 게 있을 때 청운동 동사무소에 있으면서 물어보고 하면서, "기록으로 남길려고 한다"고 하면서 물어봤을 때 대답해 준 거, 그렇게 해서 시작이 된 거 같애요.

면담자   책 나왔을 때 기분이 어떠셨어요?

세희 아빠   처음에 기록 초안들 나오고 했을 때, "이렇게 할려고 한다, 원고 한번 보시라"고 해가지고 메일로 받아서 보고 그 정도로 해서 진행이 됐던 거 같애요. "보고 그다음에 보완할 거 있으면 얘기해 달라" 이런 식으로 해서 크게 다른 게 없어서 진행하라고 했던 거 같애요.

면담자   손보시거나 그런 것도 없으시고?

세희 아빠   예, 그런 거 없고, 그대로 나간 거 같애요.

면담자   『금요일엔 돌아오렴』이 기록물로는 처음 출판된 거죠?

세희 아빠   그런 거 같애요. 그 이후에 '북 콘서트'다 뭐다 해서 부모님들 많이 활동하셨고….

면담자 『금요일엔 돌아오렴』에 실린 부모님들은 북 콘서트 지역별로 같이 다니셨어요?

세희 아빠 다녔고, 기록에 없는 부모님들도 같이 다니기도 했었구요. 13명에 대한 이야기긴 하지만 부모님들 다 같이 겪었던 일이기 때문에 누가 가든 별 상관은 없었던 거 같애요. 계속해서 진행되는 상황에서 거의 대부분이 책에 실려 있는 부모님들이 많이 갔죠.


# 3
## 안산 정착 과정


면담자 인천에서도 잠깐 사셨다고 하셨는데, 안산엔 언제 오시게 되셨나요?

세희 아빠 네, 인천에서 2년 정도 잠깐 살았어요. 안산에 오게 된 건 제가 군 제대하고 94년도 8월로 기억이 되구요, 8월 말 정도였던 거 같애요.

면담자 원래 안산에서 태어나고 자라셨어요?

세희 아빠 아니에요, 군대 제대하고 왔다니까요. (면담자 : 고향이 어디세요?) 고향은, 저기 주소지는 전북 임실이구요. 거기서 고등학교까지 졸업하고 군대 제대하고 올라왔던 거죠.

면담자 인천으로 올라오셨나요?

세희 아빠    아니요. 안산이에요, 94년도. (면담자 : 어떻게 여기에 직장을 잡으셨어요?) 직장 잡게 된 계기가 그때가 처음이었죠. 사회생활 처음 발을 딛게 됐고, '장사를 배워볼까' 하는 마음에서 소개로 안산에 처음 오게 됐죠.

면담자    어머님 만나시게 된 게 언제예요?

세희 아빠    아, 세희 엄마 같은 경우는 군대생활 할 때 만났어요. 군대생활 할 때 제가 의경생활 했거든요. 그때 제 기억으로는 추석 때였던 거 같아요. 특박이라고 그러죠? 2박 3일 특박을 나왔는데, 그때 처음 소개팅을 했던 거 같아요. 소개팅 해갖고 만나고 한동안 연락을 안 하고 지내다가 집사람한테 우연찮게 편지가 와서 그때부터 편지 주고받고 하면서 처음 만났던 거 같아요. 계속해서 편지 주고받고 면회도 한두 번 오고 제대해서도 계속 만나고 [했지요]. 군대생활부터 하다 보니까 연애 기간이 꽤 길었다고 볼 수 있죠. (면담자 : 아버님은 군대를 20살 즈음에 가셨나요?) 예, 그렇죠.

면담자    어머님도 고향이 같으신가요?

세희 아빠    집사람은 장수예요, 가까워요. 그래서 그때 소개팅을 명절 전에 하고, 시골에 내려온 김에 전주에서 소개팅하고, 그 전에 우리 시골 친구하고 집사람 친구하고 연애 기간 중에 [저희 둘이] 소개팅을 받은 거예요. 같은 동네, 같은 동네라기보다 같은 학교 다니던 친구니까 소개팅해서 그때 만나게 된 게 처음 봤던 거죠.

면담자    안산 오셨을 때 어머님하고는 떨어져 계셨던 거예요?

**세희 아빠**　　　그때는 세희 엄마 같은 경우는 수원에서 직장생활을 했었구요. 안산하고 가깝잖아요, 수원하고. 가끔 일 끝나고 만나고 할 때는 차를 타고 왔다 갔다 하면서 만났구요. 제가 그때는 직장생활 해서 시간이 많이 없었어요. 장사를 할 때면 대부분 쉬는 날이 많지 않잖아요. 한 달에 두 번 정도 그때 만났죠. 집사람이 그때 삼성전기 다녔었거든요. 그래서 그때 만나고 계속해서 만났다가 연애 기간으로 따지면 꽤 됐죠, 4, 5년 되니까요. 그래서 결혼하게까지 됐죠.

**면담자**　　　결혼하시게 된 게 몇 년도?

**세희 아빠**　　　그니까 6년, 96년 요 정도. 그때 집사람은 여기서 같이 살고 있으면서, 세희를 임신한 상태에서 회사를 계속 다녔으니까. 세희가 8월 3일생이에요. 공교롭게 8월 3일 날이 휴가 마지막 날이었거든요, 여름휴가요. 여름휴가 저희 시골집에 가서 거기 있다가 마지막 날 진통이 왔어요, 새벽에. 8월 3일이 휴가 마지막 날이었는데, 제 기억으로는 일요일이었던 거 같고, 그때 남원에 산부인과로 가서 태어난 생시가 오후 4시 16분이에요. 큰애 사고 난 이후에 가만히 생각해 보니까 태어난 시간이나 이런 게 생각이 나더라구요. 출생 병원에서 떼준 거 있잖아요, 증명서 보니까 16시 16분 이렇게 써 있더라구요. 만나면서 계속 출퇴근, 회사[생활] 하면서, 세희 태어나고 직장을 집사람 그만두고, 저는 여기서 안산에서 계속 살았죠, 그때부터. 세희 동생이 2년 터울이래요, 2년 터울인데 태어나고 얼마 안 돼서 7, 8개월요 정도 돼서 인천으로 이사를 갔어요.

**면담자**　　　세희 태어나고? 아니면 동생 태어나고?

세희 아빠        동생 태어나고, 2년 정도 인천에 살았죠. 2년 살다가 여기서 처음 발을 딛고 살다 보니까, 인천에서 사는 게 낯설었던 거 같애요. 저는 관계는 없는데, 왜냐면 아침에 일찍 출근해서 저녁에 늦게 오고 그러다 보니까, 집은 그냥 잠만 자고 출퇴근만 하기 때문에 그렇게 생각하고 있었는데 집사람 입장에서는 아이들을 매일 보고 키우다 보니까 낯선 동네일 수 있잖아요. 그래서 방 계약기간이 끝나고 다시 안산으로 오게 됐죠.

면담자        안산은 어디에 자리 잡으셨어요?

세희 아빠        와동이요, 지금도 와동 사는데 지금 사는 동네 거의 1200미터 반경 안에서 계속 이사 다니면서 살았던 거 같애요, 그니까 정이 많이 들어서. 더구나 다니는 회사가, 안산에서 회사생활 했던 거는 불과 한 4년 안쪽이구요, 그 외 시간들은 제 직장이 다 부천이나 인천이었어요. 그래서 저희 회사가 지금도 인천에 남동공단인데 그쪽으로 출퇴근해요. 아이들이 초등학교 다니고 할 때 이사를 갈려고도 했었는데 제 회사가 그쪽이다 보니까, 근데 여기서 발붙이고 정붙이고 사니까 [세희 엄마가] 이사 가기가 싫어하더라구요, 저는 상관이 없는데. 그래서 제가 '출퇴근 조금 하고 살지' 생각하면서 아이들도 여기 학교 다니다 보니까 계속해서 여기가 정이 붙은 거죠, 그래서 계속해서 여기서 살게 됐던 거죠.

면담자        동네에 아이들 같이 키우는 모임이나 이런 것들이 있었어요?

세희 아빠        글쎄요. 모임이 있었는지는 모르겠는데, 그런 모임은 없었던 거 같고 아는 사람들이 있었겠죠. 여기서 집사람 같은 경우엔 직장생활을 계속했었고, 아이들 어느 정도 크고 나서는 직장생활을 했죠, 하면서…. (면담자: 그러면 둘째 낳으시고 다시 복직을 하신 거예요?) 아뇨, 3, 4개월 다닌 게 아니라 여기서 안산에서 회사를 다니고 있다가, 지금도 직장생활 하는데 휴직 상태, 3개월 휴직 상태. 몸이 안 좋아서 치료 좀 받고… 부모님들이 [치료받으러] 많이 갔죠.

## 4
## 누나의 빈자리와 내색하지 않는 동생

**세희 아빠**      세희 동생 ○○이가 단원고 1학년이에요, 아들이. 세희가 2학년 9반 16번인데 동생이 1학년 9반 16번이더라고(헛웃음). 지금 아들이 많이 힘들어하죠. 처음에 누나가 거의 엄마 역할을 했어요. 엄마, 아빠가 아침 일찍 출근을 하면, 아침에 세희가 일어나서 씻고 밥 차리고 해서 동생까지 챙기고 하다 보니까 거의 엄마 역할을 했었죠. ○○이는 어려서부터 "엄마가 좋아, 아빠가 좋아?" 물어보면 거의 "누나가 좋다"고 했으니까. 집사람은 서운하긴 하지만 그만큼 누나에 의지했던 게 많죠. 그렇게 살다 보니까 지금에 와서는 아침밥도 챙겨주고 할 사람도 없고, 물론 본인이 챙겨 먹으면 되는데 버릇이 안 들었잖아요. 누나가 항상 챙겨주고 이런 게 있었는데 안 먹게 되더라구요. 집사람도 그게 마음이 많이 아프죠. ○○이 누나가 챙겨주던 걸 안 챙겨주니까 밥도 안 먹게 그러니까 불규칙적인 생활들이 되고…. 지금 상황에서 보면 집사람이 챙겨주고 하니까 ○○이도 되게 좋아하고, 엄마가 집에서 아침 먹을 때도 같이 먹고 하니까 그런 부분들은 많이 위안이 지금 되는 거 같아요.

그래서 항상 안 좋으면 얘기를 하라고 해도 괜찮다고 말을 안 하니까, 물론 부모 마음이겠지만 ○○이는 자꾸 괜찮다고만 하니까, 저희가 봤을 때는 안 괜찮아 보이는데 괜찮다고만 하니까…. 사실상 지금도 그래요, 원래 성격이 내성적이고 밖에 돌아다니는 성격도 아닌데 더구나 방에 들어가면 거의 안 나오고, 방에만 있는 그런 시간들이 많으니까. 그래서 학교 다니면서 계속 공부는 하긴 하는데, 글쎄요, 그게 잘하고 있는지 없는지도 솔직히 저희들이 봤을 때 '잘하고 있다 안 하고 있다' 판단하기는 좀 힘들고…. 힘들어하는 거는 같은데, 내색을 안 하니까 워낙….

**면담자**　　처음에는 심리치료 안 받는다고 그랬다면서요?

**세희 아빠**　　예, 지금도 안 받아요. 안 받고 있고 싫어해요. 누구, 자기 아픔인데 그걸 남한테 얘기하고 누구한테 심리치료를 받고 이런, 하여튼 치료를 받게 되면 누군가의 얘길 듣고 할 거 아니에요, 그러는 걸 싫어하는 거 같아요. 누구한테 내 아픔을 얘기하는 것도 싫어하고 부모인 엄마, 아빠한테도 안 하는데 남한테 더 안 하겠죠. 그런 거 봤을 때는, 그런 부분들 때문에 다른 사람한테 노출되는 걸 싫어하니까, "언제라도 얘기하고 필요하면 얘기를 해라"라고 얘긴 하는데 본인이 싫어하더라고. 남이 오는 거 자체도 그런 걸 자꾸 들춰내는 거잖아요, 그런 걸 싫어하는 거 같고. 그래서 "알았다. 그러면 하지 말아라" [했더니] 오히려 더 그런 거 같아요. 우리도 마찬가지지만 누군가가 와서 "힘내라" 이런 얘길 하면, 절대 힘내라는 얘기가 위로가 되진 않거든요. 그런 마음을 알기 때문에 우리가 이래라저래라 할 수 있는 그런 입장도 아니더라고. 저희들이 그런 마음을 이해를 하기 때문에. '우리도 심리치료를 안 받고 하면서 아들한테 강요할 수 없겠다'라는 생각이 들더라구. 그래서 안 했죠.

<br>

## 5
## 사고 후 슬픔, 주변의 위로

면담자　　　전문가들과 얘기 나누고 치료하는 게 별로 내키지 않으셨어요?

세희 아빠　　저도 싫었어요, 그런 게. 왜 그러냐면, 물론 전문가이긴 하겠지만은 내게 와서 얘기를 하고 그렇다 하면 그분들이 할 수 있는 게 무슨, 들어주는 얘기는 할 수 있겠죠. 작년, 재작년 이맘때만 해도 누가 나한테 마치 내 슬픔을 이해하는 거처럼 얘기하는 그 자체가 "당신이라면"이라는 멘트가 먼저 생각이 나죠. '당신이 내 상황이라면 진정하고 올바른 정신상태로 살 수가 있겠는가?' 그런 반문들만 생각이 나지[나고], '나의 상황을 이해할려고, 또 이해할 수 있는 이런 부분들은 아닐 거다'라는 생각이 먼저 들었죠. '조금이나마 시간이 있으면 내가[나를] 차라리 맘 편하게 내버려 두면 좋겠다'라는 생각들이 먼저 생기죠. 예전에 그런 생각들이 많이 생겼죠. 오히려 계속해서 우리가, 가족들이 싸우는 상황들만 있었기 때문에 그런 부분에 있어서는 '차라리 우리 싸우는 걸 도와주는 게 더 낫겠다'라는 그런 생각밖에 안 들죠.

'와서 지지하고, 우리 마음을 상담으로 해서 치유를 할 수 있는 부분들, 이런 부분들을 애기를 한다고[하는 것보다] 차라리 우리 싸우는 데 와서 행동해 주고 응원해 주고 그런 게 더 도움이 될 거다' 이런 생각들밖에 안 들었으니까. 누군가가 와서 위로한다는 자체가 위로로 들리진 않죠, 그랬던 상황 같애요.

**면담자**　　　친구나 가족도 별로 만나고 싶지 않다는 말씀을 유가족들이 많이 하시더라고요.

**세희 아빠**　　　저도, 다 비슷한 거 같애요. 명절이나 휴가철 되고 하면 대부분 형제자매 모일, 1년에 몇 번 안 되는 가족들 모일 수 있는 시간들이잖아요. 저희들도 한 번도 가본 적이 없어요, 가기도 싫고 대부분의 부모님들이 느꼈던 거 같애요. 왜냐하면 우리가 그렇게 특별법 만들기 위해서 싸우고 다니고 했는데, 정작 가족들은 그런 데 동참해 주는 사람들은 많지 않았어요. 오히려 동참해 주고 우리 이해해 주고 한 번이라도 찾아와서 지지 방문해 주고, 이런 분들은 그나마 형제자매들한테도 되게 고맙고 그런 게 있더라고. 근데 그 외 사람들은, 차라리 우리를 지지해 주고 집회에 와서 힘 실어주는 이런 분들보다 더 남 같더라구요, 가족들이. 그래서 저만 느낀 게 아니라 모든 부모님이 대부분 그렇더라구. 전화도 안 하구요, 형제들한테도 전화도 안 하고요, 전화 오면 받기가 싫어요. 왜냐면 "힘내라. 이제 잊고 가장으로서 아이들도 챙기고" 이런 애기 하는 거예요, 그 말이 제일 듣기 싫은 거예요. "당신이 당신 일이라면 그런 말을 할 수 있겠는가" 그런 반문들 있잖아요.

그래서 전화 통화하는 자체가 '차라리 전화하지 말지, 왜 사람 속을 상하게 더 전화를 해가지고' 그런 상황들을 더 싫다, 이런 생각들

얻게 하는 거. 형제들이 솔직히 명절 때고 이렇게 하면 항상 모이고 하잖아요. 가기가 싫어요, 왜? 가서 그런 얘기할까 봐. 그리고 갔는데 항상 조카애들이든 모이잖아요, 근데 우리 아이만 없어. 그 자리가 그 상황이 너무 싫은 거죠. 조카애들은 웃고 떠들고 있는데, 내 아이도 있었음 분명히 즐거운 자리가 될 수 있었는데, 그 상황도 보기가 싫고 더 싫은 거 같아요. 그런 부분에 있어서 저뿐만 아니고 모든 가족들이 대부분 [그런 거 같아요]. 나를 지지해 주고 했던 형제자매가 있으면 차라리 평상시 시간 날 때 찾아가서 고맙다고 얘기하고, 하다못해 밥이라도 한 끼 먹으면 대접해 드리고 싶고 이런 게 생기더라구. 그 외에 가족들이 일상적인 얘기를 하면 너무 싫더라구요.

면담자       아버님 형제분들 중에 가까이에서 도와주신 분들이 계셨나요?

세희 아빠       진도 있을 때는, 사고 초기 때는 형제들이 다 왔었죠. 다 와서 찾을 때까지 기다리고 이런 부분들이 있었는데 그때 말고는, 찾아와서 장례 치르고 나서는 일상으로 돌아갔죠. 다들 일상으로 돌아갔고 우리 가족들만의 싸움이 됐죠. 그리고 희생당한 우리 아이들의 부모님들하고 더 친하고, 더 가족 같고 그런 마음이 더 생기지. 진짜 피를 나눈 형제자매들보다 더 형제자매 같죠. 사실상 아픔을 알기 때문에, 내 아픔을 똑같이 알기 때문에 더 형제자매 같죠. 그런 상황들이 저뿐만 아니고 가족들 대부분 그런 생각들을 하시는 거 같아요.

면담자       어머님들은 부모님이나 시부모님도 만나기 싫다고 하시더라고요.

**세희 아빠**　　지금 저희 부모님이 다 돌아가셨는데, 돌아가셔서 그런 건 아닌데, 얼마 전에 장인어른이 두 달 전에 돌아가셨어요, 한 달 반 정도. 장인어른께서도 사고가 나기 전에 암이 있었어요. 본인은 모르고 있었지만 가족들은 알고 있었던 상황인데, 돌아가셨는데도 다른 자식들은 물론 슬프고 하겠죠. 세희 엄마도 아빠가 돌아가셨는데 슬프지가 않은 거예요. 다른 사람들 보면 "아빠가 돌아가셨는데 왜 안 슬프냐"라고 할 수 있겠지만 슬프지가 않더라고, 저도 마찬가지고. 나이 들어서 병들어 죽는 건 자연스러운 거처럼 느껴져 버리는 거죠. 나를 낳아주었던 부모님이긴 하지만 태어나면 죽는 게 삶이라는 인생에서 당연히 겪어야 될 일인데, 나이 들어 병들어 죽는 거 너무나 당연한 거처럼 느껴져 버린 거죠. 너무 큰일들을 겪다 보니까 슬픔이 내가 겪었던 슬픔보다 더 큰 슬픔이 아니면 슬픔으로 와닿지가 않는 거예요.

그래서 쉽게 얘기하면 TV를 봐도 누가 다쳐서 죽거나, 예를 들어서 부모가 병들어 죽거나 암이 걸려 죽거나 그러면 "그럴 수 있지" 하면서 있잖아요. TV 보고 하면 눈물 흘리고 하시는 이런 분들 있잖아요. 저도 마찬가지고 집사람도 마찬가지, 예전에는 TV에 슬픈 장면이나 이런 거 나오면 눈물 나죠. 지금은 "그럴 수도 있지"라고 평범하게 넘겨버리는 거지. 슬프지가 않은 거예요. '우리 같은 사람도 사는데'라는 그런 생각이 들어버리는 거죠. 감정이 메마른 게 아니라 너무 아픈 기억이 있기 때문에 작은 아픔은 아픔으로 보이지도 않는 감정 상태가 돼버린 거 같애. 뭐라 그래야 되나 정상이지 않은 상황이죠, 이게 어떻게 보면 트라우마라고도 할 수도 있겠고. 그런 경험들을 하고 있는 거 같애.

세희 아빠 임종호

# 6
## 직장에 있는 시간이 가장 힘든 시간

**면담자**　　직장생활을 하시기가 힘드시진 않으세요?

**세희 아빠**　　예. 오늘 퇴근하고 집에 들러서 저녁 먹고 이렇게 [구술 하러] 왔는데, 저는 회사 가 있는 시간이 하루 중에서 제일 힘든 시간 이에요, 제일 고문 같은 시간이고. 어쩔 수 없이 다녀야 되기 때문에 다니는 상황들이다 보니까, 대부분의 직장생활 하시는 우리 부모님들 이 그런 마음일 거예요. 하루에도 열두 번씩 '회사를 다녀야 되나 말 아야 되나' 이런 생각들이 들고, 저 같은 경우에 만약에 세희 하나만 있었더라면 회사를 그만뒀을 거 같아요. 그만두고 진상 규명이든 뭐 든 이런 일들을 했을 거 같아요. 근데 동생이 있잖아요. 저는 그런 생 각을 했어요, 이기적인 생각일지 모르겠지만 최소한 남은 아들한테는 '엄마, 아빠가 정상적인 생활을 하는 모습을 보여줘야 되겠다'는 그런 생각이 제일 우선이었고…. 진상 규명도 당연히 해야 되겠죠. 그런 역 할들을 할 수 있다면 다 해야 되겠죠. '최대한 내가 회사에, 회사를 다 니면서 할 수 있는 일들을 찾자' 그런 마음을 갖고 계속해서 회사를 다니고 있어요.

　　근데 대부분의 부모님들 보시면 회사를 그만두고, 아예 전념해서 하시는 분도 계시지만 회사 다니기가 너무 힘들어서 그만두고 직장을 옮기시는 부모님들도 많구요. 어차피 직장생활 해야 생활이 영위가 되기 때문에, 그런 부분들 생각하기 때문에 안 다닐 수는 없거든요. 대부분 다닌다 하더라도 그만두고 다른 회사를 이직하는 경우, 더구나 얼굴이 많이 알려지신 부모님들은 다른 회사 다니기도 힘들죠. 왜냐면 내 주변에 아는 사람들이, 내가 세월호 유가족이라는 걸 알잖아요. 회사에 가면 그래요, 서로 할 말이 없구요. 서로 예민하게 받아들이는 거죠, 평상시에 내 모습도 아니고 '내가 하는 행동 하나가 저 사람들이 볼 땐 어떻게 볼까'라는 생각도 하게 되고. 마냥 사람이 아픔이 있다고 해서 울고만 다닐 수는 없거든요, 사람이기 때문에. 그런데 나를 평가하는 자체가 신경이 쓰이는 거고, 회사 같은 동료들도 제 눈치를 보죠. 웃고 싶어도 저를 보면 마음대로 웃지 못하는 상황들이 만들어질 수 있는 거고, 서로 부담스러운 존재라고 생각을 하는 거죠.

물론 아닐 수 있는데 당사자인 유가족들은 그렇게 생각할 수 있어요. 그래서 저도 될 수 있으면 회사에서도 항상 움직였던 [거예요]. 회사 전체 돌아다니고 하면서도, 즐겁게 차 한잔 마시면서 장난도 하고 즐겁게 지냈다가, 지금은 오히려 내가 움직이는 반경이 줄어들었어요. 그래서 딱 쉬는 시간이나 이런 때 커피 한잔 마시고 왔다 갔다 하는 거기서만 왔다 갔다 하고, 대부분의 회사 사람 얼굴 보고 얘기하고 할 수 있는 시간을, 제가 부담스럽기도 하지만 저를 보는 사람들도 부담스러워할까 봐 안 움직이죠. 그래서 회사에 있는 시간이 싫더라고. 세월호 진상 규명이나 이런 부분들이 제대로 이루어지지도 않고 있기 때문에 내가 회사에 있는 시간이 너무 답답해요, 그런 마음들은 저뿐만이 아닐 거 같고. 그러기 때문에 '어떻게 하는 게 최선일까' 그런 생각도 들어요. 그만둬야지 최선인지, 그런 생각도 하루에 열두 번도 더 들어요. 매 순간순간 그런 생각들을 하고 살죠. 그래서 제일 마음이 불편할 때가 회사에 있는 시간들, '하루가 빨리 지나갔으면 좋겠다',

세희 아빠 임종호

그런 생각들을 하고 다녀요.

면담자       아버님은 어떤 일을 하세요? 다른 아버님들은 사고 후
일 능률이 많이 떨어지셨다고 하셔서요.

세희 아빠       저는 기술직인데 금형을 해요. 금형을 하는데, 금형을
하다 보면 예전에는 제가 좋아하는 일이라서 했기도 했지만 일을 항
상 재밌게 즐겁게 할려고 했었던, 능률 면이나 이런 부분에 있어서도
항상 잘 나왔던 거 같아요. 근데 지금은 의욕이 없으니까 하루 종일
시간만 빨리, 시간 때우기 회사[생활]인 거 같아요. 즐겁고 재밌어서
했던 일인데 지금은 즐겁고 재밌지가 않으니까, 그런 부분에 있어서
회사라는 장소가 이미 나한테는 어쩔 수 없이, 마지못해서 다닐 수밖
에 없는 그런 상황이 됐죠. 그래서 힘든 장소인 거 같아요, 능률도 마
찬가지고. 그게 즐겁고 재밌게 해야지 능률도 오르는 건데, 그런 부분
에서 공감할 수 있는 내용인 거 같아요.

면담자       아버님은 기술을 공고에서부터 배우신 건가요?

세희 아빠       아니요, 전 현장에서 회사 이직을 많이 하면서. 기술직
이라는 게 한곳에서 머물러서, 그 회사에서만 기술을 배우면 한 가지
기술밖에 못 배우는데, 회사를 다른 데 옮기면 거기서 배울 수 있는
기술 이런 것들이 있어서, 기계 다루고 이런 거는 딱 한 가지거든요.
사용할 수 있는 기계는 하난데 거기서 노하우라고 해야 되나, 그런 것
들, 각자 기술자들만이 가지고 있는 기술들을 하나씩 습득을 하는 거
죠. 그런 것들 배우면서 재미있는 것도 느꼈고, 보람도 느끼고 했었기
때문에 그런 일들을 굉장히 저는 즐겁게 했어요.

면담자    제일 전성기이신 때였겠네요?

세희 아빠    저는 제가 하는 일을 굉장히 좋아해서 재밌게 했었던 거 같애요. 근데 지금은 일이라는 게 손에 잡히지 않는다는 표현이 맞 겠죠, 잡히지 않아.

면담자    청문회나 집회나 활동이 있는 날은 더 마음이 편치 않 으시겠네요?

구술자    그렇죠. 제가 꼭 가야 될 장소에 못 갈 때도 있고, 일하 다 보니까 시간적인 제약이나 이런 부분들 [때문에]. 물론 휴가가 있긴 하지만 휴가 써서 갈 수 있을 때면 가고 하긴 하는데, 그렇지 못 한 상 황들도 물론 있겠죠. 모든 일정들을 다 할 수 있는 건 아니니까. 그래 서 보면 일하면서도 그 생각이 나죠. 몸은 여기 있어도 마음은 '저기 어떻게 돼가고 있나' 그런 생각들 많이 하죠.

면담자    저녁에는 따로 세월호 활동 하시는 게 있나요? 목공방 도 저녁에 열리나요?

세희 아빠    저녁에는 안 하는 거 같애요. 직장 그만두시고 하시는 부모님들이 대부분 그 활동을 하시는 거 같고, 공방도 마찬가지고. 낮 에 하고 그러다 보니까 제가 할 수 있는 일은 예를 들어서 간담회가 있다든가, 저녁에 잡히는 간담회 있으면 거기 갈 수 있는 시간이 되면 가고, 지금 〈나쁜 나라〉 영화 그런 데도 가고, 대부분 저 직장 다니니 까 주말 스케줄, 시연이 어머니가 스케줄 잡을 때 주말에 있는 스케줄 같은 거 많이 잡아주시고 그래요. 그런 식으로 활동하기도 하고 정기 적인 회의가 있으면, 여기 저녁에도 하는 회의들이 있거든요. 4·16합

창단 지금 하고 있듯이 모임들 회의가 있으면 참석하고…. 그리고 매일 반별로 당직이 돌아가요. 10개 반이 돌아가면 열흘에 한 번씩 당직을 서게 되면 반별로 서기 때문에, 저희 반들이 다 얼굴 볼 수 있는 시간들이기 때문에, 그때 나와서 당직 서면서 이런저런 얘기들 부모님들하고 이런 식으로….

면담자　　회사 다니시는 게 정말 힘드실 거 같았어요.

세희 아빠　　네(한숨). 물론 회사 다니는 게 제일 힘든 거 [지요], 생계 때문에 하니까. 일부 시민들이나 국민들이 언론에 의해서 "몇억을 받았나" 이런 얘기들이 나오잖아요? 물론 받아서 쓸 수도 있죠. 배·보상이나 이런 부분들도 있고 하지만, 소송 가신 분도 계시고, 그 돈으로 내 앞으로의 미래가 다, 한 가정의 미래가 다 할 수 있다라면, 살 수 있다라면 직장 그만두고 살 수도 있겠죠. 저희들 상황이 아픈 사람들도 많고, 계속해서 돈 들어가는 상황들이 많은 상황들이다 보니까 그거만 바라보고 살 수 있는 상황은 아니죠.

면담자　　어머니도 직장생활 하시는 게 쉽지는 않으셨겠네요.

세희 아빠　　그죠, 계속해서 [어려웠죠]. 사고 터지고 처음에 집사람 3개월 있다가 복직을 했거든요. 사고 이후 3개월 있다가 복직을 했는데 힘들죠, 회사 가서 있는 것도 마찬가지로 똑같이 힘들고, 집에 오면 똑같이 힘들어하고 이런 상황들이 계속됐죠, 계속해서 싸우러 다니고 이랬던 상황들이 많기 때문에. 아무튼 어찌해서 직장을 휴직하고 있는데 계속 갈등을 하고 있는 거 같아요 세희 엄마가, '다녀야 되나 말아야 되나 [하고요].' ○○이, 세희 동생을 챙겨야 되는 이런 부분들, 분명히 엄마가 있을 때하고 없을 때하고 차이 나는 게 보이니까, 그런 부분 때문에 고민을 많이 하더라구요. '그만둬야 되나, 다녀야 되나' 지금도 계속 고민하고 있어요. 2월 중순까지 휴직 기간인데, 한 달 정도 남았네요. 그러다 보니까 그런 거 때문에 고민하고 있는 거 같애요.

# 7
## 세희의 어린 시절

**면담자**    세희 키우실 때 힘들거나 그런 거는 없으셨어요?

**세희 아빠**    글쎄요. 세희 키우면서 힘들다 이런 거, 말썽을 피거나 이런 아이가 아니어서, 큰 병이 있었다거나 이런 것도 없고 되게 건강하게 잘 커줬고 심성도 착하고…. 제 인터뷰 다른 기사를 보셨는지 모르겠는데 그런 얘기들 많이 했죠. 너무 에프엠[FM]이라고 해야 되나? 너무 착했고, 엄마, 아빠 말 너무 잘 들었고, 선생님 말 너무 잘 들어서 선생님이 항상 그런 얘기들을 했던 거 같애요. 저는 학교를 안 가서 모르는데 집사람이 [담임선생님 말씀이] "세희 같은 아이들만 있으면 담임선생님 하는 거, 일도 아니겠다"라는 표현들을 많이 했었고, 준비물 하나 빠뜨리면 큰일 나는 줄 알고 그렇게 했었고, 선생님 말 안 들으면 큰일 나는 줄 알고 그렇게 살았던 친구였기 때문에, 집에서도 엄마, 아빠 챙길 줄 알고 어른들 공경할 줄 알고…, 누가 가르쳐서가 아니라 어른들하고 식사할 때도 어른들 수저 들어야지 밥 먹는, 예의가 바르고 어른들한테 어려서부터 반말 한 번 해본 적이 없고…. 좀 그러잖아요, 할머니, 할아버지 보면 손주들이 편하니까 막 하고 그러잖아요. 그런 적도 한 번도 없고 너무 착했어요.

그래서 할머니, 할아버지들한테 많이 이쁨도 많이 받았고, 너무 착하고 그런 부분들에 있어서, 너무 올바랐던 것도 불만이 있었거든요, 제가 항상. 왜냐하면 엄마, 아빠한테 갖고 싶은 게 있으면 사달라고 떼도 쓰고 그래야지 되는데 그런 것도 없었고, 오히려 그런 게 너무 없어서 제가 오히려 "필요한 거 있으면 사달라고 해"라고 [하면] "없다" 그러는 거예요. 제가 알아서 시켜서 사주고 그러면은 그때서야 갖고 놀다가, 가지고 생활하고 그런 정도였어요. "자전거 사줄까" 했는데 자전거도 안 탄다고, 안 사달라고 그런 정도여서 애들이 애들 같지가 않아서 그런 거 때문에 불만이 많이 있었죠, 제가. 애들은 애들같이 떼도 쓰고, 항상 아이들 보면은, 마트 같은 데 보면은, 다른 애들 보면 저거 사달라고 떼쓰고 울고 그러잖아요. 우리 애들은 그런 적이 한 번도 없어 가지고 그런 거 때문에 저는 솔직히 불만이었어요. 아이들이 아이들 같지 않고 그랬던 게 너무 불만이었기 때문에, 오히려 "우리 애들은 저런 것도 해달라고 안 한다고" 오히려 "가서 사줄까? 사줄까?" 물어봐야지, 안 한다고 이런 식이니까.

**면담자**　　어머니, 아버님이 엄하게 하거나 그런 것도 아니었는데?

**세희 아빠**　　저는, 제 인상이 어떻게 보이는지 모르겠는데 되게 무섭대요, 아이들이 제 인상이. 물론 그런 부분도 있을 거예요. 생활하면서 아이들이 잘못된 행동을 한다거나 까불고 저거 하면 딱 쳐다봐요. 제가 무섭나 봐요, 바로 정리가 돼요. 그게 있어 가지고 저는, 오히려 항상 혼낼 일이 있어도 제가 안 혼냈어요, 왜냐하면 애들이 너무 주눅 들려 있는 거 같은 느낌이 들어서. 지금도 그래요, 아들 있어도 해야 될 얘기가 있고, 싫은 소리 해야 될 게 있으면 집사람한테 미뤄요. 내가 얘기하면 아이들은 내 말을 안 들으면 진짜 큰일 날 거처럼 느끼는 거 같애요. 그런 것들 때문에 너무 어려서부터, 그런 게 많아서 무섭대요. "아빠가 무서워, 선생님이 무서워?" 그러면 아빠가 무섭다는 거야. 그런 정도의 두려움을 갖고 있더라구요.

나는 그게 싫었어요, 아빠는 편하고 그런 존재여야지 되는데. 물론 잘못을 하면 무섭겐 하죠. 하는데 '어떻게 내가 이런 존재가 됐나?' 생각들 많이 했거든요. 그런 것들 때문에 굉장히 미안하더라구요. 지금까지 악역들은 엄마한테 맡길려고 했고, 계속해서 그러했는데 어떻게 그렇게 해도 저는 무서운 사람이었나 봐요, 애들한테. 그런 거 때문에 저는 불만이 많았어요, 애들한테.

**면담자**　　　딸, 아들 중에 어느 쪽이 더 좋으셨어요? '딸 바보'라고 요즘은 그러던데요.

**세희 아빠**　　　예, 저는 딸이 더 좋았어요. 나중 가면 아들 같은 경우에 군대를 제대하면 아빠하고 잘 어울린다고 얘길 하더라고요. 그런 얘기가 있어서 그런지 모르겠는데 딸이 저하고 성격도 많이 닮았고 손재주나 이런 것도 마찬가지로 굉장히 저를 많이 닮았어요, 성격도 그렇고. 성격이 아들하고 딸하고 차이가 있어요. 행동도 그렇고 꼼꼼하고 이런 것도 그렇고, 집사람하고 [다르게]. 아들은 집사람 성격을 닮은 거 같고, 덜렁하고 이런 것들. 세희는 꼼꼼하고 만들기 같은 거 잘하고, 그런 것들 저를 닮은 거 같고⋯. 제 기사에 보셨는지 모르겠는데 제 분신이라고 저는 생각하고 살았기 때문에 특별하죠, 저한테는.

면담자    어머님은 아이들 어릴 때부터 직장생활 계속하셨나요?

세희 아빠    세희가 초등학교 들어가기 전부터 했던 거 같애요, 그 때는 큰 회사를 다니거나 했던 거 같지 않고, 집 가까운 데서 직장 다녔던 거 같고, 애들 초등학교 다 들어가고 난 다음에 회사, 남동공단에 있는 회사들 출퇴근했던 거 같애요.

면담자    부모님들 출근하시면 어릴 때부터 세희가 ○○이를 많이 챙기고 그랬었나요?

세희 아빠    학교 갔다 오면 공부방 이런 데 가잖아요, 대부분 그랬던 거 같애요. 공부방 끝나고 오면 집사람 와서, 공부방 끝나면 집에 와서 기다리면 엄마 와서 밥 챙겨주는 이런 것들을 했죠, 저는 직장생활들이 9시 넘어야지 퇴근을 하는 일이라서 대부분 그랬었고. 항상 누나가 동생을 많이 챙겼죠, 누나는 늘 그렇잖아요, 남동생 있으면 귀찮아하고 그렇잖아요. 상황이 그러니까 계속해서 동생을 돌봐야 되는 상황들…. 그래서 아들이 했던 얘기가 이해가 가더라고, "엄마, 아빠보다도 누나가 더 좋다"고. 그럴 수밖에 없었던 거 같애요.


# 8
## 노동조합 활동으로 여행을 많이 못 한 미안함

면담자    아버님 휴가 때는 여행 같이 가셨어요?

세희 아빠     저희 시골에 어머니가, 세희 할머니가 계시고 하다 보니까 항상 시골에 갔던 거 같아요. 어머니가 그때 되면 항상 기다리고 계셨고 나이가 많으시고 하니까 시골에 가서 보내고, 거의 휴가 때는 그렇게 지냈죠, 명절 때도 마찬가지고. 저희 어머니 돌아가시고 나서 그 이후부터는 안 갔죠. 가도 명절 때 차례만 지내고 처갓집에 들러서 올라오고 그렇게 했죠. 여름휴가는 어머니 돌아가시고 나서 다른 곳으로 가족끼리 갔던 거 같아요, 그 돌아가신 이후에.

면담자     세희 몇 살 때 돌아가셨어요?

세희 아빠     불과 몇 년 전이에요. 몇 년 전이라서 가족 여행을 많이 다니지 못했어요. 최근에 사고 나기 전에 명절에 한번 가족 여행을 일본으로 갔다 왔죠. 그게 마지막으로 해외여행 갔던 게, 계획이 1년에 한 번씩은 가자 이렇게 생각을 했었고, 그때도 설에 가서 처음이자 마지막 여행이 돼버렸던 거 같아요, 그래서 항상 미안하고 같이 못 해줬던 게. 왜냐면 너무 어렸을 때부터 같이 시간을 못 해줬어요 주말에, 그런 면에 미안하고 해서…. 제가 노동조합 활동을 했었거든요, 6년 정도. 한참 아이들이 자라고 했을 시간이고, 초등학교 때부터 그런 시간에 같이 못 해줬던 게…. 주말에도 마찬가지고, 주말에 다른 집들은 엄마, 아빠 해서 놀러도 가고 하는데 저는 집회나 이런 데 가고 하다 보니까…. 노동조합 활동이라는 게 신경 쓸 일이 많고, 하루라도 쉬게 되면 하루 종일 잘려고 하고 스트레스 땜에, 그래서 주말에 못 해줬던 게 미안하죠. 제가 노동조합에서 내려오고 나서 6개월 만에 사고가 터진 거예요.

세희 아빠 임종호

| 면담자 | 노조에서 지부장 하셨어요? |
|---|---|

세희 아빠    지회장 했었죠. 금속노조 사업장이다 보니까 투쟁 사업장에 거의 집회나 이런 데 많이 참가하다 보니까 [주말에 아이와 함께 하지 못했어요]. 내려오고 나서 6개월 정도 있다가 사고가 터지고, 그 이후에 제가 노동조합에 내려오고 나서 '굉장히 많이 놀러도 다니고 준비를 해야 되겠다'라는 생각들을 했었죠. 그래서 제가 차도 바꿨는데, 그 전에 내려오기 2년 전에 바꿨는데 RV차로 바꿨어요, 4륜구동으로. 가족끼리 놀러 다니고 실제로 그런 활동들을 할려고 했었는데, 사고가 터지고 그래서 항상 지금은 그렇더라구요. 가족끼리, 아들하고 같이 예전에는 외식을 나가도 고기를 먹어도 이렇게 재밌게 가서 먹고 했었는데, 지금은 우리 아들이 영양실조 걸릴 거 같아 가지고 "고기 먹으러 가자" 하면 가기 싫어해요.

9

**남은 식구들의 어려움**

| 면담자 | 밖에 외식하는 거를? |
|---|---|

세희 아빠    예. "외식하러 가자" 그러면 억지로 끌려가요. 가면은 먹긴 잘하는데 저도 그렇고 집사람도 그렇고 항상 넷이 다니다가 셋이서 다닐라니까 그것도 이상한 거예요. 그런 것들 땜에, 저희도 그런 마음이 드는데 ○○이도 그런 생각이 들죠, 그런 거 같아요. 예전에는 귀찮고 이래서 안 나갔던 게 아닌데 지금은 모든 걸 귀찮아해 하고

저도 마찬가지구요. 그냥 대충대충 때우게 되는 거 있잖아요, 집에서. 먹는다는 거 자체가 맛을 알고 이렇게 챙겨 먹는 게 아니라 (면담자 : 그냥 한 끼 때운다는 느낌이네요) 그런 식으로 생각하게 되는 거 같애요. 많이 변했죠, 일상생활이 완전히 바뀌어버린 거죠, 뒤바뀌어 버린 거. 그런 것들 보면서 '이런 상황들이 우리뿐만 아니고 다른 분들도 똑같겠구나'라는 생각을, 물어보면 다 똑같더라구요. 어떤 분은 "한 번 먹고 한 달 살 수 있는 이런 것 좀 나왔으면 좋겠다" 얘길 하시더라구요.

그러면서 뒤돌아서서 "뭐 맛있다, 뭐 맛있다" 이런 얘길 하긴 하는데, 밥 먹는 행위 자체가 살기 위해서 매 끼니를 때워야 되는 상황들이 되다 보니까 그런 얘길 하시는 거 같애요. 모든 게 먹는 것도, 그런 마음이 드는 거 같애요.

**면담자**　　　어머니는 지금 병원에 통원 치료를 하고 계세요?

**세희 아빠**　　네, 오늘도 한의원 가가지고 침 맞고 도수 치료도 하고 치료들을 받고 왔어요. 한약도 지어서 오고, 비싸더라구요, 한약도(웃음). 문제가 뭐냐면 계속해서 아픈 부모님들이 많아져요. 많아지는데 국가에서 지원할 수 있는 것도 3월 달까지만 하고 안 해줄 거 같으니까 그런 것도 문제가 될 거 같고, 그런 것들이 점점점 문제가 되어가고 있죠. 계속해서 싸울 때는 아픈 데고 잘 몰랐었는데 지금 싸우러 다니는 시간들이 아니잖아요. 몸이 아픈 데가 보이고 내 자식의 빈자리도 더 크게 보이고 그래서 많이들 힘들어하시는 거 같애요. 사실상 그게 제일 힘들죠, 지금.

**면담자**　　　모르는 사람들은 거꾸로 생각하는 것 같아요. 시간이 지나면 괜찮아질 거라고.

세희 아빠    내 일이 아니면 자기들은 잊어버리죠, 다 잊을 때[라고 생각하지요]. 벌써 한 1년, 2년 전, 1년 반 전에만 해도 "이제 그만 좀 하라"고 그런 얘기들이 나왔었으니까요, 시작도 안 했을 땐데 그때는. 지금[이 초기]보다 더 아픈 상황들이 된 거 같아요, 제가 봐도. 처음에 출근했을 때는, 9월 달에 출근했었는데 그때는 웃고 다니면서 옆에 주변 사람들하고도 얘기도 하고 했었어요. 근데 시간이 흐를수록 점 점점 제가 힘들어지더라구요. 얘기를 했던 얘기들도 지금은 하기도 싫고, 오히려 그때보다 더 힘들어졌죠, 이상하더라구요. 내가 처음에 출근했을 때 이렇게 안 했었는데, 사람들하고 얘기하고 그랬었는데, 지금은 오히려 더 벽이 생기는 거 같고 더 다가서지 못하고 그런 거 같아요. 사람들이 평가하는 게, 우리를 보고 얘기하는 게 작년에 배·보상 문제를 정부가 대대적으로 4월 1일 날 터뜨렸잖아요. 그리고 나서는 사람들이 우리를 안쓰러워하고 어쩌고, 지지하고 했던 사람들도 그 얘기를 듣고 나서 "이미 끝난 거 아니냐"라는 식으로 다들 얘기를 해요. 아는 사람들도 그렇게 물어보거든.

그러니까는 '아, 이게 내 생각과 내 상태에 상관없이 배·보상 가지고 정부가 언론플레이를 했기 때문에 우리는 다 정리가 돼버렸구나' 그런 마음 있잖아요. 실제로 와서 우리가 생활하고 어떻게 싸워가고 있는가 이런 걸 실제로 안 보면 그 내면을 모르는 거죠. 곁에서 보여 지는 걸로만 판단을 하는 거죠. 저 역시도 예전에는 그런 생각을 안 가지고 살지는 않았겠죠. '아, 나는 그래도 이렇게까지는 생각을 안 했었는데'라는 생각이 들어요. '지금 상황이 그 사람들이 모르기 때문에 오해하고 그렇게 판단하는 걸 가지고 내가 그 사람들 틀렸다고 얘기할 수 있는 게 아니다. 모르니까 그렇게 얘길 하겠다' 그런 마음이 들면서도 '그게 아닌데' 하면서 화가 나고 이런 생각들 들죠.

## 10
## 언론의 진실 왜곡과 '그만하라'는 여론

**면담자**　　노조 지회도 활동하셨으면 아버님 활동 폭이 넓으셨을 텐데요.

**세희 아빠**　　회사 직원들 [중에] 저를 모르는 사람 하나도 없죠. 내가 어떤 사람이란 것도 알고 있고, 노동조합에서 어쨌든 회사의 복지나 이런 부분들 신경 썼던 거 다 알고, 회사 직원들의 근로복지 환경들을 많이 바꿀려고 했었기 때문에…. 직장에 직원들 한 사람 한 사람 다 커피 한잔 마셔가면서 인간관계 쌓아져 있는 상태였고 그런 부분들인데, 내가 아픈 상황을 겪고 했기 때문에 내가 안돼 보이고 이런 거지 상황이 어떻다라는 거를 판단은 사람들이 다 해놓은 거 같아요, 속으로는. 왜냐면 얘길 하다 보면, 물어보면 몰라요. 그냥 배·보상받고 다 끝난 거처럼 그렇게 알고 있는 사람들이 많아. 왜냐면 내가 다니고 있는 직장에 있는 사람들은 정작 더 잘 모른다는 거죠. 누구한테 정보를 듣지 못하면 모르는 거죠. 내가 얘기를 해주지 않으면 모르는 거죠. 그런다고 해서 내가 얘기하지도 않는데 먼저 꺼내서 이렇다 이렇다 얘기할 수 있는 상황들은 아니잖아요. 하다못해 우리가 가족들이 항상 처음에, 요즘에 와서 얘기하는 것들이 "'안산은 당연히 우리 아픔을 알겠지'라고 생각을 하고 있었는데 더 모르고 있는 상황이더라"라고 하는 거하고 똑같죠, 그런 거 같애요.

주변에서 너무 암울한 분위기, 침체된 분위기 이런 거 있었잖아요, 안산이다 보니까. 그래서 경기나 이런 게 안 좋은 것도 다 우리 탓이 돼 있었고, 그때. '우리 아픔을 알겠지'라고 생각을 했는데 주변에 다른 도시에 있는 사람들하고 별반 다를 게 없는 거예요. 모르고 있는 사람들은 전혀 모르고 있는 거[예요], 상황들[을]. 이미 일반 매스컴에서, 공중파에서 하는 얘기들만 보고 판단을 할 수 있는 거죠. SNS나 이런 관심을 많이 갖고 있는 사람들은 그걸 통해서 볼 수도 있겠지만 그렇지 않은 사람들은 어차피 TV를 보고 아는 게 다죠. 그런 거 보면 너무 가슴이 아프더라구요. 우리가 계속 이러고 떠들고 다니는 게, 당연히 진상 규명해야 되기 때문에 그러고 다니긴 하지만 우리를 욕하고 이제 그만 좀 하란 사람들 보면, '당신들은 내가 아니어서 그렇지 내가 될 수 있는 소지를 다 가지고 있는 건데 왜 우리 마음을 몰라줄까'라는 그런 생각이 많이 들죠(한숨). 너무 답답한 게 내 마음을 모르고 있는 당신한테 정말 뒤집어서 보여주고 싶다는 이런 생각도 들게 만들죠. '내 속이 어떤데, 당신들 바라보는 내 심정이 어떤데 그런 말을 하느냐' 보여주고 싶은데 그 사람들은 들을려고 하는 자세가 안 돼 있기 때문에 그게 많이 안타깝더라구요.

항상 우리들 아파하는 모습을 보고 계속해서 같이하시는 분들은 잘 알죠. 내용들을 잘 알고, 우리하고 같이하는 이유도 알기 때문에 우리 심정이나 우리가 왜 저러고 싸우고 다니는지 알기 때문에 하는 거고, 모르는 사람은 겉에서 욕만 하는 거고 그렇죠.

면담자　　사람들의 태도가 시기별로 다른 것 같으신가요, 아니면 작년 4월 이후가 기점이 됐다고 생각하세요?

세희 아빠　　그니까 특별법 서명받으러 다닐 때, 가족들이 다닐 때 그때도 그런 얘기 계속 나왔어요. "이제 그만 좀 하라"고 그런 얘기가 불과 몇 개월 안 됐을 때거든요. 불과 한 2, 3개월 지났을 때 요 땐데, 그때도 이미 그런 얘기가 나왔었고 지금은 더하겠죠. 그렇게 얘기했던 사람들이 지금도 만약에 우리 가족들을 보면, 저희들 지금도 금요일마다 피케팅하고 그러면 거기 와서 나이 드신 할머니, 할아버지 와서 "박근혜가 죽었냐"고 이런 얘기까지 하니까, "얼마나 더할려고 하느냐"고 막말까지 하고 다니니까 그런 거 보면 (한숨을 내쉬며) 한숨만 나오는 거죠. 어머니들 악에 바쳐서 싸우기도 하고 하시는데 그런 분들이 싸운다고 한들 우리를 이해할 수 있는 것도 아니고, 제가 봤을 때 그쪽하고 얘기해서 싸우느니 보내드리고 '조용히 가시라고 하는 게 훨씬 낫다' 생각이 들고, 싸우면 더 화만 나고…. 세희 얘기하다가(웃음).


## 11
## 아이들에 대한 교육 방침


면담자　　세희도 그렇고 ○○이도 키우실 때 교육 방침이 있으셨어요? 이렇게 자라면 좋겠다든가.

세희 아빠　　저는 가끔 아이들하고 앉혀놓고 얘기도 했어요, 일방적으로 내가 하는 얘기들을 듣는 거죠, 애들은. 애들한테 그런 얘기를 많이 했었는데, 세희 같은 경우는 제 말을 너무 잘 들었어요. 왜냐면 학교 다니면서, 고등학교까지 다니면서 초등학교 때부터 계속해서 본인이 터득한 거죠. 생활을 하다 보면, 하다못해 필요한 게 있어서 뭘 사거나 자기가 하고 싶어 하는 행동들이 있으면 그랬던 거 같애. 안들어준 게 아니라 세희가 해달라는 거 해주고 했는데, 항상 "세희 네가 원하는 게 뭐냐" 하면 "뭐뭐뭐 사고 싶다" 그러면 "그래 사라" 근데 "아빠가 봤을 때는 이거 샀을 때는 이렇고, 이거 샀을 때는 이랬을 거 같애. 아빠가 봤을 때 이거 사는 게 좋겠다" 얘기를 해요. 그럼 "네가 원하는 거 사줄게. 근데 아빠 생각은 이렇다" [했는데] 지가 원하는 거 사요, 나중에 지나고 보면 아빠 말이 맞는 거예요. 그런 걸 몇 번 경험을 하고 나서 그다음부터는 아빠가 얘기하는 거를 잘 듣고, '아빠가 얘기하는 게 맞겠구나'라고 생각을 하면서 그다음부터는 선택을 할 거 아니에요. '아빠가 얘기해 주는 조언을 따르는 게 훨씬 낫구나'라는 생각들을 하게 되면서.

예를 들어서 지가 입고 싶은 옷이나 그런 거는 양보 안 해요, 저는 그것도 바꾸고 싶진 않고. 아빠가 신발을 사줄 때는, 저는 최대한 편한 걸, 발이 편해야 되니까 메이커로 가요, 대부분 신발이나 이런 거는. 메이커가 발이 편하다고 생각을 해서, 제가 신어보니까는 그런 거 같기도 하고 그래서 가요. 가면 여기서 디자인 있을 거 아니에요, 자기 맘에 드는 디자인 그런 거 있으면 골라요. 근데 지는 색깔이 맘에 들고, 내가 만져보고 하면 "아빠는 이게 맘에 안 드는데 쿠션도 별로 안 좋은 거 같고" [해도] 지는 스타일이 그게 맘에 드는 거[를 사고 싶어

해요]. "그래 그럼 사라" [하고] 사줘요. 그런 거나 이런 거는 지가 원하는 대로 해주요, 색깔도 지 맘에 드는 거 원하니까. 세희가 민트색을 되게 좋아해서 "사고 싶은 거 사라" 이런 식으로 해주는데, 예를 들어서 기기 같은 거 사고 할 때, 핸드폰 이런 거 살 때 그런 데에서는 제가 아는 부분들을 얘기해 주면 스마트폰 나오고 나서 웬만한 기기들이 나왔잖아요. 그런 부분들을 조언을 해주면 모르니까, 해주면 아빠가 더 보고 많이 봤었고 해니까는 제 얘기를 따르죠.

그런 거는 아빠가 잘 아니까, 저보단 잘 아니까 조언을 얻어서 하는 식으로 생활에 살면서 터득을 한 거겠죠, 아빠 얘기에. 그리고 저는 아이들한테 공부를 잘해라, 열심히 해라 이런 얘기는 안 했어요. 집사람도 그렇게, 아무래도 엄마는 욕심이 있죠. 저는 그렇게 하라고 하지 않고요, 집사람한테도 항상 "애들한테 너무 '공부 공부' 하지 말아라" 그렇게 얘기했었고. 항상 했던 얘기는 이 얘기였어요, 애들한테. 항상 산에 비유를 하는데 "우리가 산을 올라가는 거는 성취감도 있지만은 산에 정상에서 보면 가장 많은, 넓은 곳이 보이는 게 정상이다. 정상에서 봤을 때 내려다보면 너무 많은 세상들이 보인다. 중턱에서 보면 내가 보는 곳이 한쪽으로밖에 안 되지만, 정상에서 보면 뺑 둘러서 다 볼 수 있다. 공부의 목적은 넓은 세상을 보는 부분일 거다. 예를 들어서 내가 산 정상까지 못 올라가고 중간까지 올라가서 보면, 공부로 따져보면 중간 정도 한다 처, 그러면 내가 선택의 폭이 이 세상에서 내가 가고 싶은 곳이 보인다, 내 앞에 보이는 걸로. 근데 정상에서 보면 360도 뺑 둘러보면 내가 가고 싶은 선택의 폭이 넓어질 것이다"라는 얘기는 했어요.

"공부가 필요한 게 바로 이런 것일 것이다. 하지만 내가 하고 싶은 일이 정해지면 정상까지 안 가도 물론 보일 것이다, 그 폭에서 하면 되겠지. 근데 일단은 내가 세상을 잘 모른다면 가장 정상에서 보는 게 제일 나을 것이다"라는 얘기만 해주고 "하고 싶은 일이 있다면 어쨌든 최선을 다해서 내가 정상에서 보는 게 나을 거다"라는 그런 얘기 정도로 했었고…. 그래서 저는 애들 학원 다니는 게 너무 싫었어요. 왜냐면 애들이 학교에서 공부 하루 종일 하고 집에 와서 밥 먹고 학원 가고 이런 모습들을 보면서 너무 불쌍한 거예요, 애들이. "아, 애들 학원 [안] 가면 안 되나" 집사람한테 얘기하면 "애들 공부 따라가려면 해야 된다"고 이러니까. 그래서 "이건 아닌 거 같다 정말. 애들 밤늦게까지 맨 공부하고, 이건 애들 삶이 아니다 내가 봤을 땐" 그래서 세희하고 ○○이하고 불러놓고 이러이러해서 "아빠가 봤을 때 정말 불쌍하다, 니네. 너무 불쌍하다, 아빠가 생각하기에는. 정말 하고 싶어 하고 부족한 게 있다면 해주겠다. 근데 이건 아닌 거 같다. 니네들 이 시간에, 학원 가는 시간에 니 하고 싶은 공부를 차라리 하고 싶지 않냐"라고 그러니까 그래 보겠대요, 그렇게 하겠대요.

자기도 학원 가는 거, 시간을 맞춰서 가는 것도 힘들고 그렇대. "그러면 해봐, 집에서 해보고 나중에 꼭 필요하다면 그때 보내줄게. 그리고 학원비 들어갔던 돈에 한에서는 니네가 필요한 거 있으면 다 해줄게. 책이 필요하다, 뭐 보고 싶다, 다 해줄게. 아빠가 원하는 거는 니네가 공부하고 싶은 만큼 하는 거지 억지로 하는 거 싫다"라고 해서 학원을 끊었어요. 끊어가지고 중학교 때 [혼자 공부를 했어요]. 초등학교 때는 늦게까지 하고 그러진 않으니까, 공부방에 다니는 정도 이 정도 했으니까, 근데 중학교 들어가니까 이건 계속 학원 가서 살더라고. 그래서 [학원을] 보내다가 [안 보냈는데도] 공부를 하더라고, 학원 안 가고. 근데 성적으로 보면 크게 달라지는 건 없더라고요, 학원 안 보내도 곧잘 중위권 이상은 했으니까. 그래서 "괜찮네" 하고는 있었는데, 선생님이 잘 가르친다고 생각하고, 못 가르친다고 하는 선생님이 있잖아요. 1학년 때는 잘하다가 2학년 때 선생님이 딱 바뀌니까, 혹 떨어지는 거예요. "나 이해를 못 하겠다"고 선생님이 가르치는데, 그래, 그럼 [두] 과목만 받어, 그래 가지고 받고….

고등학교 가서는, 학원은 선생님 바뀌고 나서 안 가더라구요. 그래서 "학원 또 다닐래?" 그랬더니 "학원 다녀야죠, 뭐" 늦게까지 맨날 또 하는 거야. "진짜 다니고 싶냐?" 내가 물어보니까는 다니기 싫대, 다니기 싫은데 애들하고 한대. 누가 과외 얘기를 하더라구, 그럼 "과외받아 볼래?" 그러니까 과외받아 보겠대. "일단 받아보고 니한테 맞으면 하고 아니면 말아라" 그랬더니 알았대, 과외받고 오더만 자기한테 맞는대. "그럼 계속 받아라" [해서] 사고 나기 전까지 계속 과외받았어요. 그룹 과외 선생님하고 친구들도 오고 했었는데 그때도 나는 가슴이 아팠어요. 일주일에 두세 번 정도 12시 반에 오고 그러더라고, 그것도 나는 되게 싫더라고. 학원에서 그룹 과외 끝나고 데려다주긴 하는데 12시 반에 와가지고 씻고 자고, 6시에 일어나 가지고 씻고 나가고 이런 거. '저렇게 해야 되나' 싶은데 지가 하고 싶다니까, 하고 싶다는 걸 또 안 시켜줄 순 없잖아요. 내가 봤을 때 저는 공부해 가지고 성공한 사람 못 봐가지고, 별로 공부를, 제 주변에서는 공부해서 성공한 사람보다 진짜 날라리처럼 논 애들이 더 잘사는 모습들을 보기 때문에….

**면담자**　　　　돈도 잘 버시죠?

**세희 아빠**　　　예를 들면 제 친구들도 보면 그렇잖아요. 항상 누가 봤을 때도 뒤에서 놀던 애들이, 맨날 놀 궁리나 하고 이랬던 애들이 보면 지금은 조그마한 사업체라도 사장님 돼 있고, 이사나 사장님이다 이런 식으로 하고 있으니까. 그런 애들이 더 잘사는 거예요 보면, 그리고 공부 좀 하고 이런 애들은 보면 그래 봤자 직장생활이고. 그런 거 보면 이거는 내가 봤을 때 공부하고 상관이 없고, 차라리 인간관계 잘 쌓고 인맥 잘 쌓은 사람들이, 사교성 좋고 이런 사람들이 나중 보면 더 잘살고 하는 거, 저는 제 주변에도 많이 보니까 그런 거 봤을 때는 공부하고 싶은 생각이 없어요. 제가 봤을 때는 우리나라 교육제도는 엄마들이 만들어놓은 거예요. 그니까 아빠들은 알잖아요. 다 아니까는 아빠들은 대부분 애들한테 공부하란 소리 별로 안 해. 공부, 인생 그게 성적순이 아닌 거 같애, 공부해 가지고 성공할 확률보다 자기 하고 싶은 거 해가지고 성공할 확률이 더 높으니까. 그런 것들 때문에 아빠들은 공부하란 얘기 별로 잘 안 해, 엄마들이 그렇게 만들어놓죠. 애들은 애들같이 그렇게 살아야 될 거 같애요.

**면담자**　　　　○○이는 학원 다니나요?

**세희 아빠**　　　지금 과외받는다니까요, 하고 싶다 그래 가지고. 영어, 수학 지금 받고 있어요. 근데 시험 보면 영어, 수학만 점수 잘 나오고 다른 거는 다 하위권이야(웃음). 애들한테 제가 했던 얘기가, 제가 살면서 느낀 게 뭐냐면 '영어는 기본적으로 해야 된다', '수학이나 이런 건 못 해도 돼, 필요가 없어 사회생활 하면서', 근데 영어는 외국 사람들을 많이 만나고, 어떤 회사에 가든 외국 쪽으로 출장을 가도 가고 하잖아요. 우리 회사도 외국회사고 하니까, 그런 것들 보니까, 영어 저도 외국 출장 나가고 보면 말이 안 통하니까 말을 못 하는 거예요, 답답하죠. 이 입만 있는 벙어리가 되는, 그게 제가 살면서 느끼니까 영어는 꼭 해야 된다. 그래서 세희 같은 경우는 그때 영어 받았죠. 과외를 받고 ○○이는 영어, 수학을 받아요. 영어는 별로 받는 거에 비하면 잘 안 나오는데 애가 수학은 잘해요, 수학은 잘하고 되게 이공계 쪽, 이과 쪽에 강하더라고 모든 게. 암기과목 이런 거는 완전 꽝이고, 40점, 50점. 그니까 점수 안 나오는데 수학이나 이런 거 98점, 그니까 한 개 틀리고 그런 거예요. "야, 이거 하나는 왜 틀렸냐?" 답은 맞았는데 풀이 과정이 안 맞았다고 안 된대요.

면담자   ○○이 대학 무슨 과 가고 싶은지 정했어요?

세희 아빠   저는 정하지 못하겠대요. 그니까 그런 거 같애요. 얘기 해 보면 너무 해보고 싶은 게 많은 거예요. 해보고 싶은 게 너무 많으니까 뭐를 하나 짚지를 못하는 거예요. 예전에는 그런 얘길 하더라고, "동물원에서 똥 치우고 싶다"고 그런 얘길. "야, 하필 많고 많은 거 중에, 차라리 동물 수의사가 되고 싶다든가 이런 것도 있잖아" [해도] 그런 얘길 하더라고요. 동물이나 이런 거 되게 좋아해요, 그쪽에 관심 많고. '동물의 왕국' 이런 거 있으면 잘 보고, 다큐멘터리 같은 거 재밌어 갖고 보는데, 정작 그걸 하고 싶은 거 같진 않아요. 제가 봤을 때는 지가 생각나는 게 그거여서 얘기를 했던 거 같은데, 이것도 해보고 싶고, 학교에서 연극반 피디가 돼보고 싶기도 하고, 이런 쪽도 하다 보니까 그런 것도 해보고 싶고, 해보고 싶은 게 너무 많은 거 같애요. 그래서 제가 그랬죠, "당장 알바도 해보고 싶고, 이런 것도 해보고 싶고 저런 것도 해보고 싶은가 봐. 그러면 네가 대학교를 들어가던 안 들어 가던 활동하기 좋은 시절이 올 거다. 그러면 그때 해봐라." 예를 들어서 "돈이 되든 안 되든 해보고 싶은 게 있으면 그때 시간이 될 때 해봐라", "고등학교 틀에 갇혀져 있기 때문에 해보고 싶은 게 한정이 돼 있으니까, 학교를 졸업하면 해보고 싶은 거 해봐라" 얘기를 해놓은 상탠데 모르겠어요.

## 12
## 단원고 지원 과정

**면담자**    아이들 고등학교는 가까운 데로 보내게 되신 거예요?

**세희 아빠**    원래는 [세희가] 강서고를 가고 싶어 했는데 강서고 지원자가 많아서, 안전하게 커트라인 위태롭지 않게 갈려고 지원했던 게 단원고에 1지망, 그래서 단원고 갔죠. (면담자 : 강서는 2지망?) 예. (면담자 : 강서는 아예 안 넣었어요?) 넣었을 거예요, 3지망이나 2지망. 제가 알기론 그렇게 알고 있어요. 그래서 단원고가 돼서 단원고 갔던 거죠. 강서고를 가라 그럴걸….

**면담자**    ○○이는 망설이거나 그러진 않았어요?

**세희 아빠**    ○○이는 누나가 단원고를 가니까 단원고 가겠다고 그때 했었거든요, 누나랑 같이 다닐라고. 근데 사고 나고 나서 안 간다고 그러더라고. 근데 취학 시기가 되니까 무슨 마음이 들었는지 "단원

고 간다"고. 집사람은 단원고 안 갔으면 했는데 지가 가겠다고 하니까
"왜 갈려고 그러냐" [했더니], 그냥 가겠대. 무슨 마음이 있었는지 모르
겠는데 그냥 가겠다고 얘기해서 "그래, 니 가고 싶으면 가라", 가겠다
는데, 그래서 단원고를 보냈던 거죠.


# 13
## 아빠 요리를 좋아하는 아이들

면담자    애들 학교 다닐 때 아버님이 학교 가서야 되는 일은 많
지 않으셨죠?

세희 아빠    초등학교 때, 초등학교 때 애들 운동회, 대부분 노동절
에 5월 1일 그때 하면은 가끔 갔던 거 같아요. 학교 갈 일 있고 선생님
하고 면담하고 그럴 일이 있으면 집사람이 갔어요.

면담자    직장에서 노동조합 지회장 6년 하셨어요?

세희 아빠    지회장 6년을 한 게 아니고 노동안전부장 했었고, 그다
음에 사무장 했었고, 그다음 지회장.

면담자    바쁘셔서 아이들에게 세세하게 신경 쓰시기는 힘드셨
겠어요.

세희 아빠    애들이 집사람이 요리해 주는 거보다, 제가 요리해 주
는 걸 좋아했어요. 그래서 저희 같은 경우에 주 5일 근무제니까, 제가
노동조합 하기 전에는 토요일이나 이렇게 되면 아이들 밥 챙겨주고

하면서 애들한테 음식을 많이 해줬던 거 같은데, 제가 해주는 거를 되게 좋아해서, 집사람이 비교를 하면, 우리 집사람한테 미안한데 집사람이 같은 요리를 해도 집사람이 해주면 그대로 남아 있어요, 한 번 떠 먹고. 근데 제가 해주면 바닥까지 긁어 먹고 차이가 있어서, 애들이 어렸을 때 제가 해주는 반찬을 좋아했어요. 재미도 있고 애들이 맛있게 먹으니까, 토요일 같은 때는 제가 해주고 그랬죠. 저 나름대로 이상한 요리 만들어갖고 해주면 맛있게 잘 먹더라고. 저는 감각으로 음식을 하는 스타일이라서, 레시피가 있는 게 아니라, 제가 감각적으로 '이렇게 하면 맛있겠구나'라는 그런 게 머릿속에 그려지면, 그렇게 하면 애들이 맛있게 잘 먹더라구.

면담자    아버님 자취생활도 하셨어요?

세희 아빠    아니요. 자취생활 안 했어요. 저희 어머니가 요리를 잘 하는데 저희 어머니가 맛있게 요리를 했으니까 타고났다기보다도, '그걸 물려받지 않았을까'라는 생각도 들죠, 감각도. 집사람은 항상 음식을 할 때마다 같은 요리를 해도 항상 달라 맛이, 간을 안 보는 스타일. 집사람이 인정은 해요, 요리하라 하면 내가 해주는 게 맛있다고 나보고 하라고.

## 14
### 민주노총 조직 활동과 연대, 한계

면담자    아버님은 노조 활동도 하셨지만, 정치라든가 세상 돌아가는 데 관심이 있으셨어요?

**세희 아빠**    잘못된 거를 너무 많이 봤죠, 많이 봤고 너무나 많은 싸움들을 겪었고. 인천에 투쟁 사업장이 많잖아요. 콜트부터 해갖고 GM 비정규직부터 대우자판, 두산도 문제가 되고 있고 다 투쟁 사업장이야, 대부분. 투쟁 사업장들이라서 많이 힘든 상황들을 많이 겪었고 그러다 보니까 노동조합의 한계도 많이 느꼈었고…. 저는 사실상 민주노총이 연대해서 싸우고 하는 모습들을 보면서 세월호 사고가 나서 당사자가 되고 나서 민주노총이 같이하는 모습들을 보면서 참 걱정이 많이 들더라고. 왜냐면 노동조합을 많이 보고 하는 행동들을 너무 많이 보고 집회를 많이 겪었다 보니까, 노동조합이 하는 게 딱 어디까지라는 걸 너무 잘 아는 거예요. 그래서 '세월호도 똑같겠구나'라는 생각을 했는데 제 예상이 빗나가질 않았어요, 하는 행동들이. 우리 가족들은 민주노총에 너무 많은 기대를 하고 있었고, 제가 생각하기에는 그랬죠. '노동조합이란 단체는 이 정도만 딱 하고 말 거다. 또 하나의, 그 수많은 투쟁 사업장이며, 연대 사업하는 사회단체며, 그중에 하나로, 하나의 싸움이 늘어나는 걸로밖에 나중엔 안 되겠구나' 그런 생각이 들더라구.

　　그대로 흘러가고 있잖아요. 전번에 집회 때도 마찬가지지만 5월달에, 1박 2일 광화문 앞에서 우리 위원장이나 이런 쪽에 "오늘은 끝까지 하겠다고 했으니까 믿는다"고 하고 있더라고, 너무 맹신하고 있더라고. 그래서 내가 "이 사람들은 공무원이다. 이 사람들은 여기서 저녁에 늦게까지 있으면 9시고 그 시간이면 퇴근할 거다, 다" [말해줬죠]. 그 많던 사람들이, 민주노총 조합원들이 아니나 다를까 9시 넘으니까는 슬슬슬슬 없어지는 거야, 싹 빠지고 없잖아요. 그때 이미 경찰이 밀고 들어와서 다 밖으로 밀어내고, 가족들만 도로 한가운데 앉아 있고 이런 상황들이 돼버렸어요. 내가 위원장한테 그랬죠. "봐라. 내가 얘기했지 않았나, 민주노총은 그냥 민주노총이다. 자기는 그냥 공무원이다, 저 사람들은. 왜냐하면 또 하나의 투쟁 사업장으로 본다. 많은 사업장들을 다 이 사람들이 해결할 수 있는 데가 아니다. 자기네들 할 수 있는 건 딱 집회다. 내가 그걸 잘 알기 때문에 너무 실망하지 마라. 원래 이렇게밖에, [더 이상] 할 수 있는 집단이 아니다" 그랬죠.

제가 노동조합을 결정적으로 내려왔던 이유가 하나가 뭐냐면, 노동조합의 한계를 알았고 더 이상의 발전 가능성도 보질 못했어요, 제가. 변해가는 모습이랄지 앞으로 정부와의 싸움에 있어서 바뀌어가는 모습들, 이런 모습들을 봤다라면 제가 '희망이 있다'라는 생각을 했었겠죠, 계속 활동들을 했을지 모르겠고. 계속 꺾이고 있다라는 거, 점점 퇴보하고 있다라는 걸 알게 되니까, 그런 것들을 너무 많이 봐서 상심이 컸죠. 뭔가 해보고자 하는 마음에서 올라갔었는데, 나는 단지 짜여져 있는 틀에, 혼자 딸랑 들어가 가지고 이 틀을 바꿀 수 있는 건 아니잖아요. 그에 한계를 느낀 거죠. 대한민국 노동조합의 한계도 봤고, 너무 많은 싸움에 약자가 돼 있는 것도 봤고, 정말 이 사회에서는 약자로 당하는 사람들만 불쌍하게 보이는, 단지 '그 사람만 불쌍한 사람이 돼버리는구나', 그런 거를 너무 많이 느꼈죠. 저는 솔직히 노동조합에 대해서 실망만 하고 내려온 케이스.

면담자　　　한창 활동하실 때 정권이 바뀌고 악화되고 있다는 걸 느끼셨어요?

세희 아빠    그죠. 노무현 대통령 때 처음 제가 회사를 입사를 했고, 그 이후에 정권이 바뀌는 모습을 봤죠. 이명박 정권, 박근혜 정권까지 지켜보면서 너무 이게 [나쁜 방향으로 가고 있어서] "거꾸로 가야 된다" [라고] 표현하는 게 맞겠죠, 그런 모습들을 많이 봤죠. 말을 하다 보면 밤새 해도 끝도 없겠죠. 그런 모습들을 분명히 생활하면서 보고 느꼈기 때문에 거짓이 진실이 되는, 돈이 진실이 되고, 권력이 진실이 되고, 힘없는 사람 거짓이 되는 세상이 됐으니까, 그런 것들. 좀만 쉬었다 합시다, 무릎도 아프고. 몇 시간이나 했어요?

면담자    지금 1시간 40분 됐네요.

(잠시 중단)

## 15
## 미안함, 사회의 막막함, 노조의 성격 변화

면담자    지금도 아버님 댁은 와동이세요?

세희 아빠    그 집은 이사 가게 된 게, 애들 방이 [모자라고] 계약기간이 돼서, 계약기간이 돼서 그런 것도 있지만 애들 방을 하나씩 줘야겠다는 생각이 있어서 집을 샀죠. 사가지고 분양을 받아서 갔고, 빌란데 애들이 되게 좋아하더라구요. 애들 방도 생기고, 아이들 방도 생기고 하니까, 꾸며주고 하니까 좋아하더라구. 이사를 갔죠.

면담자    언제 이사하신 거예요?

세희 아빠    8년, 8년 정도 됐고. 세희한테 미안한 게, 아빠 말을 너무 잘 들어서, 수학여행 가기 전에도 그랬고…. 배 타고 장시간 가니까 싫어하더라고, 다들 싫어한다고 그러더라고 장시간 배를 타니까. 지금 생각해 보니까 안 해야 될 말들을 많이 했어요. "큰 배니까 위험하지 않을 거다"라는 말을 했었고, "큰 배가 사고가 나도 금방 가라앉지는 않을 거다" 그런 얘기를 했었고, 지금 생각해 보면 안 해야 될 소리를, "통제 잘 따르면 될 거다" 이런 얘기도 했었고…. 그런 게 너무 후회가 되는 거죠. 아빠 말을 너무 잘 들었기 때문에 미안하고, '아빠 말을 듣지 말았어야 되는데' 그 생각만 하면 괴로워요. '너무 힘든 말을 했구나', 그 생각을 하면 지금도…. 제가 아들한테도 마찬가지로 "아빠가 다 하는 말이…" 예전에는 "맞다"라고 생각하고 얘길 했는데 지금 그런 말할 자신도 없고, 누구한테도 "어른들 말 잘 들어라" 이런 얘기를 못 하겠고…. 그런 말했던 자체가 후회가 되니까, 그 말했던 게 너무 후회가 돼요.

지금 생활하는 자체도 누구하고 얘길 하면 자신감이 없어요. 내가 했던 행동들이 맞는 얘기가 아니었다라는…, 아픈 거죠. 누구한테 "내 얘기가 맞다"라고 자신 있게 얘기할 수 있는 그런 자신감이 없어졌어요.

**면담자**       사회에 대해 더 민감하게 아셨으니까, 그런 거까지 후회되는 건가요?

**세희 아빠**       지금 계속 얘기했지만 희망이 없어요. 희망이 없다라기보다도 상황이 그렇게 보이는, 너무 보이는 거죠. 하다못해 어제 조카애가 임용고시 떨어지고 했던 얘기를 하면서, 그거 말고는 할 수 있는 게, '내가 만약에 조카의 입장이라면 과연 무엇을 할 수 있을까'라는 생각도 해보니까, '내가 지금 네 상황이래도 정말 막막하겠다'라는 생각만 생기지 "어떻게 해봐라, 어떻게 해봐라" 조언을 못 하겠더라고, 너무 막막하기 때문에 현실이. 정말 막연하게 직장 취직하기도 [좋은] 상황들도 아니고, 사회 전반적으로 취직을 한들 직장이 평생직장이 될 수 있는 것도 아니고, 뭔가 얘기를 못 해주겠더라고. '네 처지가 이해가 간다' 이렇게, '대한민국에서 살기가 정말 힘들겠구나' 그런 생각만 드는 거죠. 그래서 미안하더라구요.

예전에 이렇게 많이 안 좋은 상황이 되기 전에, IMF 이전에 상황들 얘기하면서 그때는 내가 직장을 선택해서 갈 수 있는 상황들이었었는데 지금은 선택의 여지가 없고, 누군가가 나를 써준다면 감사할 정도의 상황들이 되다 보니까 '어른들이 정말 세상을 잘못 만들어놨구나' 그런 생각밖에 안 들죠. '어른들이 다 이건 책임이다' 미안한 마음도 생기더라고. 물론 나 하나만의 생각으로 세상이 바뀌는 건 아니지만 어른의 한 사람으로서 책임을 공감하게 되더라고.

**면담자**   한국 진보세력에 대해서도 많은 생각들이 드시겠네요?

**세희 아빠**   정치적인 활동을 하는 사람들 보면, 색깔이 강한 진보 성향 활동하는 사람들, 정치하는 사람들, 그런 거 같애요. 가야 될 길이 분명이 맞지만 '너무 앞서가는 진보는 퇴보한 진보보다 못 하다'라는 생각들 들더라고요. 진보가 퇴보라고 하는 게 말이 안 맞겠지만, 너무 앞서가면 결론적으론 누구한테도 인정받지 못하는 상황이 되다 보니까, 그런 거보다는 조금 나아지는 진보가 돼야 되지 않겠나 [싶어요]. 여든 야든, 큰 여당도 그렇고 제1야당도 그렇고, 지금의 여당과 크게 차이가 나지는 않아 보이니까, 제 삶에 대안이 뭘까라는 생각이,

진보세력이 분명히 대안이겠지만 진보세력은 너무나 약하기 때문에 어떻게 이런 것들을 헤쳐나가야 될까라는, 그런 것들이 진보성향들의 전망들이고 해야 되는 일인데…. (한숨을 내쉬며) 빨리 바뀔 수 있는 세상은 아닌 거 같아요.

모든 사람들이 진보적인 성향의 그쪽을 바라보고 지향을 한다라면 되겠지만, 분명히 사람들이 생각의 차이가 있기 때문에 그런 것들을 보면 쉽지 않겠다라는 전망이구요. 세상 사람들이 나처럼만 생각하면 어떨까, 사실상 몰라서 그러는 거예요. 진보가 왜 진보적인 성향을 가져야 되고 나라가 가야 될 방향이 어딘지 아는 사람들은 얘기할 수 있지만, 모르는 사람들은 자기가 보고 느끼는 것만 보고 판단하기 때문에, 내가 왜 이쪽으로 진보적인 쪽으로 가야 되는가 깨우치는 게 먼저겠죠, 국민들 자체가.

**면담자**　　직장 내에서도 다 같은 생각하는 게 아니니까.

**세희 아빠**　　그렇죠. 그래도 저희는 정세 교육부터 해서 상황들을 교육을 하죠. 근데도 안 바뀌는 사람 안 바뀌어요. 왜냐하면 자기 아집이라고 해야 되죠, 틀에서 벗어나기가 싫은 거 같아요. 본인의 기준에 안정적인 걸 얘기하는 거예요. 그런 부분에서 생각의 차이가 있겠죠.

**면담자**　　아버님 지회장 놓으실 때 희망보다는 실망이 있으셨어요?

**세희 아빠**　　분명히 내려올 때 그런 생각들을 한 게, '밝은 전망보다는 힘들겠구나'라는 생각들을 많이 했죠. 저는 노동조합의 역할이라는 게 진보적인 성향 이런 부분들도 있겠지만, 노동조합이 저분들 복지 향상이나 조건들을 향상시키면서 이기적인 조합원들의 모습을 봤고, 어렵고 힘들 때는 조직이 단결 쪽이 굉장히 잘됐었는데 사람들이 점점점 생활의 질이 향상되면서 개인, 이기적인 모습으로 바뀌어가는 모습을 굉장히 많이 봤어요. (면담자 : 이해집단처럼 생각하는 사람들이 많아지는 거죠?) 그렇죠, 노동조합이 당연히 자기네 이익을 챙겨주는 그런 쪽으로 인식이 바뀌니까, 노동조합이 고충 처리반이 돼버리면 자기만의 이익을 토로하게 되죠. 그래서 지회장을 그만두면서도 했던 얘기가 "지금에 와서는 조합원들 이기적이고, 내가 힘들고 어려웠을 때를 생각해 보면 주변에 분명히 힘들고 어려운 사람들이 있을 건데 그 사람들을 한번 되돌아보고, 나만의 이익이 아니라 사회 전반적인 그런 부분에 있어서 다시 한번 생각을 해줬으면 좋겠다"라는 얘기를 하고 내려왔는데, 그거는 그때 들은 거로 끝나버린 말들이 됐다는 생각이 들어요.

그런 모습을 봤을 때 한 사람 한 사람의 마음을, 이기적인 마음을 바꿔가는 게 쉽지가 않고…. 전체적인 것도 보면 그런 거 같애요. 진보적인 성향을 가지고 있는 집단들은 너무 자기 색깔이 강하면 그 안에서도 생각이 갈리고 파가 나뉘고 이렇더라구요. 말이 "진보는 분열로 망한다" 그런 얘기들이 없는 얘기가 아니고 다 근거 있는 얘기고 그렇게 진행되는 걸 봐왔던 사람들이 하는 얘기이기 때문에 틀린 얘기가 아니더라구요. 너무 느끼는 거죠.

세희 아빠 임종호

## 16
## 진도로 다시 내려가서 미수습자 가족들과 함께함

**면담자**　　　아버님 경력 때문에 보수 언론에서 공격받지는 않으셨나요?

**세희 아빠**　　　전혀 없었어요. 저는 진도체육관에 오래 있었고 싸움이 진행될 때도 계속 거기서, 그때 당시에 미수습 가족들하고 생활을 하다 보니까, 계속 바지선 타고 가족들하고 힘들어하는 모습들 지켜보고 하면서 시간을 보냈기 때문에 위에서 특별법 만들 때까지 싸움들할 적에 저는 참석을 못 했어요. 그래서 〈나쁜 나라〉 영화에도 제 얼굴은 한 번도 안 나와요, 그런 행동들을 같이하지 못했기 때문에. 제가 진도에 있으면서도 진도에 있는 가족들이 했던 얘기들이, 저는 처음에 갔는데 다른 분들은 제가 유가족인지 모르는 분도 굉장히 많았어요, 거기 있는데도 '누구 가족의 친척이나 이렇게 돼가지고 와 있나 부다' 생각했던. 저는 그때 당시에는 옆에, 지금도 못 나왔잖아요. 양승진 선생님이나 현철이 아빠가 옆에 있었어요, 내 옆에. "그분들 찾을 때까지는 같이 있어주자" [하고 생각했어요]. 왜냐면 저희들 올라올 때 했던 얘기가, 그런 얘기도 많이, "우리 먼저 올라와서 미안하다", "먼저 찾아서 가서 축하한다"는 얘기도 들었었고.

　　상황이 안 맞죠. 산 자식 찾아가는 것도 아닌데 그런 상황들을 보면서 짧은 시간에 공감대가 많이 형성이 되었고 서로 위안을 삼으며 같이 기다렸던 그러한 것들 때문에 "같이 그분들 찾을 때까지만 있자"라고 했던 게 아직도 못 찾고 있으니까…. 가슴 아프지만 제가 출근해야 되고 해서, 그런 것들 보면서 너무 마음이 아팠죠. 무슨 질문에 이게 나왔죠?

면담자　　노조 운동을 해서 불이익을 받지는 않으셨나요?

세희 아빠　　불이익. 실제로 주 타깃이 됐었던 게 저, 김영오 씨, 금속노조 조합원, 사실상 조합원일 뿐인데 유민이 아빠. '제가 만약에 여기 있었으면 그 자리에 있었지 않을까'라는 생각들도 들어요. 분명히 주 타깃이 됐을 수 있는 유력한 인물이었겠죠. 어차피 주 타깃이 될 수밖에 없었던 인물인데 저는 조용히 진도에 있었기 때문에, 그때도 계속해서 민주노총에서 전화 연락 오고 그랬었거든요. "여기 진도에 상황들도 녹록치 않다. 갈 수 있는 상황이 아니다"[고 답했죠]. 물론 제가 거기서 한 일은 없어요, 아무것도. 옆에 같이 있어준 거밖에 없어요. 그 앞에서 뭔가 제가 하기에는, 앞장서서 할 수 있는 부분이 없었어요. 있다 하더래도 제가 얘기를 하게 되면 미수습 가족들에게 누가 되겠다는 생각들 때문에 못 했어요. 나야 수습을 하고 장례까지 치르고 그러고 내려갔으니까, 제 입장이야 그 사람들이, "당신은 찾아갔으니까 마음 편하게 그렇게 얘기할 수 있지만" 거기 있는 사람 애가 타는데 그 상황에서 제가 무슨 얘길 하겠습니까. 조용히 있었어요, 옆에 같이 있어주는 거만 했어요. 그때 할 수 있는 게 그거밖에 없더라고.

　　위에 상황도 굉장히 안 좋은 상황이었는데 올라와서 제가 할 수 있는, 나중에 올라와서는 제가 할 수 있는 게 없고 싸우고 다니는 일들이 연속이 돼서, 특별법 제정이 되고 했던 상황들도 이미 진행 상황이나 이런 것도 내가 자세히 알 수 있는 상황도 아니고…. 특별법도 우리가 원하는 대로 된 게 없잖아요. 주 타깃에서는 벗어났죠, 분명히

세희 아빠 임종호

주 타깃이 될 수 있었을 상황이었는데.

면담자　　　그때도 갈등이 있지는 않으셨어요?

세희 아빠　　그런 생각도 했었죠. 제가 나서고 할 수 있는 상황이 이미 그때는 지나갔어요. 진도에 있다 보니까 위 상황도 굉장히 안 좋은 거 같긴 한데, 이미 여기에서 그때 임원진이 꾸려졌었고, 가족대책위가 꾸려지니까 사람들이 활동하는 부분들이 있었는데 그분들이 활동하는 상황에서 다시 끼어들기는 굉장히 쉽지는 않은 상황이었기 때문에 여기 나름대로 '잘하고 있구나' 그렇게 생각을 하고 있었죠.

면담자　　　어머님들은 보통 사회문제에 대해선 짧게 넘어가는데, 아버님은 여러 말씀을 해주셔서 감사합니다.

세희 아빠　　엄마들은 세상을 모르고 살았던 걸 얘기하겠죠.

면담자　　　그렇죠, 대신 어머님들은 아이들 양육하거나 기억하시는 게 훨씬 더 구체적이고 자세하죠.

세희 아빠　　지금까지 저한테 물어보면은 애들 얘기는 많이 없어요. 우리 딸은 애기 때, 세희 같은 경우는 저만 보면 울었어요. 왜냐면 항상 아침 일찍 나갔다가 밤에 늦게 오니까 제 얼굴을 못 보잖아요. 주말에나 가끔 얼굴 보는데 시커먼 아저씨가 와가지고 되게 낯을 많이 가렸거든요. 세희가 엄마만 보고 살았어. 더구나 시골을 가도 엄마 등에서 떨어지지 않아가지고, 집사람이 시골에 가서 일을 할려고 해도 일도 못 했고, 아빠한테도 안 오니까. 그래서 효녀라고 그때 (웃으며) 집사람 일을 안 시키고 애만 [보도록] 그 정도였으니까. 그래서 되게 미안해요 애들한테도, 지금도 마찬가지고. 그런 부분에서는 아빠가 무서운 사람으로 기억이 돼 있는 거 같고…. 나중엔 딸이 좋은 게 지금은 고등학교 들어가고 하니까 아빠 염색도 해주고, 손톱 소제도 해주고 이런 것들 있잖아요, 그런 것들 다 했으니까. 얼굴 팩도 해주고 이런 것들이 딸이 있으니까 좋더라구요, 다 해주고 많이 챙겨주고. 아들은 그런 걸 해줄 수 있는 그건 아니죠(웃음). 그런 것들 좋았었던 기억이, 너무 미안하고 지금도 항상 미안해요. 항상 공부만 하고 늦게 왔던 모습들밖에 기억이 안 나요. 놀러나 이런 데도 잘 데리고 가지 못했던….

## 17
### 세희와의 마지막 사진, 일본 여행, 동거차도

**면담자**  세희가 사진 찍는 걸 싫어했다면서요.

**세희 아빠**  사진 찍는 걸 엄청 싫어했어요. 그래서 일본 여행 가는 게 되게 좋았었나 봐요. 가기 전에도 자랑도 많이 하고, 갔다 와서도 자랑하고 이랬었는데, 엄마, 아빠한테 표현을 잘 안 하는데 친구들한테 표현을 했었나 봐요, 재밌었던 기억. 멀지 않은 나라지만 화산이라는, 섬이라는 특성 때문에 그런 것들이 새로운 경험이었죠. 갔다 와서 한 얘기가 사진 찍는 거 싫어하는데, 10년 동안 찍을 사진 다 찍었다 그랬어요, 갔다 와서. 사진을 찍었는데 지금 사진이 제대로 온전하게 못 남아 있어요. 제 디카로 핸드폰으로 찍었는데 사고 당시에 박근혜 대통령이 와갖고 얘기하는데 영상 찍다가 열받아서, 꼴 뵈기 싫다고 지웠는데 전체 삭제가 돼버린, 핸드폰에 사진이 수백 장이 싹 날라간 거죠. 복원을 했는데 화질이 안 좋더라고, 그래 가지고 다시 지워버렸죠. 지웠는데 여행 갔을 때 찍었던 사진을 집사람한테 카톡으로 보내놓은 거 있잖아요. 그거를 다시 받았는데 카톡 사진은 화질이 안 좋잖아요, 키우면 깨지는 사진. 그래서 되게 마음이 아프더라구. 딱 한 장 살아 있더라고, 안 깨지고 남은 사진이. 세희하고 나하고 둘이 딱 찍은 사진이, 한 장 복원했는데 그 한 장은 안 깨졌더라고. 그 한 장 딱 제대로 살아 있고 나머지는 다 깨졌어요. 화질이 별로 안 좋아요. 그게 제일 안타깝더라구요. 깨끗한 사진이 없다라는, 가족사진조차도, 가족사진 거기서 찍었던 게 있는데 깨지고 하니까 그게 너무 가슴이 아프죠. 사진을 잘 나왔으면 집에 사진이라도 걸어놓겠는데.

**면담자**  세희 사진이 친구들한테 있지는 않았어요?

**세희 아빠**  사진을 워낙 싫어해 갖고, 몰래 찍어야지 찍는 사진들, 이런 것들…. 왜 이상하게 사진 찍는 걸 싫어하죠? 친구들하고 찍은 사진들도 거의 없어요, 학교에서도 찍은 사진도 없고. 1학년 때 반 단체 사진 찍고 그랬는데 반 단체 사진에도 없더라구. 가슴이 아프더라구요. 동영상도, 동영상이라고 해봤자 옛날에 선교원에 가서 찍은 사진, 비디오 있잖아요, 흐리해 가지고 잘 안 보이는 그런 거나 있고. 다른 학생들, 애들은 동영상 찍어놓은 것도 있고 그런데 그런 게 없어서 목소리 하나 듣고 싶어도 목소리 하나 들어져 있는 영상이 없어서 너무 가슴이 아파요. 처음에는 사진 보고 이런 것도 좋아하고 그랬는데, 요즘에 사진 보면 너무 가슴이 아파서 잘 못 보겠어요(한숨). 핸드폰에 있어도 이렇게 사진이 많이 있어도 넘기면서 볼 수 있는 이런 게 잘 안 되는 거 같애요.

다른 사람이 보고 싶어 하니까 보여주긴 하는데, 내가 이렇게 일 부러 찾아서 볼려고는 잘 안 되더라구. 처음에 사고 처음 났을 때는 다른 사람한테 우리 딸이라고 자랑하기도 하고, 지금은 보여주고 이 렇게 자랑은 하는데 내가 혼자 보고 있지는 못하겠더라구요. 너무 미 안한 생각이 많이 들어서(한숨).

**면담자**      미안함은 이런 상황에 대해서 복합적으로 드는 생각이 신 거죠?

**세희 아빠**      어렸을 때 사진은, 옛날에 어렸을 때 모습들이 기억이 나고, 애기였을 때 이쁜 짓들 하는 모습들이 생각나고, 최근 사진 보 면 아빠가 많이 못 해줬던 게 너무 미안하고 그런 생각들이죠. 어렸을 때 사진을 보면 기억이 새록새록 생기잖아요. 그때 딸이 어땠었는지, 이쁜 짓 하는 모습들 이런 것들이 생각이 나고…. 그니까 누군가가 와 서 자기도 "애기를 잃었었다" 이런 얘기를 하면 그런 생각도 들어요. '그 사람은 자기가 겪었던 힘든 상황 중에 가장 그게 힘든 상황이니까' 이런 생각도 들어요. '차라리 어렸을 때 갔으면 추억이라도 없을 건 데, 같이했던 시간이 많이 없으면 그만큼 그리워해야 되는 것들도 많 지 않을 텐데' 하는 생각들이 드는데, 너무 많은 추억들이 생각이 나 고 하니까, 그런 생각도 들어요. 잊어버렸으면 생각이 안 날 건데 사 진 보면 생각나고 이런 것들도…. 사진 하나에 남아 있는 그때의 기억 들이 계속 생각이 나는 거예요.

요즘에는 혼자 출퇴근하면서 음악을 들어요. 음악을 듣는데 되게 신나는 음악 크게 틀고 가고 그런데도 출퇴근하는 시간도 그런 생각들이 나요. 기쁘고 신나는 음악을 들으면 덜 생각날까 싶어서 크게 틀고 들기도 하는데 그래도 슬프고 그런 상황이 만들어지더라구요. 뭔가 다른 데 신경을 돌리고 싶어서 그렇게 해보기도 하고 하는데, 여전히 그런 마음이 자꾸 생각이 들고 그런 게 있더라구요. 예전에 정신없이 싸움 다니고 하면 집에 오면은 피곤해서 툭 떨어지기도 하는데, 지금처럼 가만히 있는 시간에 자꾸 생각이 나고, 혼자 있는 시간에는 집에는 TV는 안 봐도 계속 틀어놓게 되고, 너무 조용하면 이상한 거 같고 이런 느낌 있잖아요. 집에 가면 무조건 TV부터 켜고 시끌시끌 소리가 나게 [하고 있어요]. 그런 것들 때문에 계속 어려운 상황들이 되지 않나….

저는 그래도 가족들 중에는 제가 제일 멀쩡하다고 생각하고 있는데, 요즘에 회사 가면 회사에서도 마찬가지. 시간이 나면 운동을 해요. 아침에도 제일 일찍 가면 7시쯤 도착하면 작업 시간 전에 빈 시간, 1시간 정도 있어요. 운동하면 그런 생각 좀 안 하고, 점심시간에도 밥 먹고도 운동을 해요. 잠자는 시간 아니면 운동으로 푸는 거 같애요.

**면담자**    가만히 계시는 건 견디기가 힘드세요?

**세희 아빠**    잘려고 누워 있으면 잠이라도 오면 모르겠는데 생각이 많으니까 차라리 운동을 해버리고, 그런 시간에는 운동에 열중하다 보면 그런 생각 안 나고 하니까, 저 나름대로의 생각 안 할려고 하는 방법이죠. 어떻게 해서든 힘든 상황이 되면은 자꾸 다른 쪽으로 돌려서 풀려고 하는….

면담자    동거차도는 금요일 휴가 내고 가시는 거예요?

세희 아빠    동거차도는 가족들 들어가면 일주일씩 있어요. 전번에 추석 때도 갔다 왔는데….

면담자    어머니들은 3, 4일 있다가 오시는 경우는 있다고 하던데.

세희 아빠    거의 일주일 계시던데. 전번에 추석 때 한번 들어가서 일주일 동안 있었는데 그때도 비바람 불고 심했어요, 비바람 불어서 천막 날리고. 거기는 비바람이 불면 엄청 세게 불더라고요. 바람이 태풍처럼 불더라고, 피해서 마을로 내려오고 그랬었는데…. 요번엔 다음 준가요, 15일 날, 요번 주 15일 날 들어가죠. 아버지 세 명이서 일주일 동안, 그다음 주에는 어머니들 들어가신다 하더라고, 생활하는 천막에. 겨울에 더 힘들겠죠. 왜 이런 일을 해야 되는지 모르겠고, 하면서 '왜 내가 이런 일을 해야 되나' 생각도 하고, '내가 뭔 죄를 졌다고' 이런 생각도 하고, '왜 유가족이 이러고' 이런 생각도 들어요. '내가 뭐 죄 졌냐고, 죄 졌다면 자식 먼저 보낸 거밖에 없는데', 그것도 죄라면 달게 받아야 되니까 '이렇게 해서라도 아이들한테 미안한 감이 조금이라도 없어질까' 그런 생각도 하기도 해요.

   그렇게 한다고 해서 그런[미안한] 생각이 없어지진 않고, 할 수 있는 게 이런 거밖에 없으니까, 다른 거라도 할 수 있는 게 있다면 해야 되겠지만 제가 할 수 있는 게 이거밖에 없으니까 일주일 동안 휴가 내고 가는 거죠.

## 18

# 노조 활동의 성과

**면담자**     회사에 계시는 것보다는 활동하고 계실 때가 편하시죠?

**세희 아빠**     마음 편하죠. 회사에 있는 기간이 감옥에 갇혀 있는 느낌이니까. 그나마 그걸로 위안 삼는 거죠.

**면담자**     회사 이름 말씀해 주실 수 있을까요?

**세희 아빠**     회사요? 한국 TRW, 한국 TRW 자동차부품산업 주식회사인데 지금 회사가 1년 반 전에 매각이 됐어요. (면담자 : 원래 외국계?) 예. 원래 TRW도 미국 회산데 새로운 인수한 데가 ZF라고 ZF가 독일 회사예요. 유한회사에 매각됐어요. 아직 인수인계 과정이나 이런 부분 다 안 돼가지고 2, 3년 걸린다더라구요. 그룹이 그룹을 인수하다 보니까 자동차 부품 회사 글로벌 회사 중 인수하면서 보쉬 다음 2위가 됐어요. 원래 ZF는 9위인가이고 TRW가 11위인가예요. 두 개가 합쳐지면서 2위가 된 거 같더라고. ZF는 미션 만드는 회사예요, 자동차 미션. 독일 회사라서.

**면담자**     그 과정에서 구조조정 하는 건 없었나요?

**세희 아빠**     처음에 과정에서 1년 반은 구조조정 하는 조건으로 그렇게 했다고 [하더라고요]. 저희 회사 같은 경우는 사업부가 많이 나눠 있잖아? 코딱지 많은 회사죠, 사람들이 봤을 때는. 14조인가 이렇게 해가지고 인수했다더라고. 그룹이 그룹을 인수하니까, 전 세계 자동차 부품사를 다, TRW 이름 가지고 있는 자동차 부품 회사를 다 인수한 거예요, 그룹이. 몇 번 있었던 거예요, 예전에 십몇 년 전 정도에 2003년돈가 몇 년돈가 한 번 있었어요. 인수를 했어요, 다른 회사, 자본이 바뀌었다고. TRW는 고유 이름으로 인터넷에 쳐보면 굉장히 큰 회사예요, 우주항공 쪽 부품 회사라서. (면담자 : 우주항공 부품을 만드나요?) 아니, TRW 자체, 규모가 전 세계적으로 손가락 안에 꼽히는 회사니까, 사업부가 많이 나뉘어져 있을 정도로 크니까.

면담자　　　아버님 노조 활동 하실 때 다른 사업장에 비해서 투쟁이 많지는 않았나요?

세희 아빠　　　노사관계가 노조가 우위를 점하고 있는 회사죠. 단협, 단체협약이 굉장히 잘돼 있어요. 거의 단협으로만 밀고 나가면 회사 경영을 노조에서 해야 될 정도로 힘을 갖고 있는, 그 정도의 노동조합이 잘되어 있어요. 많이 우리 회사를 부러워하죠.

면담자　　　노동조합에서 활동하실 동안 보람 있었던 일도 있으세요?

세희 아빠　　　글쎄, 대외적으로는 투쟁 사업장같이 몸 대왔던 활동밖에 없겠네요. 회사 자체 사업들로 하면은 해마다 이슈 사항들이 사회적 이슈도 있고 이런 것들이 있잖아요. 제가 지회장 했을 때 퇴직연금 제도 이런 것들 하고, 업무 시간 단축, 잔업 시간 단축, 잔업 시간 3시간이었던 거를 1시간 반으로 줄이는. 주야간 교대하는 부서에서 근무 형태나 변경을 해야지 되는데 그런 것들을 마무리하고 오질 못했어요, 숙제가 지금도 진행이 되고 있는 상태고. 성과라고 하면 퇴직연금 제 같은 거, 잔업 시간 줄인 거[예요]. 늦게까지 9시까지 하면 사람들이 집에 오면 씻고 자는 게 일인데, 원래 8시 30분이 시작 시간인데 8시로 땡겨서 퇴근 시간 이후 잔업을 해도 7시니까, 그래도 여가 부분에서 개인 활용 시간이 될 수 있지 않을까 [생각했어요]. 잔업 못 하는데 있어서 보존 수당이라고 해서 10시간을 달아주고, 이런 것도 성과라고 해야 되나 모르겠는데 그런 부분은 좋아진 거라 볼 수 있고, 딱히 잘하고 내려온 게 없어서(웃음). 성과라고 할 수 있는 게 없네요.

**면담자**    인수되기 전에 한국 법인이 따로 있었던 거예요?

**세희 아빠**    여긴 사업자등록이 따로 없죠.

**면담자**    본사 있는 미국에도 다녀오시거나 그러신 적은?

**세희 아빠**    본사 가는 게 아니고요, 예를 들어서 대부분 현지생산화 되고 그러잖아요. 우리가 금형을 파서 중국에다가 넘겨주면 거기서 현지생산화 하고, 거기서 양산하면서 문제점들 발생이 되면 수리 수정이나 이런 것 좀 하고, 품질이나 이런 것들 잘못됐을 때 개선해야 될 사항들 있으면 가서 봐주고 그런 일들 때문에 나가는 거죠. (면담자 : 해외는 안 나가신 건가요?) 그전에는 안 나갔어요. 그전에는 안 나갔고 이후에 혼자, 지회장 내려와서 혼자 놀러 간다고 베트남 일주일 동안 갔다 왔던 거, 그리고 가족 여행 갔던 거 그게 다예요. 해외 가[는] 기회는 마련할려면 있었긴 한데 앞으로 시간이 많으니까, 아까도 말했듯이 "가족들끼리 1년에 한 번씩 해외도 다니자" 그래서 그런 계획들대로 있었고…. 계획대로 딱 살았어야 좋았겠지만 지금 상황이 이래 돼가지고, 살아가면서 여행도 다니고 뭐 하고 그렇게 될 기회가 있겠죠. 지금 생각해 보면 마음이 편하고 즐겁게 갔다 오진 못할 거 같은 생각이 들어요, 항상 생각이 날 거 같아서. 항상 '같이 갔어야 되는데'라는 그런 생각이 들 거 같애요. 빈자리 그런 것들 때문에 항상 마음이 편하고 기분 좋게 갔다 오지 못할 거 같애요. 저 생각은 그럴 거 같애요.

'즐겁고 재밌게는 갔다 올 수 있지만 행복하진 않겠다' 그런 생각밖에 안 들어요. '무슨 일이 있어도 행복하진 않을 거 같다'라는, 한 켠에는 그런 생각도 갖고 살 거 같애요. 그런 생각들 때문에 '내가 죽어야지 이런 상황들은 정리가 되겠구나' [하는] 생각들밖에 안 들어요. 그래서 더 슬픈 거 같애요, 끝까지 언제까지 기한이 정해졌다면 모르겠는데 그게 없으니까. 저뿐만 아니고 우리 가족들 다 그러지 않을까.

## 19
## 종교 활동

**면담자**  아버님 종교를 가지고 계시진 않으셨어요?

**세희 아빠**  종교는 기독교 원래 가지고 있었는데, 제가 초등학교 때부터 고등학교 졸업할 때까지는 종교가 기독교였어요. 그 이후로 사회생활 하면서 여력이 안 돼서 못 다니는 거고, 다닐려고 했었다가도 교회 가면은, 교회 다니고 싶다라는 생각도 있고, 아니다라는 생각도 들어요. 다녀봤던 교회는 '이건 내가 다녔던, 내가 생각했던 교회가 아니다'라는 생각이 돼서 안 가게 되더라구요. 그래서 지금까지 안 다니게 됐고 안산에서는 거의 안 다녔죠. 몇 번 나갔다가도 '이건 별로 내가 다니고 싶은 교회가 아니다'라는 생각이 들고, 다닐려고 했다가 안 다니는….

면담자     믿음이 아예 없어지신 건 아니죠?

세희 아빠     저는 종교는 기독교, 지금도 기독교라고 생각을 하고
있구요. 단지 교회만 안 다닐 뿐이지. 기독교 교리를 깊이 알지는 못
하지만 제가 봤을 때 종교적인 부분에서는 저한테 맞지 않나 [싶어요].
집사람은 종교 활동, 기독교 활동을 하는 거 같기도 하고, 예배도 가
끔 보고 일요일 날, 안정을 찾으려고…. 애들은 교회를 다녔었어요,
다니다가 최근에는 안 다니고. 부모님이 안 다녀서 그런지 몰라도 다
니[다 안 다니다 하]고 있었어요. 안 다니고 학교 다니고 하다 보니까
안 다니는 것도 있고….

면담자     종교가 의지가 되시진 않으세요?

세희 아빠     기존에 교회 다니신 분들은 위안을 삼을 수 있겠죠. 저
는 모르겠어요. 종교가 저에게 위안을 주고 그러진 않아요. 기독교에
서 죽은 사람한테 절을 안 하잖아요. 저는 그게 맘에 들더라구요. 죽
은 사람을 무시하고 그래서 그런 게 아니고, 저는 종교, 죽은 사람은
이미 나에게 무언가를 해줄 수 있는 사람은 아니라고 생각을 해요. 근
데 우리 옛날에 유교사상에 보면 섬기잖아요, 조상들 섬기고. 저는 분
명히 조상 섬겨야 되고 다해야 된다고 생각은 하는데 그분들이 저한
테 뭔가를 해주고 이루어질 수 있는 거는 아니라고 생각을 하거든. 이
사고가 나고 나서 '그 조상들이 있었다면, 진짜 있었다면 왜 이런 일
을 겪기를 조상들이 막았어야지'라는 그런 생각들밖에 안 생기는 거,
원망만 되죠. 하다못해 제가 어머니, 아버지 제사 때도 사고 이후에는

안 가요. '진짜 조상이 나한테 있었다면 내가 왜 이런 일을 겪어야 되나', 가면은 원망만 하지 좋은 말이 안 나올 거 같아서…. 차라리 그런 얘길 하겠죠, "나를 데려가지 왜 이런 일이 있나." 그럴 거 같아서 못 가요, 더 원망스럽지.

면담자        교회를 다시 나가보고 싶진 않으세요?

세희 아빠        지금은 제가 그런 생각이 안 들어요. 나가면 마음 편하고 그런 건 찾을 수 있겠는데 그렇다고 해서 '제가 나가야 되겠다' 하진 않아요. 나가면 '바뀔 수도 있겠다'라는 생각이 들긴 하지만 저는 그러고 싶은 생각이 없어요. 나의 분노가 이어지는 상황들을 종교로서 위안받고 싶진 않아요. 사람으로서 내가, 최소한 사람으로서 분노는 하고 싶어요. 그러기 때문에 종교에 의지해서 내 분노를 사그라트리고 싶지가 않아요. 그렇기 때문에 저는 종교, 나중에 가면 정말 해결이 되고, 억울한 사정이 있는 거 해결이 된다면 모르겠지만, 그때는 그런 생각이 들지 모르지만, 저는 지금의 제 분노를 삭이고 싶진 않아요. 누구한테도 위안받고 싶지 않고 표출하고 싶어요. 이 분노마저도 없으면 살아갈 힘이 저하될 거 같아요. 끝까지 해결될 때까지는 분노하고 살고 싶어요.


## 20
## 스트레스 조절을 위한 운동


면담자        아버님만의 화를 풀 수 있는 활동이 있으세요?

세희 아빠    운동하는 거예요. 스트레스 있으면 악에 받쳐서 운동하고, 진짜 배드민턴 이런 거 하면 한번 할 때 내 있는 힘껏 스매싱도 하고 이런 부분에 있어서 스트레스 풀기도 하고 저 나름대로 하고 있죠.

면담자    원래 운동을 좋아하셨어요?

세희 아빠    배드민턴 같은 경우 제가 사고 나기 전에 최근에 시작했던 운동이죠. 레슨도 얼마 전까지만 해도 받다가 잠깐 쉬고 있는 중이고, 제가 해봤던 운동 중에 제일 저한테 맞는 거 같애요. 잘해서 그런 게 아니고 스트레스 푸는 방법 중에 제일 나은….

면담자    ○○이하고 같이하시지는 않나요?

세희 아빠    같이하고 싶은데 워낙 싫어해요, 몸 쓰는 거를, 운동하는 거를. 기타가 있는데 혼자 방에서 기타만 치고 있어요. "기타학원 보내줄까?" 그랬더니 싫대요. 그냥 혼자 독학하고 있어요. 혼자 방에서 띵띵띵 치고 있더라고, 교본 보고.

면담자    ○○이가 나름의 마음을 푸는 건가 보네요.

세희 아빠    그 사고 이후에 기타나 이런 것도 손대고 있는 것도, 어떻게 해서든 지도 풀 수 있는 방법을 해야 되니까 가끔 치더라고, 잘 치는지 안 치는지 우리 앞에서 안 쳐봐서 모르겠는데.

# 21
## 수학여행 준비

**면담자**      수학여행 준비까지 여쭤보겠습니다. 준비할 때 사달라고 하거나 필요하다던 건 없었나요?

**세희 아빠**      세희는 특별하게 사달라고 했던 건 없고, 그전에 마트 같은 데 가면 필요한 거 있으면 샀던 거 같애요, 특별하게 필요한 게 있었던 거 같지는 않고. 캐리어를 한번 사줄라고 했었는데 처음에 캐리어 안 가지고 간다고 해가지고, "나중에 네가 맘에 드는 거 있으면 그때 그거 사라" [하고] 안 샀는데 당일 전날 딱 "캐리어 가지고 가게 됐다"고, "올 때 공항으로 온다"고 그래서 갑자기 캐리어 있는 게 집에는 큰 거밖에 없는 거예요. 그걸 들고 갈 수 없어서 갑자기 사긴 그렇고 집사람 친구 작은 거 하나 빌려가지고 가지고 가고. "갔다 와서 네 맘에 드는 거 사라" 했던 거 같애요.

**면담자**      세희를 제일 마지막으로 보셨던 때는 언제인가요?

**세희 아빠**      (한숨을 내쉬며) 15일 날 아침에, 아침에 저희가 일찍 나오는데, 나올 때쯤에 우리 딸이 씻고 있을 시간이에요. 엄마, 아빠 일찍 나오는데 먼저 씻고, 그 시간에 세희가 씻고 있을 시간. 딱 나오면서 "세희야, 수학여행 잘 갔다 와", "예" 하고 그게 마지막 모습이었죠, 머리 말리고 있을 때. 15일 날 저녁에 5신가, 6시에 문자가 왔더라고. "아빠 수학여행 못 갈지도 모르겠어요" 저는 "왜?" 그랬더니, "배가 안개 껴서 못 갈지 모른다" 그런 얘길 하더라고요. "알았다. 이따 상황

봐서 다시 연락 줘" [했는데] 7시 정돈가, "아빠, 출발한대요" 그래 갖고 문자 와서 "아, 그래 조심히 잘 갔다 와", "네" 그게 마지막 문자. 그날 세희 엄마는 저녁에 전화도 하고 사고 당일 날 아침에 전화도 했는데, 전화를 안 받는다고 얘기를 하더라고. 아침에 실제로 그 시간에, 저희 회사가 인천이잖아요, 그래서 '혹시라도 배가 안 뜨게 되면 내가 태우러 가야 되겠구나' 생각도 하고 있었죠. 그래서 연락을 달라고 했었던 거고, 출발한다고 하니까 [그런가 보다 하고 있었죠].

실제로는 세희가 뭘 사달라거나 이렇진 않았어요. 그 전전 일요일 날, 아니 토요일 날 옥상에, 저희 집 빌라라서 옥상이 있어요. 옥상에 벚꽃이 한창 펴 있을 때, 한창 만개해 있을 때 옥상에 집사람 친구들하고 모여서 삼겹살 구워서 맛있게 먹고 [그랬어요]. 세희 수학여행 가는데 삼촌들이, 이모들이 수학여행 잘 갔다 오라고 용돈 주고 그래 가지고, 우리 딸이 되게 꼼꼼해요, 꼼꼼해 가지고 용돈 기입장도 다 쓰고 해가지고, 보면 알뜰하게 잘[해요]. 누가 시켜서 하는 게 아니고 지가 조그만 한 포스트잇 다 모아놓고, 학교에서 마니토라고 쪽지 같은 거 받은 거 다 모아놓고 [그랬어요]. 저는 사고 이후에 책상 안에 이렇게 보면서 정리 다 해놓고, 그만큼 깔끔하니까 정리를 잘…, 그런 것들 보면은 가슴이 너무 아파요. '왜 이런 애들을 이렇게 만들었[단 말인가]', 그래서 분노를 삭이고 싶지가 않아요. 분노하지 않으면은 살 수가 없을 거 같애요, 그거라도 가지고 있어야(한숨).

면담자　　　저도 "그만하라"고 하는 사람들 보면 그렇게 공감이 안 되나 싶더라고요.

세희 아빠　　　그런 사람들을 보면 최대한 이성을 찾고 살려고 하는 거예요. 그 사람은 모르니까 그렇다는 걸 너무 잘 알잖아요. 그 사람들한테 분노해 봤자 해결되는 것도 아니고, 최대한 그 사람들한테는 이성적으로 살려고 하고, 막말로 성질대로 살면은 가만두겠어요? 그런 얘기한다는 거에. 어떡해서든 하고 싶겠죠, 화풀이 하고 싶겠죠. [하지만] 화풀이 대상이 그 사람들은 아니니까….

면담자    오랜 시간 고생하셨어요. 오늘 1회차 구술은 여기서 마치겠습니다.

세희 아빠 임종호

# 2회차

2016년 1월 26일

# 1
## 시작 인사말

면담자    본 구술증언은 4·16 사건에 대한 참여자들의 경험과 기억을 기록으로 남김으로써 이후 진상 규명 및 역사 기술에 기여 하고자 합니다. 지금부터 임종호 씨의 증언을 시작하겠습니다. 오늘은 2016년 1월 26일이며, 장소는 안산시 단원구 4·16기억저장소 전시관입니다. 면담자와 촬영자는 김아람입니다.

# 2
## 팽목항, 책임자는 파출소장 한 명, 구조하고 있지 않은 사건 현장

면담자    처음 사고 소식을 들으셨을 때 말씀을 듣도록 하겠습니다.

세희 아빠    글쎄요. 전번에도 얘길 했는지 모르겠는데 여기서 출발하고, 제 기억으로 3시 정도에 출발했던 거 같아요. 2시 정도에 차를 탔는데 버스가 세 대 정도 차고 나서 출발했던 거 같아요. 고잔역 앞에선가 대기하고 있다가 출발을 했는데 도착을 하니까 7시는 한 반은 넘었던 거 같고, 8시는 안 됐던 거 같고, 그 정도에 진도체육관에 도착을 했던 거 같아요. 제일 먼저 했던 게, 차를 타고 오는 동안에 아무것도 알 수가 없었잖아요. 스마트폰에 올라와 있는 DMB나 이런 것도 안 됐었기 때문에 기사만 볼 수 있는 거죠, 기사만 뜨는 것들 보고 계속해서 특보, 속보로 해서 올라오는 걸로 확인했었고. 처음에 알고 있었던 '전원 구조'에서, 학교에서 확인했듯이 더 이상의 명단이 안 올라오는 걸 보고 누군가가 대답을 해주는, 상황 설명을 해주는 분들이 없더라구요. '내려가 봐야 되겠다'라는 생각이 많이 들었죠. 세희 옷을 옷가지랑, 신발이랑 챙겨서 내려갔죠.

내려갔는데 제일 먼저 했던 일은, 내리자마자 명단 확인을 했던 거죠. 명단 확인하면서 생존자 명단이 올라와 있는데, 몇 번을 확인하고 해도 명단에 없는 거예요. 도대체 어떻게 된 상황인지를 알아야지 되는데 사람은 굉장히 많았어요, 취재진부터 해서 사람이 주변에 엄청나게 많았었고. 체육관 안에 갔는데 그 넓은 곳에 이미 바닥에 돗자리 이런 것들이 깔리기 시작했고, 상황들이 정확하게 생각이 안 나는데… 정신이 없었기 때문에, 보니까 사람들 와 있고 하는데, 그때 처형도 와 있었는데, 확인을 해보니까 [세희 이름은 없는데, 어떻게 된 건지] 누구한테 물어볼 사람이 없잖아요.

찾아다니다가 사람들이 웅성웅성하면서 "팽목항 가봐야 되네, 어쨌네" 이런 얘길 하더라고. 그래서 저도 버스를 타고, 관광버스였나 그랬던 거 같애요, 팽목항 가자고 팽목항 갔죠. 팽목항 갔는데도 아무 것도 없어요. 거기 천막 하나가 있는데 파출소장인 거 같더라구. 그 사람 하나 있었고, 말 그대로 그 사람한테 계속해서 물어보고 해도, "구조를 하고 있느냐" 이런 얘기나 물어보면 "하고 있다" 얘기하고, "하고 있는 상황을 얘길 해달라"[고 해도] "알아보겠다"라고만 얘기하고, 계속해서 그런 얘기들만 반복이 됐죠. 답답하잖아요, 어떻게 됐는지. 구조가 됐는지 안 됐는지 매스컴에서 나오는 얘기들은 도대체 알수도 없고, 그 상황들을 계속해서 반복해 주는 영상들만 나왔기 때문에, 너무 답답하잖아. 우리 애가 어딨는지도 모르는데, 생존자 명단은 나와 있는데 [우리 애는] 없고 나머지는 어떻게 된 거냐고 하는데, 누구 이렇게 관계자가 있어서 물어보는[데] 이 사람은 할 수 있는 게 멱살 잡히는 거밖에 없어요. "왜 모르냐"고 계속해도 "연락해 보겠다" 똑같은 얘기만 반복을 하는….

핸드폰 들고 있고 무전기 들고 있어서 계속해서 어디론가 전화를 하는 거 같은데 누구한테 전화하는지도 모르겠고, 자기는 "상황들을 알아보려고 전화하고 있다"고 얘기를 하는데 뭘 알 수가 없는 거죠, 너무 답답한 거밖에. 상황 자체가 보면은 취재진들이나 물어보는 기자들이나, 기자들도 솔직히 그때는 우리한테 접근을 못 했죠. 조심스러워서 말도 못 했었고, 그냥 찍고만 있는 상황들이에요. 근데 그런 상황들이 나중에 보니까 매스컴엔 하나도 안 나오는 거예요. 지금의 이 상황들이, 아비규환의 상황들이 하나도 나오지도 않고 있고 그래서 그다음부터 "니네도 방송사 MBC, KBS 있는데 왜 안 나오냐. 안 나오는데 자꾸 찍기만 하고 있냐. 이런 상황들이 나와야지 되는데, 전혀 손쓰고 있지 않는 상황들이 왜 안 나오냐" 얘길 했죠. 얘길 하는데 계속 말도 없고 그냥 찍고만 있더라고. 그러니까 화가 나니까 카메라 밀치고, 기자들도 밀치고 이런 상황들이 연출되기도 하고….

밤새도록 현장에서 들려오는 얘기는 먼저 오신 어머님들이나 부모님들이 배를 타고 나가가지고, 현장에서 "지금 여기 아무것도 안 하고 있다"고, "구조작업 아무것도 안 하고 있다"고, 이런 얘기들만 계속해서 들리는 거예요. 같은 반 부모님들이 통화를 하신 부모님들이 있잖아요, 그렇다 보니까 그분들이 계속해서. 거기 있을 때는 부모님인

87

2회차

지 아닌지 저희도 잘 모르잖아요. 근데 거기서 전화를, 직접 통화를 하고 누구 아빠, 누구 아빠, 부모님들끼리도 전화번호 아시는 분들이 있더라구요. 그래 가지고 누가 들어갔다고 하니까 그분들 전화번호 알아서 전화 연락을 해보고 상황들을 듣게 되는 거죠. 근데 계속해서 여기서는 경찰관 파출소장이란 사람 "구조하고 있다"고 얘기하는데 그쪽에서 "아무것도 안 하고 있다고, 우리도 접근도 못 하고 막고 있다"라는 말을 계속하는 거예요. 그래서 여기 있는 사람한테 계속 닦달을 하는 거죠, 파출소장 그 양반한테. 잡고 얘기할 사람 그 사람밖에 없으니까….

면담자　　　한 명밖에 없었어요?

세희 아빠　　그때 보니까. 파출소장이랑 한 명 책임자는 그 사람 하나였었고, 그 외에는 말단 직원들이니까 그 사람들한테 얘기해 봤자 할 이유, 필요도 없죠. 거기서 무조건 제일 높은 사람한테 얘길 해야 되는데 그런 상황에서 답이 없는 거예요. 그 사람 가만있다가 멱살 잡히면, "왜 안 구하고 있냐"고 하면 그 사람 멱살 잡히는 거밖에 없어요. 한두 사람한테 잡히겠어요? 그 사람한테 한다고 해서 답이 안 나오는데….

면담자　　　정부에서 나온 직원이나 공무원은 전혀 없었나요?

세희 아빠　　아무도 안 보였어요, 그러니까 답답하죠. 그다음 날도 똑같이 연출이 됐어요. 다음 날은 보면은 서해청장이며 해경차장이나 그다음부터 박근혜 대통령 왔을 때, 그때부터 고위급들이 많이 보이기 시작했었고, 우린 모르죠, 누가 누군지. 누가 서장인지 어떻게 알겠어요? 나중에 알아보니까, 알고 보니까는 그 사람이 서장이었고, 그가 청장이었고 이런 것들을 알고…. 근데 그 사람들 잡고 하는 얘기는 하소연이죠. "빨리 구해달라"라고 얘기를 했는데, 실지로는 구조 상황이나 전혀 연출되지 않았다, 구조를 하지 않았다는 거…. 그런 상황들 지금 보면은 다 밝혀져 있잖아요, 그 상황들이, 사실상 아무것도 하지 않은 상황. 잡고 협박도 해보고 때려도 보고 이렇게 얘기를 해도 답이 없는 거예요. 아무 작업을 안 하고 있는 거예요. 날씨가 안 좋아서 그런 것도 아니고, 잔잔한, 파도 하나 없는 물살이었는데도 아무것도 안 하는 그런 모습들을 보면서 답답하고 미칠 것만 같은 생각만 들죠.

그래서 박근혜 대통령 왔을 때도 "여한이 없게 수색을 할 수 있게 최대한 하겠다" 자기 직통 라인 전화번호까지 가르쳐주면서 "자기한테 직접 연결이 되니까 애로 사항 있으면 연락해 달라", 그리고 "무슨 일 있고 하면, 볼일 있으면 언제라도 찾아와라" 그런 식으로 얘길 했던 거잖아요, 아무것도 된 게 없지만 사실상. 그래서 3일 뒤에 공기 주입한다고 해서, 공기 주입한다고 하고. 진짜 믿을 만한 행동한 건 아무것도 없죠, 그니까 주먹구구식의 보여주기 위한 행동들[뿐이었죠]. 우리 가족들 오죽하면 "아이들이 안에 살아 있을 거 같으니까 공기 주입이라도 좀 해줘라" 이런 식으로 해서 그때 콤프레샤[컴프레서] 오는데, "콤프레샤 갖다가 준비를 해야지 되는데, 거기에 맞는 콤프레샤를 할려면 갖고 오는 데 시간이 얼마 걸리네" 이런 얘기하고, 자기네들이 원하는 콤프레샤를 갖다 논다고 하는데, 실제로 나중에 알고 보니까 공업용 흔히 볼 수 있는 콤프레샤였던 거예요, 그것도 시간이 많이 걸렸고. 구하겠다는 의지는 전혀 찾아볼 수가 없었던 거죠.

그리고 배가 완전히 침몰하고 나서 3일 정도 지나니까 사람들 아예 희망이 없는 거죠, 우리 아이들이 살아 있을 거라는 희망. 처음에는 진짜, 첫날 시신 올라오고 했을 때 우리 아이가 아니기를 굉장히 바라는 사람들[이 대부분이었어요], 시신이 올라왔다니까 내 아이는 배 속에 살아 있을 거라는 희망들 때문에. 근데 완전히 가라앉고 나서는 희망이 사라진 거죠. 차가운 바닷속에 아이들이 살아 있을 거라는 희망이 없어지면서, "시신이라도 빨리 건져달라"고 애원을 하기 시작했는데, 딱 가라앉으니까는 정부에서 작업조차를 아예 안 해버리는 거예요. 그러니까 또 난리가 난 거죠. 그래서 야밤에 진도체육관에서 대통령 만나러 가겠다고 그때, 근데 결론은 진도대교 앞에서 막혔잖아요, 그런 상황들이 연출이 됐었던 거고. 누구한테도, 그때 해수부 장관도 있었고 다 있었지만 화만 나더라고, 화만. 제일 먼저는 믿겨지지가 않았던 거예요. 왜냐면 내 아이가 거기 있을 거라는 생각이 실감이 안 나. 거기 있는 건 아는데 내 자신도 피부로 와닿지가 않는 거예요.

그 바다에 가 있어도, 이렇게 봐도 아무것도 할 수 없는 나만 있을 뿐이지. 가까이 가지도 않고 멀리서만 이렇게 바라보는데, 배 이렇게 뒤집혀 있는, 앞 궁뎅이만 이렇게 나와 있는 모습들 보는데…, 무기력감이 [몰려오는 거죠]. 사람이, "내 아이가 저기 있다"라는 것도 잘 알고 있지만, 어떤 일을 해서 구할 수가 있을 거라는 그런 생각을 해보는 거예요. '내가 잠수를 할 수가 있나' 그런 생각도 해보고 별생각 다 하죠. 하는데 아무것도 할 수 없는 나만 볼 수밖에 없는 거죠. 사람이 정신이 멍해진다, 그래서 아무 생각이 없어요. 비바람 치고 그러면 오히려 참 [자신이] 간사하게 느껴지기도 하는…. 추운 거예요, 비바람 맞는데 그거부터 [춥다는] 생각이 드는 거예요. 그 아이가 배 속에 있을 거 생각하면서 그걸 생각하면, 진짜 그게 믿겨지지가 않아서 외면했던 이런 것도 있는 거 같고, 지금 생각해 보면 진짜 아무것도 할 수 없는 나만 찾아서 본 거죠. 내 자신을 찾아온 게 아무것도 할 수 없는 사람을 보고 온 거죠.

그런 것들 보고 오면서 '아, 진짜 이게 꿈이면 좋겠다'라는 생각, 누워 있는데 힘든 거 이런 것만 생각나고, '진짜 저기 있을까' 이런 생각 들고, '설마 내 딸이 저기 있을까' 이런 생각 들고…, 믿기 싫은 거죠. 그래서 그런 것들 많이 생각했던 거 같고…. 그 이후에는 사람이 여기 진도에 와 있는 이런 상황들이, 집이 아니잖아요, 집이 아니니까 낯선 곳에 와서 있는 거예요. 체육관 안에 있으면 다른 부모님들 얘기하고 아이들 얘기하다가 보면 웃기도 하고요. "우리 애는 어떻다" 장난도 치고요. 결론은 뭐냐면 실감이 안 나는 거예요, 사람들이 다 내 자식을 아직 안 봤으니까 그런 거예요. 분위기가 실감이 안 나니까 웃기도 하고 있고, 우스운 소리 하면 그거에다가 웃고 그래요. 상황으로 보면은 이해가 안 가지만은 제가 생각해 보기에는, 내 자식이 아직 내 앞에 없으니까, 어떤 모습으로 왔던 간에 없으니까 실감이 안 나는 거예요. 사람들이 그런 상황들이었고….

누군가가 와서 자극을 하게[되면] 그때 발딱 생각이 나고 하니까, '내 자식이 저기 있는데' 이런 생각들이 드니까 화가 위로 치밀어서 "가서 때려죽인다"고 하기도 하고…. 매스컴이 그때 2, 3일 정도에는 온갖 카메라라는 카메라는, 대한민국에 있는 카메라는 다 있었던 거 같애. 근데 현실은 뉴스나 이런 데는 전혀 안 나오니까, 위급했고 급박했던 상황들이 전혀 안 나오잖아요. 그러니까 일부 진보 매체들만, 보면 인터넷성 방송들 매체들, 그런 데서만 찍었기 때문에 그 외에는 보도가 안 됐죠. 나오질 않았으니까 가서 MBC, KBS 카메라 뚜드려 뿌시고. "찍지 말라"고, "나가지도 않는데 왜 찍냐"고 이런 식의 반발들을 사기도 했고, "원숭이 구경하는 것도 아니고 찍기만 하고 나오지도 않는데 왜 찍냐"고 그런 상황들이 만들어졌죠.

## 3
## 사고 소식

**면담자**      사고에 대한 연락은 어머니한테 받으신 거예요?

**세희·아빠**      네. 집사람한테 9시 42분인가에 부재중전화가 와 있었는데, 50분 정도 전화가 다시 오더라고. 그때 받았어요, 일을 하고 있는데 책상에 핸드폰 놓고 있었으니까. 그때 받으니까 "수학[여행], 진도에 배가 침몰하고 있다고 속보가 떴다"고 얘길 하는 거지. "무슨 소리냐고 어제 갔는데" [했지요]. 얘기를 듣고 나서 "단원고 학생들 수학여행 배가 지금 침몰한다"고 그 소리 듣고 나서 쉽게 생각했던 게 '그 큰 배가 그렇게 금방 가라앉겠나'라는 생각을 했었죠. '사고 날 수도 있지' 생각을 하고 "알았어, 알아볼게" 하고 세희한테 전화를 해봤나, '전화를 받을 수 없어…', 신호가 한 두 번 정도 가다가 그런 멘트가 나와서 위에 조합 사무실 가서 TV를 켜봤죠. 켜보니까 배가 기울어져 있는 모습이 나오는 거예요. '저 정도 기울어져 있으면 나오면 되니까, 먼 데도 아니고 구명조끼만 입고 나와 있으면 되겠네' 그런 생각을 했었죠. 집사람한테 전화 와서 회사에서 나간다고 [해서], "내가 옷 갈아입고 회사에서 갈 테니까 회사 앞에 나와 있어라. 어차피 버스 타고 뭐 하고 기달리려면 시간 가니까" [했어요]. 내가 가면서, 회사에서 거기까지 가는 데 30분 넘게 걸려요, 집사람 회사까지. 저는 인천이니까 안산까지 올려면 시간이 걸리죠. 왔죠.

오면서 계속 뉴스 라디오 듣고 하는데 라디오[에] 생존자 교사하고도 인터뷰하는 내용이 나왔고 하더라고. '괜찮은가 보다'라는 생각을 했어요. 왜냐면 인터뷰 내용 중에 화물 기사는 "거기가 가까운, 깊이가 깊지 않은 곳이라서 배가 침몰하지는 않을 거다" 그런 얘기도 하더라고. "그나마 다행이다, 깊지 않으니까 가라앉지 않을 거다" 이런 얘기도 하고 그러니까 안심이 되잖아요, 사람이. 그런 얘기도 하고 선생님은 제가 지금 어쩌고저쩌고, 인터뷰할 상황이 아니다 이런 얘길 하는 거예요.


# 4
## '전원 구조' 오보, 진도행 버스


세희 아빠    그런 내용을 듣고 나서 학교로 갔죠. 학교로 갔는데 사람들 많더라구요. "어떻게 된 거냐"고 물어보니까 "지금 확인 중"이라고 얘기를 하더라고. 그래서 답답해 가지고 핸드폰 DMB 보고하는데 똑같은 내용만 반복해서 나와. 그때가 시간이 11시 됐나, 정확한 시간 모르겠고. 그리고 나서 좀 있으니까, 안에서 "전원 구조"라고 강당에서 마이크를 잡고 얘길 하더라고. 막 달려들어 갖고 "진짜냐"고 "진짜 전원 구조한 거 맞냐"고, "맞다"고 "연락 왔다"고 그래서 "어떻게 하면 되냐"니까 "12시에 학교 앞에서 관광버스가 출발하니까 그거 타고 가시면 된다"고, "아이들 데꼬 오면 된다"고. 어쨌든 아이들이 젖었을 수 있겠다는 생각이 들어서, "우리 집에 가서 집사람 옷가지랑 챙겨가지고, 갈아입을 거 갖고 오자" [하고는] 집에 가서 옷가지랑 신발이랑 챙겨서 TV를 잠깐 봤어요. TV를 봤는데 그때까지도 "전원 구조를 했다"라고 이런 내용들이었고, 느긋하게 '그래도 가면 되겠네'라는 생각이 들더라고, "단원고생 전원 구조"라고 떴었으니까.

그래서 학교를 갔죠. 학교를 갔는데 도착한 시점에 생존자 명단 체크를 하더라고. 반별로 쭉 있으면 생존, 구조자 명단에 체크를 하는데 우리 반 두 명 처 있고, 없어요. '좀 있으면은 다시 추가적으로 하겠지'라고 [생각]해서 한 30분, 1시간 기다렸는데도 더 이상 체크가 안되더라고. 그래서 "안 되겠다, 현장에 가봐야지. 어차피 우리 가서 데꼬 와야 되니까 가자" 해서 탔죠. 타고 갔는데, 인터넷 뒤져보니까 계속해서 속보 뜨는 것들 보니까 계속해서 실종자 숫자가 올라가는 거예요, 구조자 숫자는 안 늘어나고. 그래 가지고 설마설마했는데 도착해서 계속해서 이걸 보고 가니까, '아, 뭐가 잘못됐다'라는 생각 들고, 중간에 같이 가신 분들도, 생존한 옆의 부모님들도 아이하고 통화를 하고, 우리 애는 통화도 안 되고 계속해서 아침에 받았던 멘트 그대로 나오고….

그런 것들 보면서, 다른 부모님들은 다 똑같죠. 핸드폰으로 누구한테 진짜 이런 상황들을 알 수 있는 게 뭐가 있나 해서 계속해서 연

세희 아빠 임종호

락도 해보고 했는데 모르죠, 그런 상황. 당시에 그런 상황을 알지 못하는.

면담자    학교에서 버스 출발할 때 차가 부족하거나 그러지는 않았나요?

세희 아빠    12시에 출발할 때는 그 버스가 몇 대 정도 왔던 거 같애요. 왔었고 계속 가겠다는 사람들이 늘어나니까 계속 버스들을 불러서 부족하다는 그런 거보다 몇 대가 차면 보내고 그렇게 하더라고. "왜 안 가냐"고 하면은 "아, 금방 출발할 거라고 차 뒤에 한 대만 오면", 계속하는 게 1시간씩 기다리고 그랬으니까. 한 대만 보내는 게 아니라 서너 대 차면 앞에서 경찰차가 에스코트해 가지고 계속 쭉 달렸던 이런 거죠. 아무래도 에스코트하고 삐요삐요 하니까 빨리는 갔겠죠, 그런 식으로 해서 갔으니까.


## 5
## 분주한 진도체육관, 구조가 안 되고 있는 현장


면담자    체육관에 처음 내리셨을 때 사람들이 많고 매트가 깔려 있는 상황이었나요?

세희 아빠    엄청 많았어요. 계속해서, 제일 먼저 보이는 게 구호 물품들이, 매트리스며 모포며 이런 것들이 오더라구요. 난리 통인 거 같은 느낌이 오는 거예요, 의료진들 오고. 그런 상황에서 이미 그런 것들만 제일 먼저 오던데요, 보니까 구호 물품들, 나는 인제 왔는데 이린 것들이 벌써 이렇게 왔나 싶을 정도로. 물론 시간이 많이 지났을 땐데 그런 것들 생기고 오더라고, 사람들 엄청나게 많았으니까. 그러면서 다음 날 산더미같이 뭔가가 이불이며 옷가지부터 양말까지 그런 것들이 구호 물품이었던 거 같애요, 지금 생각해 보니까. 그런 것들이 엄청나게 오더라고. 계속해서 팽목에 있으면서 답답하니까 체육관에 있다가 상황 알아볼려니까 팽목에 가보고 하는데 서장이나 청장 이런 사람들 먹살 몇 번 잡히고, 뭐 하다 보면 도망가고, 안 보이고, 피신해 가 있고…. 거기에서 그 사람들이 책임자니까 "빨리 왜 안 구하냐"고 그럴 거 아니에요. "우리 데리고 가서, 구하고 있으면 확인시켜 달라"고 하면 해경 배 가지고 몇 명 가족들 대표성으로 해가지고 "내가 갔다 오겠다"고 한 사람들 보내고, 이런 식으로 가서 하는데 사실상 구조작업 아무것도 안 하고 있었던 거죠.

면담자    아버님이 팽목으로 가셨을 때 이미 도착하신 부모님이 계셨던가요?

세희 아빠    그때 들어갔던 부모님들은 낮에, 오전에 사고가 났잖아요, 회사에서 바로 진도로 가신 분들, 그런 분들 답답하니까, 누구도 안 해, 안 가르쳐주잖아요. 거기서 아예 배를, 낚싯배든 이런 배들 있잖아요, 그거 빌려가지고 직접 들어간 거예요. 그런 분들이 계속 거기 있으면서 뒤집혀 있는 배 상황들을 얘기해 주시고 그래 가지고 들은 거죠, 우리는 늦게 도착을 했으니까. 우린 진짜 '그 큰 배가 설마'라고 생각을 했으니까, 그리고 '세상이 어느 세상인데 사람을 못 구하겠나' 이런 생각들 있잖아요, 그런 생각을 하고 있었던 게 사실이에요.

면담자　　　학교에서 다 같이 출발하신 부모님은 배를 타고 나갈 수가 없는 건가요?

세희 아빠　　　그쵸. 밤에 도착하고 대부분, 12시에 출발했어도 4, 5신데 정신이 없는데 언제 거기서 배를 빌릴 생각을 하며, 정신이 있겠어요? 그니까 어딘지도 모르고, 팽목항이 제일 가까운데 어디 있는지도 모르고…. 사실상 그러니까는 누군가 물어볼 사람, 상황을 들을 사람들을 찾고 있었는데 아무도 없었던 거죠, 그때까지도. 팽목항에 가니까 진짜 취재 차들만 꽉 차 있고, 그 사람들 그런 데는 빨리 가더라고.

면담자　　　아버님도 멱살잡이하고 그러셨어요?

세희 아빠　　　했죠, 했는데 답이 나오나. "어떻게 좀 해달라"고 사정도 해보다가 안 되면 멱살 잡고 "어떻게 좀 해보라"고 욕도 하고 그러는데 답이 없죠.

면담자　　　그날 하루 꼬박 팽목에서 밤을 보내신 거예요?

세희 아빠　　　그때 제 기억으로는 4, 5시 됐던 거 같애요, 5시 정도. 도대체 아무것도 없고, 이게 하다못해 춥잖아요. 4월 16일인데, 17일 새벽이 됐겠죠. 새벽인데, 옷을 여기서 입고 다닐 때는 가볍게 입고 다니잖아요. 4월 달 중순 되니까는 그냥 남방 하나에 이렇게 입고 다니는데 춥더라구요. 정신없는 상황에서 왔다 갔다 하다가도 새벽이 되니까 추워지더라고 바람도 많이 불고, 바닷가는 항상 바람이 있으니까. 그래서 추워서 여기 아무 데 들어가 있을 데도 없고 그러니까는 당장 진도체육관으로 와야 되겠더라고. 올려고 딱 하니까는 차가 없는 거예요. 이제 와야지 되는데, 올 때는 버스로 데려다줘서 왔는데 갈 때는 없는 거예요. 그래 가지고 주차장에서 서성이면서 배회하는데 한 분이 계시길래 "차를 타고 갈려고 그러는데 없어서 혹시 어디 가시냐"고 물어보니까 "진도체육관 간다"고, [근데] 자기가 길을 모른대. "저랑 같이 가시죠. 저도 진도체육관 가는데" [해서 같이 갔어요]. 그분이 유민이 아빠야(웃음). 유민이 아빠를 거기서 처음 봤어.

면담자　　　직접 자기 차로 내려오셨던 거예요?

세희 아빠　　차를 가지고 오셨더라고. 가면서 얘기하는데 "자기는 딸이 수학여행 간지도 몰랐다"고 얘기를 하더라고. 내가 속으로 '어떻게 딸이 수학여행 갔는데 수학여행, 모를 수 있지?'라고 생각을 했는데 그때는 그런 거 안 물어봤죠. 그냥 자기 딸도 수학여행 갔다고 그러니까, 왔다고 하니까 '그런갑다' 하고 진도체육관에 왔죠. 나중에 알고 보니까, 혼자 살다 보니까, 자기 딸은 "아빠가 돈 걱정할까 봐 '수학여행 간다'고 얘기도 안 했다고", "그렇게 착한 딸인데" 그런 얘길 하더라고. "그렇게 착한 딸인데", '다 자기한테 착한 딸이지, 이쁜 딸이지. 아닌 사람이 어디 있겠어요?' 그런 생각하고 있다가, 그분은 딸 얘기하고 난 내 딸 얘기하고 그러다가 왔죠.

면담자　　　그 새벽에 팽목항에 여러 분들이 계시진 않으셨어요?

세희 아빠　　있었죠, 있었는데 계속 서 있는 분도 계시고 밤새 있는 분들도 있고, 하다못해 모포 뒤집어쓰고 있는 분들도 계시고 하더라고. 물어볼 사람도 없고 아무도 없는데 거기 있어봤자 의미가 없잖아요. 그래 가지고 체육관에 사람들이 제일 많으니까 "거기 뭐 있나" 하고 전화를 해보니까 거기도 새벽이라 아무도 없고, 내가 얘기한 '아무도'는 정부 관계자는 아무도 없는 거예요, 누군가 상황들을 대처해 줄 수 있는 사람이.

면담자　　어머니하고 다른 가족들은 체육관에 있었고 아버님은 팽목항에 있다가 오신 건가요?

세희 아빠　　우리 처형들이나 처갓집 동서들 이렇게 와 있고 그랬는데…. (면담자 : 가족분들이 아버님보다 빨리 오신 건가요?) 예, 무주 사는 분이 있는데 얘기 듣고 먼저 출발을 했던 거죠, 차로. 그래서 먼저 도착을 해 있었던, 그분들이랑 집사람 같이 있고, 놀래가지고 있으니까 진정시킬려고 같이 있고 나는 알아보러 혼자 나왔던 거고…. 그래서 (한숨을 내쉬며) 진짜 설마설마했었는데, 그때 당시만 해도 "설마 구하겠지" 그런 막연한, "설마 못 구하겠어" 그때까지도 그런 희망이 있었어요. "설마 구하겠지" 그런 것들이 강했었던 거 같아요.


# 6
## 시신으로 올라온 아이들


세희 아빠　　다음 날, 다음 날 되면서 '아, 힘들겠구나' 하는 생각들 많이 들었죠, 그러면서 답답해지더라고. '나중엔 시신이라도 찾았으면 좋겠다' 이런 생각했죠. 처음에는 우리 아이가 아니기를 기도했다가 시신들이 계속해서 올라오기 시작하면서, 가서 일일이 다 처음에 눕혀놓고 그 인적 사항 나오고 그러면 가서 확인을 했거든요. 아이들이 그냥 누워 있는 거 같은 애들도 있고, 진짜 멍이 많이 들었던 애들도 있고, 살려고 진짜 아등바등했던 모습을 보이는 애들도 있고…. 그 모습을 보는 게 지금도 기억이 나는 게, 여자아이하고 남자아이 이렇게 나눠서 이쪽 천막 안에는 남자아이, 이쪽에는 여자아이 이렇게 있는데 가서 보는 게 쉬운 일이 아니더라고. 그때는 얼굴 보고 찾아가고 자기 [아이] 옷 대부분 알잖아요. 부모님은 자기 아이들이 입는 옷이 어떤 거, 하다못해 잠옷이나 이런 것들을 입고 있었던, 그런 것들을 보면서 '사람이 할 짓이 아니구나' 그런 생각도 들고…. 그런 상황들이 계속 연출되면서 겁나더라고, 들어가서 보기가. 그런다고 해서 엄마들이 들어가서 보기는 더 힘든 상황도 있고 [해서] 내가 가서 보고 하는데 ….

다음에는 인상착의들이 나오면서, 처음에 아이들이 올라오기 시작하면서 거기 담당하는 경찰인지 있잖아요. "우리 아이 인상착의가 이렇다", 키가 얼마고 이런 것들, 긴 생머리고, 치아가 덧니가 있고 다 적어서 줬어요. "이런 아이 나오면 얘기 좀 해달라"라고 하고 나서, 그 다음에 내가 이걸 제출하고 나서, 가족들한테 서식을 만들어가지고 다 한 장씩 돌리더라고. 또 썼어요, 써서 다 낸 거예요. 그리고 나서 인상착의들, 그 사람들, 그다음부터 1번에 키가 몇이, 몇 정도 되고, 머리 스타일, 입은 옷, 양말은 어떤 거 신고 이런 것들이 인상착의 나오기 시작을 [하더라고]. 그리고 나서 처음에 가서 일일이 확인하다가 진짜 못 보겠더라고. 그다음부터 인상착의나 키가 비슷하면 그때 가서 확인을 하고 그랬었어요.

**면담자**　　　처음에는 여자아이, 남자아이 이렇게만 구분을 했었어요?

세희 아빠   네. 구분해 놓고 걔네들이 대충, 정확한 인상착의가 아니라 "이러 이런 모습을 했던 아이들이 나왔다"고[만 했어요]. 처음에 몇 구 올라왔을 때는 사람들 다 가서 봤어요. 다 가서 보고, 완전 전시장처럼 해놓고 확인했으니까, 말도 안 되는 짓을 많이 했죠. 그렇게 하다가 나중에 많이 올라오고 하면은, 그거 먼저 다 키며 이런 인상착의를 해서 올린 다음에 확인을 했죠. 긴 거 같다[는] 특징 있으면, 아이들의 특징들 해서 확인을 했어요. 세희 같은 경우는 24일 날, 25일 날 새벽에 올라왔나 그랬죠. 25일 날 새벽에 올라왔는데, 인상착의가 떴는데 키는 맞는데 뭐 앞니빨이 세 개가 크고 이런 식이에요, 덧닌데. 분명히 두 개가 겹치는 덧닌데 그 얘기 없는 거예요. '아닌가 보다' 생각을 하고 확인을 안 했죠. 그리고 스키니를 안 가지고 갔는데 집사람이 스키니를 입었다고 하니까…. 회색 줄무늬 티를 가지고 갔는데, 검은색 줄무늬로 나온 거예요. 그래서 검은색 줄무늬는 없다 우리 애는, 스키니도 안 가져갔다고 [생각해서 확인을 안 했죠]. 근데 스키니를 가져갔고, 회색 줄무늬가 검게 나온 거예요.

앞니가 세 개가, 덧니가 있다고 인상착의를 써 냈거든요. 덧니가 딱 두 개가 겹쳐 있기 때문에 들춰만 봐도 아는데, 앞니만 이렇게 이렇게 가볍게 들춰봤나 봐요, 그래서 확인 안 했는데…. 그때는 부모님들 DNA 검사를 했죠, 다 했을 때니까. 25일 날 낮엔가 금방 나왔던 거 같애, DNA 검사하고 바로. 그때 한참 다이빙벨 집어넣으려고 얘기하고 있을 때[였어요]. 그래 가지고 갑자기 체육관에 있는데 "2학년 9반 임세희 학생 부모님 있으면 앞으로 나오라"고 [해서] 나갔더니 "지금 나와 있다"고 "가서 확인하시라"고 그래서 가서 확인해서 데리고 올라왔죠. 그때 우리는 택시를 타고 올라왔고 세희는 앰뷸런스 119에 실려서 확인하고 올라왔죠(한숨).

## 7
## 대통령 방문 후에도 여전히 안 하는 구조 활동

면담자     대통령 왔을 때만 해도 희망을 가지고 계셨었겠네요?

세희 아빠     그렇죠. 왜냐면 다음 날이었으니까, 배가 뒤집혀 있어도 일단 떠 있다라는 게, 안에 공기가 있어서 아이들이 살아 있을 거라는 그런 희망들 때문에. 그래서 결론적으로 다음 날까지도 누가 거기에서 "페이스북으로 올라온 게 있다"고 얘기도 하고, "통화를 했다"고 하는 부모님들, "문자가 지금 왔다"고 하는 부모님들도 있었고, "누구 옆에 누구누구 있다" 이런 내용도 있었고, 근데 다 거짓이라고, 올라온 거 없다고 방송에는 다 그렇게 나왔잖아요. 위치추적이나 위치 찍힌 거나 이런 것도 나오고 했었는데, 다 거짓이라고 매스컴에는 떠들어 버리고. 저는 옆에서 다 봤거든요, 부모님들 "왔다"고 "온 거 있다"고, "빨리 구해달라고 연락 좀 하라"고 울고불고 펄쩍펄쩍 뛰면서 부모님, 엄마들 "배에 살아 있다고 연락 왔다"고. "지금 봐라"고 보여 주면서 하는 모습들 찍었고 그랬는데, 나중에 보니까 핸드폰 기록 다 지워지고 했는데, 그런 것들을. 그러고 있는데도 연락해 보면 여전히 구조 안 하고 있고, 둘째 날인데 그런 상황들이었죠.

# 8
## 진도대교 행진, 가족협의회 구성 시기, 방법

**면담자** 진도대교 행진하자고 결정됐을 때는 가족분들 협의회나 조직이 만들어지고 있었어요?

**세희 아빠** 없어, 없었어요. 목소리 크고 한 사람들이 나서서 하면 그쪽에 동조해서 하는 이런 식이었고, 가족들의 대표를 만들자 어쩌자 딱 했었던 거는 세, 넷째 날 됐을 때나 이 정도 됐을 때, 어느 정도 됐을 때, "반별로 모여서 얘기를 하자, 반에서 대표도 뽑고", 그다음부터 그런 식으로 움직였죠. "반 대표 뽑고 다음에 회의를 해서 거기서 결정 난 거 얘기하고 전달하고, 전달할 게 있으면 하자" 이런 식으로 진행이 됐고 그랬었죠.

**면담자** 아버님은 조직을 이끈 경험이 있으신데 거기에 나서고 싶다거나 그런 생각은 안 하셨나요?

**세희 아빠** 안 했어요, 왜 그러냐면 조직이라는 게 다르잖아요. 이미 구성돼 있는 조직하고 생판 모르는 사람들의 조직을 하고는 다르거든요. 안정적인 조직하고는 많이 다른 거죠. 이런 상황을 겪었을 때 어떻게 대처를 해야 된다는, 다른 부모님이나 저나 다른 게 없어요. 다 똑같애요, 한 부모예요. 어떤 조직을 이끌어가는 리더가 아니라 자식 못 찾은 부모 똑같은 거예요, 다 하나씩. 근데 거기에서는 누군가는 목소리 큰 사람이 있고 나서는 사람은 있어요. 있는데 근데 저는 그렇게까지 나서는 사람은 아니에요. 뭔가 모르는 상황에서 무턱대고 나서는 성격은 아니에요. 저는 꼼꼼하게 준비를 하고 이렇게 하는 스타일이지, 무작정 나서고 그러는 스타일은 아니라서 준비 과정이 필요하고 "분명히 그런 것들을 어떻게 해야 된다" 이런 것들을 만들어서 하는 성격이라서, 무턱대고 아무것도 이루어지지 않는데서 무조건 나서는 성격은 아니라서…. 그 집사람은 그런 얘길 하더라구요, 자기는 "세희 아빠가 나서서 했으면 하는 바램이 있었는데 왜 안 했냐"고.

　　"이걸 내가 나서가지고 해결할 수 있는 건 아무것도 없다", 무턱대고 한다고 해서, 나선다고 해결되는 게 아니기 때문에 그런 것들을 얘길 했죠. 어쨌든 그때 나섰다고 하든, 안 나섰든 크게 달라지는 건 없을 거예요. 생각은 해요 지금도, 그때 상황은 다 똑같았기 때문에. 저는 진도에서, 체육관에서 행진한다고 할 때도 안 했어요. 왜냐면 분명히 막힐 거라는 걸 알았고, 부모님들은 모르잖아요 이런 상황들을, 경찰들 어떻게 나올 거라는 상황들, 저는 분명히 막힐 거라는 걸 알았거든요. 그런 것들을 알았고, 단지 그때 계속해서 어필하고 싶었던 거는 "어떤 매체라도 좋다. 상황들을 누군가가 밖으로 보내줬으면 좋겠다, 이런 상황들" 고런 생각들은 했는데 아무것도 안 나오고 있을 때니까. TV 아무리 틀어봐도 안 나오잖아요. 예를 들면 진도에는 당시에 박근혜 대통령 왔다가 가고 나서 TV가 설치가 됐었고 그랬는데 TV 아무리 틀어봐도 없잖아요. 상황 나오는 게 공중파 진짜 편집의 달인들, 좋은 말만 하는 것만 나오고 우리가 하소연하고 이런 얘기 아무것도 안 나오잖아요.

세희 아빠 임종호

## 9

## 진도의 상황을 보도하지 않았던 언론

**면담자**   며칠 지나지 않아서 바로 다 알게 되셨던 거죠?

**세희 아빠**   어떤 거요? (면담자 : 방송이 나가지 않고 있다는 거요) 다음 날부터 바로 알았죠. 왜냐하면 계속 TV를 보잖아요. 그때는 구호물품이나 그런 것들이, 밖에 TV가 설치가 됐고 안에는 TV가 없었지만은 어느 집에 가서든 주변에 사람들 사는 동네니까 TV가 있을 거 아니에요. 봐도 안 나오는 걸 다 알잖아요. 물론 진도가 DMB가 안 돼요, 안 되는데 다 가면 TV 있고, 원래 사고들 터지면은 방송사에서 제일 먼저 갖다가 모니터 TV 설치하잖아요. 켜놓고 하잖아요. 다 나오는데 안 나오잖아요, 거기서 상황들이.

**면담자**   아버님에게 인터뷰 요청이 들어오거나 그런 건 없었어요?

**세희 아빠**   사고 당시 때는 인터뷰 요청이나 이런 게 없었죠. 대부분 다 찍고만 있었고, 인터뷰를 요청하거나 이런 건 없었죠. 대부분 인터뷰 요청 시작된 것들이, 어느 정도 많은 인원들이 시신을 수습해서 올라가고, 그다음부터 남은 사람들 인터뷰들이, 조심스럽게 기자들이 접근을 해서 인터뷰도 하고 그랬죠. 직접적인 가족들한테 인터뷰들은 많지 않고, 그 부모들이 형제자매들도 있고 하잖아요, 그런 사람들 위주로 인터뷰도 많이 했었고. 그러면서 인터뷰들은 진행이 됐던 거 같아요. 직접적인 가족들 인터뷰하기는 쉽지 않았죠, 엄마, 아빠들. 시간이 좀 지나고 나서부터 인터뷰들이 됐고….

## 10
## 세희 장례 후 정의당을 통한 진도에서의 첫 인터뷰

면담자　아버님도 진도에서는 인터뷰를 하시거나 그러신 적은 없으셨어요?

세희 아빠　제가 세희 장례 치르고 제 기억으로 5월 1일 날 제가 내려갔어요. 그때 '오마이뉴스' 오연호 대표한테 전화가 왔더라고. [먼저] 정의당 사무처장한테 전화가 왔더라고. "웬일이시냐"고 [했더니] "오연호 대표가 통화하고 싶어 하고 인터뷰하고 싶어 하는데 할 수 있냐"고, "알았다"고 전화 오면 하겠다"고 그래서 인터뷰한 거예요, 진도체육관 가서 '오마이뉴스'에서 와가지고.

면담자　당을 통해서 아버님한테 연락을 했던 거지, 직접 그렇게 한 건 아니었죠?

세희 아빠　되게 조심스러웠던 거죠, 무슨 말을 꺼내야 될지 이런 것들 때문에. 당을 통해 사무처장인가 와가지고, 그 사람들이야 한번씩 안면 있고 하니까, 그래서 전화 왔더라고. 연결해 달라 그래서 연락 와서 인터뷰하고 했죠.

면담자　그게 처음 하셨던 인터뷰겠네요?

세희 아빠　네, 저는 그게 처음.

# 11
## 가족들에게 필요했던 것, 구호 물품 상황

**면담자**    물자들이 많이 도착했다고 하셨는데, 도움이 되었나요?

**세희 아빠**    물품들이라는 것들, 처음에는 옷가지들 오고 양말가지들 오고 그래도 우리한테 필요한 건 아니죠. 먹는 것들이 와도 그게 제대로 먹히겠어요, 물이나 마시고, 막 힘없으니 쓰러진다고 그러니까 초콜릿이나 하나씩 주워서 먹고, 밥이나 이런 거 먹을 정신도 없고 이렇게 지내고 있을 때고. 정작 우리들한테 필요한 것들은 아이 구해줄 수 있는 방법이나 이런 것들이었지 다른 것들은 필요한 게 없었죠. 그 당시에 우리한테 필요한 게 뭐 있겠어요? 거기에 이미 가족들이 많이 와 있으니까 그분들이나 예를 들어서 자원봉사자들[한테나] 이러한 부분 다 필요한 거겠죠. 단지 추우니까 옷가지들이나 잠바 같은 거 갖다주고, 챙겨서 입고 나가고 그런 것들은 필요했던 거고, 실지로 그외의 것들은 우리한테 필요한 부분 아니죠. 잠자리들, 바닥에 돗자리 같은 거, 이불 같은 것들은 필요하죠, 가족들 다 춥고 하니까. 되게 춥더라고요, 그 안에가.

난방시설도 체육관 안에 다 돼 있었던 거고, 냉난방이 되는 데더라고요, 거기가. 그런 데서 이불 덮고 입고 하면 크게 문제될 건 없었는데, 워낙 처음에는 사람이 많아 가지고, 안에서 안 돼서 밖에 모굴텐트[몽골텐트]라 그러나? 텐트 치고 안에서 자기도 하고 그랬었으니까. 가족들이 꽤 많이 와서 그 주변에 자리를 여러 자리 차지하고 있었죠.

면담자    아버님 가족분들도 많이 오셨어요?

세희 아빠    우리 가족들은 며칠 뒤에 왔고, 처가 쪽에서 처형들이나 처음에 많이 같이 온, 몇 명 됐었으니까.


## 12
## 진도에서의 부모님들의 몸과 심리 상태, 진도-팽목에서의 일상

면담자    어머님은 건강은 어떠셨나요?

세희 아빠    울다가 지치기도 하고 화가 나가지고 쫓아 나가서 멱살 잡이하다가 들어오기도 하고, 맥 풀려가지고 누워 있기도 하고 그러기는 했죠. 특별하게 다치거나 그러지는 않았고.

면담자    아버님도 마음을 굳게 먹으셨나요?

세희 아빠    저는 성격이 확 올라오는 거보다 대개 이성적으로 많이 판단하고 행동하는 편이라서, 끓어올라 오면 저도 저거 할 때 있지만 자제를 하고 할려고 하는, 냉정하게 판단을 할려고 하는 이런 것들이 있죠. 대부분 혼자 가서 실갱이[실랑이]하다 쓰러지면 그거 말리러 다니고 그랬죠, 오히려. "그렇게 한다고 해서 해결이 되면 모르는데 '아무것도 모르고 있다'고 하는데, 그 사람이 윗사람도 아니고 말단 잡고 얘기해 봤자 뭐가 되냐"고, 아무것도 안 되고, 해결 안 되는 거, 화풀이밖에 안 되는 거[지]. 그래서 오히려 그런 거 말리러, 그렇게 해서라도 풀리고 되면은 좋은데 아닐 거라는 거 아니까.

면담자     아버님 스트레스받으시고 그럴 때는 어떻게 하셨어요? 담배?

세희 아빠   담배 많이 피웠죠, 한참 담배 끊을려고 하고 있을 땐데. 담배 피고, 답답해서 계속 여기저기 진도체육관하고 팽목항하고 왔다 갔다 했던 거 같애요.

면담자     셔틀버스가 그때는 배정이 돼 있었던 거죠? 언제부터 돼 있었어요?

세희 아빠   이틀짼가부터 됐던 거 같애요. 다음 날부턴가 계속해서 셔틀버스가 다니고 시작했죠, 그러면서 그거 타고 왔다 갔다.

면담자     거기서의 일상은 체육관에 있거나 아니면 팽목에 나가거나 하는 거였나요?

세희 아빠   그죠, 올라왔으면 가서 확인하러 가고, 혹시나 가서 또 확인하고. 그때 당시에는 바지선에 올라타서 볼 수 있는 사람이 많지가 않았거든요. 몇 명 안 되니까, 대표성을 띤 사람들만 대부분 올라가서 작업하는 거 보고 했었으니까.


## 13
## 반 대표의 역할, 세희 짝꿍


면담자     9반은 누가 대표를 맡으셨나요?

세희 아빠   그때 당시에는 보미 아빠. 그리고 나서 저는, 어쨌든 9

일 동안 있었기 때문에 짧은 시간이잖아요. 그때 거기 있었을 때는 되게 길었던 거 같은데, 거기에서는 누가 대표라고 해서 그 사람이 건져주는 거 아니잖아요. 그렇기 때문에 전달자죠, 상황 전달자. 그 정도였지 대표라고 해봤자.

**면담자**  원래 대표를 하고 계셨던 건가요, 아니면 선출된 건가요?

**세희 아빠**  뽑은 거죠. 거기서 저쪽에 왔다 갔다 하면서 상황 봤던 사람이 그래도 잘 아니까, 자기가 얘기하는 사람들 있잖아. 자기가 "저기 가서 보니까 뭐 이렇더라 저렇더라" 그러면 "반 대표 하시라"고 하면서 보라고, 왜냐면 다 급하니까 누가 시켜도 할 거예요. 내 자식을 찾아야 되니까 그랬었죠. 우리 올라오고 장례식장에 갔는데 보미가 바로 몇 분 뒤에 올라왔나 보더라구요. 근데 보미하고 세희하고 짝꿍이에요, 같은 반이고. 장례식장[도] 우리가 201호고 보미가 202호에서 장례를 치렀어요, 같은 날 장례식장도 그렇게. 그때는 몰랐어요. 학교 가서, 교실 가서 보니까 책상이 두 개가 붙었는데 이쪽이 보미고 이쪽인 세희고 그렇더라고, 그래서 알았어요. 우리는 발인을 일요일 날 했고 보미는 하루 뒤에 월요일 날 하고 [했지요]. 거의 학교 전체가 매일같이 장례식장이었죠, 매일 몇 대씩 학교를 영구차가 돌아서 나갔으니까. 우리 발인 때 보니까 돌아서 나오는 차들이 많아 가지고 한참 걸렸어요, 학교 들어갔다 나오는 게. 참 웃기지도 않는 그런 상황이었죠. 장례식장도 없어 가지고, 안산 시내 장례식장 모자라가지고 기다렸다가 장례 치른 사람도 있었으니까.

# 14
## 아이들 주검을 확인할 때의 심리 상태

**면담자**  다른 아이들 시신도 많이 보셨다고 하셨잖아요, 심정이 어떠셨나요?

**세희 아빠**  보면서 '얼마나 힘들었을까' 그런 생각들, 정말 멀쩡해 보이고 깨끗하고 자는 거처럼 보이는 아이들도 있었는데…. 자는 듯한 느낌을 주는 아이도 있었고, 여자아이들을 보다 보니까 '진짜 살려고 발버둥을 쳤겠구나' 하는 모습을 보이는 아이들도 [있었어요]. 손끝이나 이런 것도 시커멓게 멍들어 있는 있잖아요. 얼굴도 이런 데가 여자아인데도 불구하고 까맣게 멍이 들은 거죠. 그런 모습들을 보면, 그런 모습들을 보면 '아이들이 얼마나 살려고 했을까'를 [상상하게 되죠].

**면담자**  두렵다는 생각이 들지 않으셨어요? 세희는 어떻게 됐을까 하고.

**세희 아빠**  그때 당시에는 예상을 하진 않았어요. 그때는 "돌아오기만 해라" 그런 바램이었죠. 해양 사고가 원래 실종 사고가 많잖아요. 더구나 거기는 들물 날물이 심한 데라 걱정했었고, 나중에는 '나오기만 해라'라는, 살아서 오라는 이런 게 아니라. 항상 얘기하는 게 그때는 축하한다는 얘기도 들었었고, "찾아서 축하한다"고, "잘 올라가라"고, 먼저 올라간 사람들이 남아 있는 사람들한테 "우리가 먼저 찾아가서 미안해" [했어요]. 그런 상황들이 웃기잖아요. 미안해하고 축하해야 하는 상황이 아닌데 상황이 웃기더라고, 지금 생각해 보니까 정말 웃기고…. 그때 당시에는 그게 너무 감사했던 거죠, 찾은 것만 해도. 지금 미수습자 가족들이 유가족이 되는 게 소원이라고 하는 거처럼 그런 심정이었겠죠.

## 15
### 세희 장례 후 진도로 다시 내려가 미수습자 가족들 곁을 지킴

면담자    아버님 미안한 마음이 크셔서 진도로 다시 내려가신 건가요?

세희 아빠    옆에 현철이, 지금도 못 찾은 현철이도 있고 양승진 선생님…. 나는 미안하더라구요. 같이 얘기하고 있었고, 9일 동안이었지만은 누구보다도 같은 동질감이랄까, '마음의 똑같은 아픔을 가지고 있는 그분들하고 옆에서라도 같이 있어줘야 되겠다'라는 그런 생각들 때문에 그래서 내려갔던 거죠.

면담자    9일 동안이라도 다른 가족들보다 가까이서 지내신 건가요?

세희 아빠    옆에 있으니까, 얘기하다 보면 옆에 있는 사람들하고 얘기하잖아요. 그런 것들 때문에 가깝게 얘기하다 보니까, 처음에는 '저분들 찾을 때까지만 있어야 되겠다' 그런 생각이 들어서 거기에서 [있었던 거죠]. 제가 '불과 [얼마] 안 있으면 찾겠지'라고 생각을 했었는데 안 나오는 거예요 계속, 10명 있을 때까지 안 나오는…. 계속해서 있으면서 점점 사람들이 거기 있는데 몸이 많이 지쳐가고 아프더라고. 여기도 아프고 저기도 아프고 없던 병들이 자꾸 생기는 거죠. 그 거 보면서 [내가] 바지선에 가봐야지 되나 [싶었어요], 바지선에. 가족들 이 많이 찾아가니까, 바지선 들어가서 작업하는 모습을 볼 사람들이 없는 거예요. 그때부터 바지선도 가서 보고 하기 시작했죠. 같이 들어 가자고 하면 같이 들어가고, 가서 보고, 밤에 작업을 한다고 하면 밤에 지켜보기도 하고…. 그러면서 핸드폰이든 뭐든 올라오게 되면 그런 것들, 그때 당시에 한참 핸드폰, 아이들 핸드폰 가져가 가지고 다 지우 고 이런 것들 때문에 가족들이 따로 김인성 교수님한테 얘기를 해서, 그분이 복원을 해달라고 해서 그쪽으로 보내가지고 복원도 하고, 이 런 것들 작업들을 했죠.

## 16
## 장례식

면담자    가족분들은 왜 택시로 오시고 세희만 구급차로 올라왔 어요?

세희 아빠    일단은 가족, 다른 가족들이 올라올 사람이 없었고, 처 형이 있어. 처형들은 집이 거제도고 무주다 보니까 같이 올라올 수 있 는 입장이 아니어서, 집사람 혼자 보내기가 걱정스럽더라고. 그래서 저하고 집사람하고 같이 택시를 타고 왔고, 앰불런스에 같이 탈 수 없 으니까.

면담자    앰불런스에는 한 명만 탈 수 있었던 거예요?

세희 아빠　　　같이 탈 수 있었는데 좌석이 없잖아요, 앞에 좌석이. 뒤에 같이 되긴 하는데, 군이 힘들게 뒷좌석이 편하진 않잖아. 장시간 택시를 타고 왔죠. 세희 먼저 올라오고, 우리[는] 체육관에서 짐가지들 챙기고 그렇게 올라온 [거죠].

면담자　　　○○이는 그러면?

세희 아빠　　　집에 있었죠. (면담자 : 그사이에 내려온 적은 없었어요?) 내려오진 않았고 수원 사는 처제가 있어요. 거기 처제 신랑, 동서하고 우리 집에 와 있으면서 ○○이랑 같이 있으라고 하고 그런 상황이었죠.

면담자　　　한 열흘 정도는 ○○이는 부모님과 떨어져 지냈겠네요. 세희는 장례식장이 바로 비었나요?

세희 아빠　　　진도에서 "안산에 비어 있는 장례식장이 어디 어디 있다", "여기를 가겠다" 하면 안산장례식장이었나 아무튼 해갖고 왔어요. 거기서 장례 치렀죠. 오니까 ○○이 데리고 왔었고, 누가 데리고 왔는지 생각은 안 나는데.

면담자　　　아버님 장례식장에 당 간부들도 왔었다고 말씀해 주셨는데.

세희 아빠　　　심상정, 노회찬 다 왔어요. 그리고 경기, 당이 인천에 있었으니까 인천 쪽에 있는 당원들하고 경기도권에 있는 당원들 왔었고, 얼굴들은 모르죠.

면담자　　　가족분들 중에 혹시 당원이셨던 분은 안 계세요?

세희 아빠　　　저는 알고 있는 사람은 예은이 아빠 정도? 나중에 알게 된 건데 도중에 탈당을 했죠, 가족들이 정치적이니 자꾸 이런 얘기들이 나와서. 그때 대변인이었었잖아요, 대변인단. [그래서] 탈당을 했고….

면담자    당원분들이 힘이 되셨나요?

세희 아빠    인천 쪽에 남동구 그때, 이름도 생각이 안 나네 갑자기, 와서 발인까지 지켜봐 주신 당원들도 있었죠. 정신이 없으니까 누가 온지도 모르고, 근데도 하루 꼬박, 상 치르는 하루 정도. 당일 날은 밤에 10시 넘어서 도착을 해서 회사 사람들 이렇게 와 있었고, 다음 날 조문객들을 하루 다 받았죠, 삼일장이니까. 그래서 올라온 날 하루, 그다음 날, 그다음 날 발인.

면담자    어디에 안치할지 선택을 어떻게 하셨어요?

세희 아빠    제일 가까운 데 해달라고 [했어요]. 하늘공원이더라고, 하늘공원 갔죠. 효원이나 서호 이렇게 있었잖아요. 대부분 서호나 효원이 시설이 잘돼 있으니까 그쪽으로들 많이 가셨죠. 저는 가까운 데 있어야지 자주 가서 볼 거 같기도 하고, 그런 생각도 있었고, 하다못해 세희 친구들도 자주 올 수 있는 곳이 가까운 데일 거라는 생각이 들어서 '가까운 데 하는 게 낫겠다', 시설이나 이런 거 떠나서…. 처음에 하늘공원에 있다가 옮기신 분도 많아요. '친구들이 자주 찾아와 볼 수 있는 곳에 두는 게 좋겠다'라는 생각이 있어서 하늘공원[에 계속 있었어요].

면담자    지금도 따로 옮기고 싶으신 생각은 없으신 거죠? (세희 아빠: 네) 그 당시에 합동 묘역 조성에 대한 이야기가 나오지 않았었나요?

세희 아빠    많이, 많이 나왔었죠. 추모 시설을 어떻게 할 거냐, 초기에는 그런 얘기 굉장히 많이 나왔었죠. 우리 마음대로 한다고 해서 바로 진행되는 부분들이 아니었기 때문에 쉽지는 않고, 정부에서 이렇다 하는 안을 내놓지 않고, 지금 상황이 그래요. 우리가 원하는 건 "화랑유원지 쪽에 하는 게 좋겠다"라는 얘기를 하고 있는데 안산시에서 시민들 눈치를 보는 거 같애요. 부지 선정이 돼야지 거기에 따른 청사진들이 나오고 하잖아요. 그런 게 전혀 안 나왔기 때문에, 안산 시장이 결정을 해서 딱 줘야지, 부지나 이런 것만 확보가 되면, 그에 따른 추모 시설들이 만들어지겠죠. 아직까지 앞으로 숙제죠.


## 17
## 장례를 치르고 진도에서 보낸 100여 일


면담자    장례 치르고 나서서 회사에는 바로 복귀를 하셨어요?

세희 아빠    회사 복귀는 9월 16일부터 5개월 동안, 8월 말까지 진도에 있었으니까, 계속.

면담자    5월 1일 가셨으면 바로 내려가신 셈이네요. 그때도 고민을 하지는 않으셨어요?

세희 아빠    고민하고 내려가진 않았어요.

면담자    그냥 같이 있어야겠다 생각하셨던 거예요?

세희 아빠    집사람도 그렇게 생각했었고…. 집사람 같은 경우에는

3개월 있다가 출근했거든요. 그래서 집사람도 가끔 내려와서 며칠 있다 가고 이런 식으로 했었고…. ○○이가 걱정이 되니까 계속해서 있지 못하고, 챙겨줘야 되니까. 집사람 위에서 계속 상경 투쟁 가고 하면, 거기 따라다니면서 허리가 많이 망가졌죠, 앉아 있고 이런 것들, 노숙하고.

면담자　　　5월 초에 오셨을 때 미수습 가족이 몇 분 계셨어요?

세희 아빠　　　그때 제 기억으로는 꽤 됐어요. 수습 안 된 가족들이 꽤 많았었죠, 제가, 세희가 170번째 올라왔으니까, 169번이니까. 그 뒤에 제가 5월 1일 내려간 일주일 새 몇십 명 나오고, 그 이후에 제가 내려갔을 때는, 그때도 상당히 많이 남아 있었죠. 근 100명 가까이 남아 있었지 않았[나 싶어요]. 계속해서 올라오고 하루에도 몇 명씩 올라오고 했던 거 같애요.

면담자　　　내려가셨을 때 아버님한테 거리감을 가지고 있던 분들은 없으셨어요?

세희 아빠　　　그때는 다들 올라오는 때라서 당연히 다들 찾아 올라올 줄 알고 있고, 그런 생각들을 갖고 있었기 때문에 저는 거기 가서 다른 게 없어요. 같이 있다가 밥 먹을 때 같이 먹고, 같이 돌아다닐 때 팽목항 가서 확인하고, 같이 보고, 브리핑하는 거 듣고 이런 식으로 같이 생활을 했죠. 그러다 보니까 거기 있던 분들은 처음에는 제가 유가족인지 모르는 사람이 대부분 많죠. 제가 젊어 보이긴 했나 봐요. 그때 현철이 아빠가 대부분 옆에 주변에다가 현철이 이모부라고 해놔 가지고 유가족인지 모르고 있던 사람이 굉장히 많아요. 경찰들도 정보과 형사들도 다 그렇게 알고 있는 사람들이 많았었고, 유가족인지 모르고 그렇게 있었던 사람이 많아요. 옆에서 조용히 보고만 있으니까, 유가족인지 [누군지 모르는 거죠]. 심지어는 경찰인지 알고 있는 사람들도 많아요, 정보과 형사인지 알고. 왜 옆에 와도 졸래졸래 따라다니니까, 생긴 거는 유가족같이 안 생겼고(웃음). 그러니까는 '경찰인가 보다' 이렇게 생각하는 사람도 많았어요.

면담자　　어느 정도 기간까지 모르셨던 건가요?

세희 아빠　　한… 많이 안 남았을 때, 내 기억으론 한 2, 30명 정도 남았을 때, 그 정도 됐을 때 사람들이 유가족인지 [알았던 거 같아요]. 옆에 있던 사람들은, 같이 있던 사람들은 다 알죠, 유가족인지 아는데, 그 주변에 저쪽에 [있던 사람들은 몰랐나 봐요]. 남은 사람들이 줄어드니까 서로 같이 얘기하는 게 늘어나다 보니까 그때서야 유가족인지 [알게 되었던 거죠]. 나중에 얘기하는 거 들어보면 "유가족 아닌지 알았다"고(웃음), 나중에 유가족인지 알고.


## 18
## 미수습자 가족들의 불안감


면담자　　아이를 찾아서 올라가시면 인원수도 줄고 관심도 줄잖아요, 진도 분위기는 어땠나요?

세희 아빠　　남아 있는 사람들 걱정이 '아, 못 찾으면 어떻게 하지? 내가 제일 마지막까지 남아 있으면 어떡하지' 불안감들 있잖아요, 결

세희 아빠 임종호

론적으로 아홉 명이 아직도 못 찾았으니까. '그런 정도까지. 남아 있지 [않고] 설마 올라오겠지' 그런 기대감들을 갖고 있었는데, 그런 것들 때문에 힘들어지는 게 뭐냐면, 점점 남아 있는 사람들은 줄어들고 있는데 우리 아이는 안 나오고, 이런 모습들 때문에 몸에 병이 생깁니다. 잇몸부터 상하기 시작하면서 급성폐렴도 오고, 안 아프던 데가 갑자기 아프고, 정상적인 사람들한테 잘 안 나타나는 증상들이 나타나기 시작하더라고, 아픈 데가 자꾸 여기저기 늘어나고, 사람이 붓는 이런 것도 생기고. 그런 상황들이 되면서 점점 14, 5명이 남게 되니까 안 나오잖아요, 수색은 계속하는데 점점 안 나오는 거예요. 계속해서 안 나오니까 여기도 "수색해 봤냐"고 하면 "했다"고 하지, "저기도 해봤냐" 하면 "했다" 그러지….

우리 아이가 있을 때 같은데는, 생존자 아이들 증언들을 통해서 어디 있었다고, 어디서 봤다고 이런 얘기 나오면, "거기 좀 해봐달라"고 했다가 "해봤다"고, "없다, 없다" 이런 얘기만 나오면, "더 이상 수색할 데가 없는데" 그러면, 사람들이 극도의 긴장감이나 스트레스 생기는 거죠. 그런 모습들을 보면서 무슨 말을 해야, 위로가 되진 않겠지만 무슨 말을 해야 될지 모르니까 옆에서 같이 있어주고, 같이 밥 먹으러 가면 밥 먹고, 밥 한술이라도 더 뜨게 할려고 하고, 답답하니까 산보 간다고 하면, 운동장 있으면 운동장 같이 돌아주고 그런 역할들, 할 수 있는 게 그거밖에 없으니까 그랬죠.

## 19

# '다이빙 벨' 투입

**면담자**　　　다이빙 벨 투입 얘기가 나오고 나서도 실제로 실행하기까지 시간이 많이 걸렸었죠?

**세희 아빠**　　저는 장례를 치르고 있었던 땐 거 같은데요. 그사이에 제가 내려갔을 때 분위기는 이종인이란 사람은 쫓겨나다시피 하고 했을 때[였어요]. 가족들이 내려오고 하는 시간에 그쪽에 시선이 쏠리면서, 그사이에 이종인 씨는 거기서 빠져서 나오고 이런 상황들이었죠. 거기서 "못 한다"고 하고 나오니까 "죽여버린다"는 협박성 멘트가 나오고, "니한테, 그렇게 니가 할 수 있다고 해갖고 들어가라 했는데 왜 못 했냐" 이런 [말들이 나오고 했죠]. 〈다이빙벨〉 영화 보면은 그 내용들이나, 그렇게밖에 될 수밖에 없었던 내용들이 나오잖아요, 그런 상황들이었다는. 제가 들어갔을 때 그런 상황들이었죠, 못 하고 나오는. 그랬어 가지고 욕만 많이 먹고 나갔죠. "이상호 기자 오면 죽여버린다"고 아주, 그때 당시 "이상호 기자 오면은 죽여버린다" 해가지고 그때 당시 이상호 기자는 오지도 못했고.

**면담자**　　　거기서 8월까지 계셨나요?

**세희 아빠**　　8월 말까지 [있었어요]. 9월 16일 날 출근을 해야 되니까 올라와서, 9월 16일이면 딱 5개월이죠. 상황들이 그렇게 진행됐죠. 올라와서 [회사 나가기 전까지는] 당분간 청운동 한참 하고 있을 때, 거기 가서 매일같이 출근을 해서 있었고, 거기서 자기도 했고 천막 쳐지고 그럴 때 좀 지켜보고 있다가, [회사로] 출근하고 나서, 출근하고 나서 매일 출근하면 못 가잖아요 청운동에, 못 가니까 가족들도 가서 지키고 해야 되는데 못 가서, 저는 주말에 갔죠. 토요일 날 가서 거기서 하룻밤 자고 오고, 거기서 간담회 하고 [했지요]. 그때부터 간담회가 시작이 된 거죠, 전국적인 간담회가. 전국적으로 돌아다니기도 하고 청운동에 찾아오는 시민이나 간담회를 진행도 하고, 청운동에 가면 간담회, 아니면 거기서 리본 만들고 있고, 그 당시에는 나비 모양의 리본을 꾸며서 거기서 만들었잖아요.

## 20
## 진도대교에서 경찰 투신

**면담자**  5개월 동안 진도에서 특별하게 기억나시는 일 있으세요?

**세희 아빠**  거기 경찰관이 하나 투신했었잖아요, 진도대교에서. 그분이 승진이 안 되고 나서 그런, 그분도 보니까 고등학교 다니는 우리 아이 또래를 잃은 기억이 있더라구요. 그분이 경찰이었는데, 진도경찰서 정보과 경찰이었는데, 저는 처음에는 그분이 유가족 친구나 이렇게 되는 줄 알았어요. 매번 누가 찾아서 울고 그러면 같이 울고 있더라고 옆에서, 경찰인데. 그분도 보니까는 자기 자식 같으니까 그런 생각이 들었던 거 같아요. 우리 가족들 울고 있으면 통닭 사다주고 술 사다주고 자기 사비로 털어서 사다주고 그런 식으로 하고 계시다가 승진 누락되고, 제가 봤을 때 그 사람, 그분도 트라우마가 심했던 거 같애. 뜬금없이 다음 날 있는데 투신해 가지고 시신 찾으러 간다고, 경찰들도 자기 동료들이니까 난리가 났죠. 어쨌든 그분도 제가 보기에는 또 하나의 희생자였던 거 같아요.

그런 트라우마가 자기도 사고를 옆에서 수습되는 과정들을 보면서 그분도 심경의 많은 고통들을 느꼈던 거 같아요, 계속. 저 사람이 나중에 알고 보니까 정보과 형사라고 하는데 매번 시신 찾아오고 그러면은 같이 울고 있는 거예요, 옆에서. 그런 모습을 보면 '저 사람도 자식을 잃어서 아픔을 아니까 저러고 있구나'라는 생각들을 했었는데, 결론적으로 어떻게 보니까 승진 케이스가 됐는데 들리는 얘기로는 그때 승진이 안 되면, 승진이 안 되니 어쩌니 이런 얘기도 들리고 하더라고. 승진 당연히 될 줄 알았는데 미끄러지면서 여러 가지 심경의 변화가 있어서 그런 선택을 하지 않았나 생각도 들고, 애들도 있고 가족도 있고 하는데 그런 거 봤을 때는 '그 사람도 거기 있으면서 많이 힘들었었나 부다'라는 생각도 들더라구.

**면담자**　　　아버님도 같이 어울리신 경험도 있으세요?

**세희 아빠**　　이런저런 얘기하면서…. 술을 마신 적은 없구요, 그 사람하고 같이 술 마신 적은. 한두 번 정도 내가 의경생활 했던 거 얘기하니까, 자기가 그때 순경 달았을 때라고 그런 얘기하고…. 근데 실지로 거기 있었던 사람들은 미수습 가족들은 얘기를 많이 했죠. 저는 경찰하고 별로 얘기하고 싶은 생각이 없어서 굳이 피하지도 않았고 다가가지도 않았지만, 굳이 내가 얘기하고 싶진 않더라고. 그래서 미수습 가족들하고만 대부분 얘길 하고 경찰들하곤 얘길 안 했어.

면담자     갑작스러운 일이었던 거죠?

세희 아빠    그죠. 대부분 경찰 동료들 힘들었던 얘기들을 하고, 어
쨌든 개인적인 상황들을 다 얘기하고 하다 보니까, 미수습 가족들은,
친하게 지냈고 했던 사람들은 안타까워하고 그랬죠.


## 21
## 계절 변화 속에서 진도에서의 일상

면담자     계절이 바뀌면서 진도의 상황이 달라지거나 분위기가
달라지거나 했나요?

세희 아빠    거기서 보니까는 계절을 다 경험한 거 같애요. 봄, 여름
되니까 모내기하는 모습들도, 계속해서 지나다니니까 팽목항을 왔다
갔다 하면서 모내기하는 모습 봤고, 벼 이삭이 퍼는 모습도 보고 그러
다 보니까 "이게 벌써 이래 됐나? 벌써 이렇게 계절이 이렇게 바뀌었
나" 그런 것들이 와닿더라고. 봄에 처음에 새싹이 파릇파릇하고 벚꽃
이 퍼 있고 했었을 때 내려갔는데, 파랗게 새싹이 올라오는 모습도 보
고, 모내기하는 모습 보고, 벼 이삭이 나오는 모습 이런 거를, 거기서
계절을 [다 경험했죠]. 우리 가족들끼리도 하는 얘기가, "여기서 계절을
몇 번 바뀌냐"고 그런 얘기들도 많이 하죠.

면담자     그분들은 기다리는 마음이 되게 힘드셨을 텐데요.

세희 아빠    매일 하는 일이 거기 출근하는, 팽목항에 바지선 타고

들어가고, 엄마, 아빠. [저는] 멀미를 해요. 배 멀미를 해서 바지선에 될 수 있으면 안 갈려고 그러는데 갈 수밖에 없는 상황이다 보니까 가고. 배 타고 가면, 파도가 높으면 울렁울렁하고 배 멀미하고 누워 있어야 되고. 저는 그때 피정이라 그래요. 경찰, 해경 배, 배 타고 가면 저는 무조건 들어가서 누워요. 앉아서 가면 멀미 날까 봐, 누워서 그렇게 왔다 갔다, 하루 일과가 그렇게 계속 왔다 갔다…. 아침에 일어나면 밥 먹고 씻고 그리고 버스, 왔다 갔다 하는 버스 타고 팽목항 가서 팽목항에서 배 타고…. 팽목항까지 한 30분 걸려요. 가서 거기서 배 타고 1시간 정도 가면, 바지선에 가서 바지선에서 상황들 지켜보고 낮에 작업하는 거 보고 그리고 저녁 되면 나오고, 나와서 5시나 6시에 팽목항에서 브리핑하면 브리핑 듣고, 그리고 진도체육관 와서 거기서 밥 먹고 하루 일과를 마무리하는 식으로 그게 매일 반복돼. 태풍 오는 거, 비 온다 그러면, 작업 안 한다 그러면 체육관 안에 있다가, 할 수 있는 다른 게 할 게 없잖아요, 거의 거기 있고.

## 22
### 정든 미수습자 가족들 생각에 서울로 더 자주 올라오지 않게 됨

면담자    아버님 서울에도 가족들이 계시니까 중간에 올라가야 되겠다는 고민이 드신 적은 없으셨어요?

세희 아빠    그런 생각도 했죠, 가끔. 처음에는 일주일에 한두 번씩 올라갔다가, 그다음부터는 2주, 그다음에 3주, 그다음에 한 달 이렇게 늘어나져 있어. 더 늘어나는 거 같애. 이상하게 거기 오래 있다 보니까, 사람이 정도 들고 그러다 보니까 더 못 올라오겠는 거예요. 올라오면, "올라갔다 올게요" 그러면 "언제 와? 언제 와?" 계속 그런 거 있잖아요. "기다리고 있겠다"라는 그런 뉘앙스 때문에 더 자주 못 올라오겠더라구. 나중에는 출근해야 되기 때문에 어쩔 수 없이 올라오니까 이것저것 챙겨주더라고, 올라올 때 가서 먹으라고. 이것저것 챙겨주고 하는데, 오는데 되게 짠한 거 있잖아요. 찾아서 같이 올라갔으면 좋았는데, 어떻게 하다 보니까 너무 오랜 시간이 돼버리니까….

면담자      열 분 남으셨을 때인가요?

세희 아빠      올라오고 나서 한 달 지났을 땐가, 지현이 올라왔잖아요. 그때 바로 찾고 나서 '아, 다시 작업을 하겠구나'라는 생각을 했었는데, "인양한다"고 "철수한다"고 그런 식으로 발표가 나버리고 하니까 당황스럽더라구요, 그때는 찾아봤던 데 다시 꼼꼼하게 찾아봐야 되는 거 아닌가라는 생각을 했었고. 어차피 계속해서 해도 못 찾는다는 생각들이 들어서 그랬는지 인양을 해야 될 거라는 결정을 내리더라고.


## 23
## 인양에 대한 미수습자 가족들의 심정


면담자      8월 말에는 인양 얘기가 나오고, 가족들이 요구를 하고 있었잖아요. 인양을 해도 찾지 못할 수도 있겠다는 생각들을 혹시 하셨나요?

세희 아빠    다 하죠, 다 하고 있죠. 오히려 미수습 가족들은 그게 더 불안한 거예요. '인양을 해서 없으면 어떻게 해야 되나' 그런 불안 감들. 그렇다고 해서 인양 안 할 순 없잖아요, 해서 있는지 확인을 해야 되고 그 안에 있을 거라는 희망이 있으니까 일단은 안 할 수는 없죠. 지금 심정이 굉장히, 뼈가 말라 들어가야 된다는 심정일 거예요. 속이 타들어 가고 그런 심정일 거 같고 저희들이 상상할 수 없는 그런 고통이겠죠. 정상이면 그게 비정상이겠죠.

면담자    시간이 지나면서 아프신 분들도 많아지시고, 심경의 변화가 있으신 분들도 있으셨을 것 같아요. 어떤가요?

세희 아빠    오히려 지금 계속해서 활동하시는 분도 계시지만 나오지 않고 얼굴을 보이기를 꺼려하시는 분들 같은 경우는 그런 거 같애요. 자괴감이라 해야 되나, 자책감이라 해야 되나, 그런 거 같애요. '자식도 못 찾은 부모가 무슨 낯을 들고 다니겠나'라는 마음이 있는 거 같기도 하고, 얘기해 보면 그런 마음도 있고 너무 불안한 거예요. 자기의 생각을 다른 데로 돌려야지 살 수 있을 거 같으니까, 자꾸 다른 생각을 할려고 하고 다른 일, 다른 쪽으로 시선을 돌리려고 그런 노력들도 하시는 거 같고…. 그런 부분들에 있어서 자책감들이 굉장히 많은 거 같애서 그런 부분들을 어떻게 하나, 생각을 다른 데로 돌릴까, 그런 것들을 하는 건데….

면담자    아버님 계시는 동안에도?

세희 아빠    그때 당시에는 아버님들 같은 경우에 대부분 앞에서 많이 내색 안 하시잖아요. 안 하시니까, 하다못해 울고 싶고 하면은 산에 올라가서 엉엉 울고 오시는 분도 계시고, 어머니들은 슬프면 앞에서 울기도 하고 하시는데 아빠들은 다르거든요. 지현이 아버지 같은 경우는 그런 게 많았어, 바지선에 나가면 밤에 혼자 바지선 뒤에 가서 울고 계시고…. 그런 부분들이 아빠라서 이렇게 표현을 많이 안 해서 그렇지 굉장히 힘들어하시는 모습들을 많이 봤어요. 보면 '아, 나름대로 너무 힘들어서 엄마들 앞에서 표현을 안 하고 있어도 많이 힘들구나' 그런 것도 많이 느꼈고, 엄마들도 보면 몸들이 많이 쇠약해지고 굉장히 많은 변화가 있었죠. 지금도 많이 힘들고, 가족들도 유가족들도 점점점 몸이 안 좋아지잖아요. 정신없이 싸우고 다닐 때는 그런 것 때문에 몰랐던, 아이들의 빈자리도 더 많이 보이는 거고…. 유가족들도 가장 치료가 필요한 시기가 지금인데 오히려 주변에서는 관심도 많이 떨어지고 그런 것들도 많이 문제가 되고, 심리적인 부분에서도 주변에서 신경 써주고 어떻게 하면 위로를 해줄까, 그런 부분들이 있어야지 되는데 점점 "잊을 때가 되지 않았냐" 이런 식으로 자꾸 얘길 하니까, '나는 지금 더 힘들어지는 거 같은데 왜 자꾸 잊으라고 하나' 이런 생각들이 많이 들죠.

## 24
## 사고 후 힘들어진 회사생활

면담자     아버님 회사에서는 휴직을 최장 기간 받으신 거죠?

세희 아빠    노동조합이 있고 그래서 더 그렇겠지만, 어쨌든 최대한 배려를 해준 거겠죠. 그런 것들 때문에 다른 부모님들, 저처럼 이렇게 기간 오래 쓰신 분들이 없더라구요. 그래서 일찍들 복귀하시고 그랬더라고.

면담자    복귀하셨다가 그만두신 분들도 많이 계시죠?

세희 아빠    많죠. 저도 회사 다니면서 매일, 진짜 하루에도 열두 번씩 '그만둘까 말까' 이런 생각 지금도 해요. 심지어는 지금 회사가 바뀌었다고 했잖아요. '에이씨, 망하든가 말든가 나는 아무 상관없는데' 그런 생각 들어요. 저는 솔직히 그런 생각 드는데, 이미 우리 반을 보드래도[보더라도] 그렇고 직장 그만두신 분들이 엄청 많거든요. 그리고 마땅히 취직을 할래니, 힘들어서 일을 못 하겠고, 몸도 많이 힘들고, 정신적으로 많이 힘들고 [하는 거죠]. 그리고 직장을 다니시는 부모님들 대부분이 그만두고 이직을 하시는 분들이 많아요. 왜? 이미 나하고 같이, 내가 이런 상황이라는 [걸] 아는 동료들하고 같이 일하는 게 그게 힘든 거죠. 저 사람들은 다 정상적이고 나를 보면 아픈 사람, 불쌍한 사람, 이렇게 측은하게 보여지는데, 나도 마찬가지로 내가 그 사람이 유가족이라는 걸 알면은, 알고 있기 때문에 같이 힘든 거예요. 저 사람이 나를 보는 시선도 힘들고 내가 이 사람들 대해야 되는 방식에 대해서 힘들고 그런 것들이 저도 마찬가지로 똑같이 느끼고 있거든요.

하루하루가 제일 힘든 게 아침에 일어나면 회사를 간다는 게, 예전에는 저는 회사 가는 게 즐거웠거든요. 회사 가는 게 재밌었고, 회사 사람들하고 어울리는 게 재밌었고, 그런 것들이 낙으로 생각하고 진짜 재밌게 회사생활을 했다고 생각을 했는데…. 나름대로 문제 생기면 해결해 가는 것도 재밌었고 그런 게 낙이라고 생각했었는데…. 노동조합 내려오면서 더 행복했었고, 왜냐면 내가 지금까지 못해봤던 걸 할 수 있는 시간들이 되니까. 그런 것들이 행복하고 이것저것 다 해봐야 되겠다는 희망에 부풀어서 재밌게 생활하고 있었는데 사고가 터진 거죠. 그래서 모든 노동조합, '내가 직접적인 활동은 안 해도 집회나 행사가 있으면 무조건 참석해야 되겠다' 그런 마음가짐만 있었죠, 이렇게 하려고 계획도 있었고. 그러고 있었는데 사고가 터지면서 항상 투쟁 사업장에 지원 가고 연대 투쟁 했던 사람이 당사자가 돼버린 거야. 그런 거 봤을 때는 내가, 차라리 회사가 정리해고든 뭐든 이런 투쟁이었다면 이렇게까진 힘들진 않았을 거라는 이런 생각이 들고, 상실감들이 많이 커지다 보니까 회사생활이 사실상 진짜 힘들어요. 회사 가서 일하는 것도 즐겁지도 않고 모든 게 "아, 일어나면 회사 가야 되나", 오히려 마음은 동거차도 가 있을 때가 편해요. 가족들하고 똑같은 아픔 갖고 있는 사람들끼리 얘기하는 게 더 편하고, 얘기하기도 편하고 웃어도 그게 편하게 웃고…. 회사에서는 그게 안 돼. 뭔가 같은 동질감이나 이런 게 안 느껴지고 모든 게 신나지가 않아요. 회사는 어거지로, 어떻게 보면 악에 받쳐서 지내는 거죠.

면담자   아버님 개인한테는 사고 전후로 그게 제일 큰 변화인 셈이네요.

세희 아빠   그렇죠. 항상 가슴이 답답한 느낌이죠. 그래서 남는 시간 있으면 계속 운동만 해요. 운동만 하고 쉬는 시간 있으면, 정 피곤하고 하면 잠을 자든가, 잠자는 시간은 밤에 와서 4, 5시간 자는 게 다고, 아침, 점심 계속해서 운동만 하는 거 같애요. 아침에 일찍 출근하면, 7시 출근하면 8시부터 작업을, 일을 시작하니까 그때까지 운동하다가 점심시간에 밥 먹고 운동하다 일 시작하면 일하고 이런 식으로 그래요. 운동하는 시간에는 악에 받쳐서 그런 거 같애요. '내가 살아서 꼭 잡아야, 누군가 이 범인을 잡아야 되겠다' 그런 의지의 표현의 운동 [이라고나 할까요]. 내 몸을, 누가 보면 혹사라고 하던데 그건 아니고 '그렇게 해서라도 내 몸을 튼튼하게 유지를 해야 되겠다' 그런 생각도….

면담자     삶의 큰 과제를 하나 받으신 느낌일까요?

세희 아빠     '내가 건강하게 싸워야지'라는 생각들 때문에, 우리 부모님들 굉장히 힘들어하고 몸이 안 좋잖아요. 오히려 전 그 반대로 생각하고 끝까지 버텨야지 싸울 수 있겠다[고 생각해요].

면담자     긴 시간 수고 많으셨습니다. 오늘 2회차 구술을 여기서 마치겠습니다.

# 3회차

2016년 2월 4일

# 1
## 시작 인사말

면담자    본 구술증언은 4·16 사건에 대한 참여자들의 경험과 기억을 기록으로 남김으로써 이후 진상 규명 및 역사 기술에 기여 하고자 합니다. 지금부터 임종호 씨의 증언을 시작하겠습니다. 오늘은 2016년 2월 4일이며, 장소는 안산시 단원구 4·16기억저장소 전시관입니다. 면담자와 촬영자는 김아람입니다.


# 2
## '다이빙 벨' 투입 논란

면담자    진도에서 다이빙 벨 때문에 가족분들이 기대하다가 실망하셨을 거 같아요. 그때 상황이 어땠었나요?

세희 아빠    그때 빠지고 나서 많은 그쪽의 실종자 가족들이 욕을 많이 했죠. 욕을 많이 했고, 욕 내용은 "하지도 못할 거면서 들어가 가지고 사람들 기대심리만 많이 해놓고, 그 시간에 다른 작업자들이 들어가서 아이들을 찾았으면 더 많이 찾지 않았을까" 하는 원망을 많이 샀었죠. 사실상 그때 분위기는, 저는 자세한 내용을 모르니까 사실상 이후에 〈다이빙벨〉이 나오고, 영화가 나오고 나서 정황들이랑 알게 됐지만, 그때 당시에서는 다이빙 벨에 대한 기대했던 만큼 실망감도 컸었고, 사실상 다이빙 벨에 대해서 이상호 기자가 많이 했었기 때문에 이상호 기자에 대한 원망도 되게 심했고 그런 상황들이었죠. 사실상 시도 자체를 우리는 누군가가 "이런 방법이 좋다"라고 얘기하면 다 해보고 싶었으니까요. 아이들이 살아 있을 거라고 희망을 갖고 있던 부모님은 없지만, 그래도 우리 아이들 빨리 찾고 싶었으니까 그런 상황에서는 그게 가장 큰 기대였지만, 가장 큰 아픔을 준 사건이었죠.

**면담자**　아버님 내려가신 뒤에 새로운 수색 방법이 나왔나요?

**세희 아빠**　네, 있었죠. 뒤에 나왔던 게 여러 가지 잠수 방식을 가지고 얘기했던 부분들도 있고, 리브리드 방식이라고 이름은 잘 생각은 안 나는데 재호흡 방식이라 해가지고 미국 사람들이었나, 그런 사람들도 와가지고 그런 방식들을 얘기를 했었거든요. 내용상으로 들어보니까 이런 내용 같아요. 산소 호흡, 그 장비를 들고 가는데 그 재호흡 방식이라 그래 가지고 내가 뱉었던 산소 속에 산소를 제외한 이산화탄소, 질소가 나올 거 아니에요. 그거를 다시 한쪽으로 모아져서 그거에 다시 산소하고 질소하고 이산화탄소가 배율이 맞춰져서 흡입을 하고 그런 식으로 방법이라더라고요. 그래서 그 사람들 얘기로는 "그걸 하면 하루에 열몇 시간도 잠수 가능하다" 얘길 했던 부분들이 있어서 한번 시도를 해보자고 미국 팀이 들어왔었는데, 돈을 그거 하는데 5000만 원이 든다, 이런 식으로 해논 거야. 그 잠수를 그렇게 하는 게 아니라 그 사람들 장비 사용료랄지 자기네들 하는 데, 시도하는 데 들어가는 비용들, 이런 비용들이요. 실질적으로 그런 부분들도 시도를 했었는데, 거기 와서 현지 조사하는 거, 현지의 물살이나 이런 부분들, 결국은 그 사람들이 시도도 안 해보고 이런 핑계 저런 핑계를 다 대더라고.

돈이 입금이 안 됐네, "돈이 입금이 돼야지 자기네들이 할 수 있다"라고, 돈을 입금시켜 줬는데 위에 바지선이 있으면 안 되네 어쩌네, 이런 핑계 저런 핑계 대가지고 결국은 안 하고 갔어요. 갔는데 돈만 챙겨서 자기 통장에 들어와 버렸으니까 해가지고 그런 식으로 먹고 뛴 이런 사례도 있고(헛웃음), 말도 안 되는 터무니없는 일들을 경험했어요. 그런 것도 쉽게 얘기하면, 실종자 가족들한테는 기대가 컸었는데 실망을 많이 하고, 이렇게 국가적인 시스템에서 봤을 때 그런 부분들 제대로 검증도 안 하고 했던 부분들도, 물론 자기네들이 그런 방식이 있는지도 몰랐고 어떻게 하는지 모르니까 실험적으로 그런 걸로 해서 했겠죠. 그런 부분들 봤을 때 너무 실망감을 안겨주지 않았나 그런 생각이 문득 들어요. 결정적으로 그런 일도 있었고, 인양하는 거 이런 부분에 있어서 수많은 사람들이 자기 나름대로의 "이런 상황에서는 이런 장비로 해서 이렇게 구조 작업이나 수색 작업을 할 수 있다", 이런 장비, 많은 사람들이 왔었어요.

가족들을 찾아와서 "우리가 해수부나 이런 쪽에다가 직접 얘기하면 안 들어주니까, 가족들이 이런 방식들을 해수부에 얘기를 해서 해볼 수 있게 해달라"라는 그런 요청만 많았는데, 모든 게 다 검증이 되지 않았고 바다의 특성이나 조류 상황이나 이런 거는 감안하지 않은 거 아닌가 하는 생각밖에 안 들더라고요. 그 사람들은 솔직히 다 시도잖아요, 해볼려고 하는. 자기 장비가 있으면 그거에 대한 검증을 해보고 싶은 이런 심린 거 같아요. 그런데 사람들이 기대가 크면 실망감도 크다고 얘기했잖아요. 그만큼 위험 부담을 갖고 실험적인 행동들을 할 수 있게 둘 수 있는 상황들은 아니죠. "안 된다"고 그런 식으로 많이 했구요. "하고 싶으면 직접 가서 얘기해라" 우리가 이런 거 가지고 일일이 갖다주고, 왜냐면 "실망감을 안겨주면 그 책임을 누가 가질 것인가. 실종자 가족들이 가질 거 아니냐. 그 원망을 실종자 가족들한테 할 거 아니냐. 정부는 정부대로 책임을 실종자 가족들한테 떠안길 것이고, 니네들이 쉽게 얘기하면 실종자 가족들이 하자는 방식대로 했는데 안 되지 않냐, 그러면은 수색 포기해야 되는 거 아니냐" 이런 식으로 그런 우려들 있잖아요. 그렇게 해서 수많은 우려들이 있는데 그런 우려들을 가족들이 다 감수할 수 있는 부분이 아니죠.

그런 상황들이 계속해서 있었어요. 주변에 많은 사람들, 하다못해 누가 봐도 정신병자 같은 사람들도 찾아오는 거 같고 괜히 자원봉사라고 와가지고 물품만 훔쳐가는 사람들도 있고, 황당한 경우가 굉장히 많아요. 그런 사람들 있고, 이용할려고 한다, 그런 사람들처럼 보이는 사람들도 많고, 별의별 사람들이 다 왔다 갔다 한 거 같애.

3

### 잠수업체와 해수부의 수색 중단

면담자　　정부에서는 언딘 말고 다른 잠수업체하고는 아예 작업을 해보진 않았던 거예요?

세희 아빠　　그 이후에 열몇 명 남았을 때, 10명 정도 남았을 땐가, 12, 3명 남았을 땐가, 그때 88[수중]이라는 업체가 들어왔죠. 그래서 이쪽에서는 선미 쪽에서는 88이라는 업체가 하고 선수 쪽에서는 언딘이란 업체가 했었고, 언딘이란 업체에서 바지선이 있는데, 그 바지선에서 언딘하고 해경, 그다음에 UDT[해군특수전전단] 이쪽에 하는 사람들이 하고, 사실상 그때 당시에는 언딘이라는 업체가 있을 때가 잠수사들이 대부분 시신을 수습을 많이 했죠. 최종적으로 마지막 88이라는, 언딘이라는 업체가 빠지고 다음에 88이란 업체가 주력으로 해서, 바지선을 이쪽에 보령호, 이쪽에 88, 현대보령호는 바지선만 빌려다가 거기다 놓고 실지로 88이란 업체에서 계속해서 작업을 했죠, 배 양쪽에서.

면담자    언딘하고 88하고는 협력이 잘됐나요?

세희 아빠    같이 있을 때는 어차피 다르죠, 이쪽에는 88은 자기 수색 구역만 하는 거였고 언딘은 자기 수색 구역들을 했죠. 처음에 언딘은 다인실 말고 좁은 작은 방들 그리고 88이라는 업체는 선미 쪽의 다인실 이쪽에를 주력적으로 해서 수색을 하고 그랬었죠. 그때는 이미 폭파 사고가 났었잖아요. 수중에서 사람이 한 명 또 죽었잖아요. 그러면서 안의 구조물들이 내려앉았어요. 안에 있는 물품들을 꺼내기 위해서 절단 과정에 했는데 폭파가 일어나면서 수중으로 수압이 쏠리면서 안의 구조물들이 무너져서 실지로 결론적으론 더 꺼내기가 힘든 상황이 돼버렸죠. 안에 나무 판 널빤지들 무너지다 보니까 그걸 치우기가 굉장히 힘들었던 상황들이 이어지면서 다 들어내고 결론적으로 맨 밑에 쪽은 문이 찌그러지고, 한쪽으로 눕혀 있으니까 찌그러지고 이런 상황들이 돼서 사람이 들어갈 수 없을 정도로 된 거 같아요.

그래서 수색을 종료하기 전에 제가 올라왔지만, 나중에 "수색하기가 굉장히 어렵다"라는 상황[이라고 말들을 했었나 봐요]. 지현이가 맨 마지막에 나왔잖아요. 그거까지만 보고 작업 상황들을 알게 됐고, 그다음에는 못 하게, 그때 들리는 얘기들은 "추워지고 작업하기가 힘들다" 이런 식으로 해서, 88의 팀장이란 사람은 날씨도 추워지는 이런 것도, 1시간씩 잠수하는 방식들로 했잖아요. "피로도가 누적이 돼서 힘들다, 잠수사들도. 그래서 더 하게 되면 잠수사들의 안전이 문제가 될 수 있겠구나" 얘기들로 해서, 결국은 미수습자 가족, 실종자 가족들을 해수부에서 설득할려고 그런 얘길 하지 않았나 그런 생각이 들더라구요. 나중에 결론적으로 봤을 때는 겨울에, 지금도 작업을 하고 있잖아요.

겨울이라서 못 하고 이런 건 아닌데 이런저런 핑계들을 대면서 수색을 종료할려고, 마무리 됐던 게 "인양을 해야 된다"라고 얘기를 했었는데, 인양이나 이런 부분들은 자기네들이 결정할 사항들이 아니라고 해서 "인양에 대해서는 추후에 다시 검토를 해야 된다" 어쩐다 이런 식으로 해서 마무리가 됐던 상황인 거 같아요. 정확하게 누군가 해수부 관계자한테 직접 들은 건 아닌데, 거기 있는 미수습 가족들이 대부분 그런 얘기를 하더라구요.

4
**잠수사들에 대한 기억**

면담자    업체들이 사설로 들어오는데 정부에서 관리 감독하는 체계는 없었어요?

세희 아빠    그런 거를, 저 잠수사들의 뭐라나 자문위원이라고 해야 되나, 잠수계 쪽으로는 많이 알려진 사람들, 이런 사람들이 명장이라고 그러나? 그런 사람들이 "이런 방식도 있고, 저런 방식도 있다"라는 얘기를 하는 거예요. 해수부나 이런 쪽에서는 그런 걸 잘 모르잖아요, 전문 분야가 아니니. 그 사람들 얘기를 들어서 "이런 잠수 방식도 있고, 저런 잠수 방식도 있다"라고 얘기를 들으니까 "그럼 한번 알아보자, 그게 어떤 방식인지" 해서 그렇게 알아보는 과정에서, "이런 방식이 있는데 미국에서 온 이 사람들이 굉장히 그 방식을 선전을 해놨고 '자신 있다, 무조건 할 수 있다'" 이런 식의, 그런 부분들 자기 리브리드 방식인가, 재호흡 방식인가를 하면 좋다고 포장을 해서 결국은 시도를 해보게 됐던 거죠.

면담자        비용을 가족들이 직접 부담하셨나요?

세희 아빠        가족들이 한 게 아니구요, 비용 부담은 명장이란 사람이 이런 방식이 있는데 국가에서 돈을 주기에는 절차가 있고·결재 라인이 있잖아요, 안 되잖아요. 명장이란 사람이 자기 통장에 있는 돈을 직접 쏴준 거예요. 근데 내가 봤을 때는 그 사람은 그 돈 날린 거야. 그 돈을 국가에서 그냥 주지는 않거든요. 뭐가 있어야지 주죠, 했다라는 근거가 있어야 주잖아요. 결국 국가에서는 그랬겠죠, "나중에 되면 돈 주겠다"라고 했겠죠. 근데 결국은 그 사람은 먹고 튀어버린 거잖아. 그 사람은 누구한테도 하소연해서 받을 수 있는 방법이 없어. 나중에는 실종자 가족들한테 "그거 받을 수 있게 어떻게 해주면 안 되겠냐" 그런 얘기까지 했었으니까.

면담자        명장이란 분은 소속이 어디였는데요?

세희 아빠　　그 사람은 말 그대로 해수부나 해경 쪽에 자문위원으로 월급을 받고 이런 식으로 했겠죠, 거기서 자문위원으로.

면담자　　그 잠수 방식을 시도해 보는 것을 사재로 한 거군요?

세희 아빠　　그런 돈들은 본인이 손실을 본 거죠.

면담자　　실제로 잠수하시는 분들이 가족하고 직접 만나는 일도 있었어요?

세희 아빠　　잠수부들하고 가족들 자주 얘기를 한 게 있었죠, 잠수부들한테 "여기 있는데, 있을 거 같은데" 그런 부탁도 하고 "여기 잘 봐달라" 하는 얘기도 하고. 잠수가 어떻게 힘든 건지 어떤 방식으로 하는 건지 이런 거 궁금한 거 있으면 물어보기도 하고, 이런 식으로 실종자 부모님들 그런 식으로 얘기를 많이 했죠. 잠수가 몇 미터까지는 이런 식으로 들어가고 그 밑에서는 이러이러한 점이 힘들고, 잠수에 대한 짧은 지식들은 그 사람들한테 들어서 그렇게 알고….

면담자　　브리핑처럼 있었던 거예요? 아니면 틈틈이 물어보시는 건가요?

세희 아빠　　옆에서 물어보는 거예요. 작업하는 도중에도 "뭐, 지금 보고 있는 거예요? 저기 어디에요? 몇 번 방이에요?" 이런 식으로 물어보기도 하고.

면담자　　잠수부 사망 사고 났을 때 팽목에 계셨나요?

세희 아빠　　잠수부 사고 났을 때는 제가 바다에 없었고요. 제가 여기 올라왔다가 내려가는 날 들었어요. "오늘 낮엔가 사고가 있었다"고

세희 아빠 임종호

그래서 거기 나가 있던 가족한테 들었어요, 갑자기 퍽 소리가 나서, 물속에서 그런 일 있었다고. "어떻게 된 거냐, 88 잠수사냐"[고 물었더니] 88 잠수사는 아니고 지원, 자기가 해보겠다고 해서 그 사람 잠수 자격증이나 이런 거는 없었나 본데, 그런 일들은 많이 계속했던 사람이라고 얘길 하더라고, 잠수 일은. 그러니까는 자기 자신 있다고 해서 들어가겠다고 해서 들어갔는데, 사고가 뭐냐면 용접하는 용접봉이 있어요. 그게 산소하고 들어가서 불꽃으로 해서 스파크로 일어나서 산소로 녹여가지고 쇠를 절단하는 작업. 근데 원래 산소 자체에는 불이 안 붙잖아요. 얘기 들어보니까 산소에서 절단하는 과정이, 쇠를 절단하는 [건] 불꽃하고 산소만 있으면 절단이 되니까, 그러면서 쇠가 녹으면서 가스가 발생이 될 거 아니에요, 가스가 밑으로 들어가서 체류가 돼 있었던 거예요.

체류가 많이 돼 있었는데 그게 불꽃이 안으로 들어가면서 폭발이 난 거죠. 퍽 하면서 사람이 수압에 저거 되잖아요, 폭발이라는 게 그런 사고라고 얘기를 하더라고, 그래서 사망한 거 같다고. 두 명이 들어갔는데 한 사람은 떨어져 있었고, 직접 작업하는 사람이 바로 앞에서 [수]압을 받은 거죠.

면담자 　　　가족분들 분위기가 안 좋았겠네요.

세희 아빠 　　　그럼요, 안 좋죠. 들어가서 작업하는 사람은 목숨 걸고 하지만 가족들은 내 자식 찾아보겠다고, 죽은지 빤히 알지만은 찾아야지 되잖아, 수습을 해야지 되잖아. 죽은 사람 시신 찾겠다고 산 사람이 죽으니까 얼마나 더 안 좋겠어요. 그때 당시에도 말 많았죠, "죽은 시신 찾자고 산 사람 죽인다"고, "그만하라"고 이런 얘기도 많이 나왔고 그런 것들이 사람들 마음 아프게 하잖아요. 그래서 매번 들어갈 때마다 가족들이 "진짜 다치지 말고 하라"고 매 신신당부를 하죠. "내 자식 찾는 것도 중요하지만 제발 다치지 말라고, 죽지 말라고. 그러면은 우리 자식 더 못 찾는다"고 이런 식으로 잠수사들한테 안전에 대해서 얘기도 많이 하고, 마음의 상처도 많이 받고…. 언론에 그런 거 나오면 얼마나 실종자 가족들이 욕을 많이 먹을까 이런 걱정들을 많이 했으니까….

**면담자**　　　잠수사들한테도 부담이 많이 있었겠네요.

**세희 아빠**　　　물론 자기 부주의로 인해서 그런 사고들이 났다고 하지만 작업 자체가 사람 인명구조를 하는 작업이 아니고 죽은 시신들을 찾기 위한 작업들이다 보니까, 아무래도 그런 부분에 있어서는 많이 위험 부담이 있는 거죠, 사실상. 그런데도 찾아야지 되니까….

**면담자**　　　그 자원해서 작업하는 분들이 줄거나 변화가 있진 않았어요?

**세희 아빠**　　　잠수사들이 그걸 가지고 줄거나 그러진 않았어요. 워낙 사안들이, 자식이잖아요. 자식이다 보니까 부모들의 마음은 똑같다고 자기 자식 같은 애들, 그러니까 거기 잠수하시는 분들도 심정을 아니까는 힘들어도 참고 많이 하시죠. 그런 부분들 때문에 많이 고맙게도 보이고 사고 나고 하면 더 마음이 아픈 거죠.

**면담자**　　　특히 기억나는 잠수사가 있으세요?

**세희 아빠**　　　잠수사요? 글쎄요. 저는 바지선을 매일같이 타진 않아서 잘 몰라요. 들어가도 작업하는 이런 거나 보지, 사실상 말 걸고 이럴 저거는 아니더라고. 물론 계속 다른 가족들은 들어가니까는 얘기도 하고 하긴 하는데 저는 어차피 3자 입장이잖아요. 그러다 보니까는 이것저것 물어보는 거 자체도, 하다못해 실종자 가족들한테는 부담이 될까 봐서 그런 것도 못 물어보겠고, 그냥 말을 아꼈어요. 말을 아꼈고 실지로 내려가서는 가족들하고, 제가 얘기했듯이 같이 밥 먹고, 같이 돌아다닐 때 돌아다니고, 같이 담배 피면 담배 피고 그런 일만 해는 게 주로 내가 할 수 있는 일이었고, 아침에 브리핑이나 수색 브리핑 같이 가서 들어주고 운전 필요하면 내가 운전해서 가족들 태우고 팽목까지 왔다 갔다 하고 그런 일들 했었죠.

## 5
## 미수습자 가족들 간의 의견 차이: 수색 방향, 방식, 수색 중단 문제

면담자　　　아버님 계시는 동안에 진도와 팽목을 오가는 버스가 줄어들지는 않았나요?

세희 아빠　　　줄었죠. 나중에는 거의 없어졌을 거예요, 제 기억으로는. 하루에 한 번, 두 번, 세 번이었나, 아마 그랬던 거 같아요. 아침에 한 번, 점심에 한 번, 저녁에 한 번 이랬던, 그렇게 된 이유가 아침에 수색 나갈 때 보러갈 때 버스를 타시는 분도 있고 저녁에 끝나면 들어오는 분도 있잖아요. 그런 분들 때문에 나중에는 시간대가 세 번 정도로 줄었어요.

면담자    미수습자분들의 거처는 대부분 체육관이셨어요?

세희 아빠    그때요? 팽목에하고, 팽목에 컨테이너 박스 집 있잖아
요. 거기 계신 분들이 그거 줬고, 거기 싫다고 하신 분은 체육관. 체육
관에도 컨테이너로 해놨었는데 처음에는 나눠서 들어가다가, 얼굴도
못 보고 가족들끼리 따로 있으면 저거 하잖아요. 나중에 [체육관] 안으
로 다시 들어와서 같이 모여 있고 그렇게 지냈죠.

면담자    팽목에서는 분향소도 있었고, 컨테이너도 있었으니까?

세희 아빠    예, 다 있었죠.

면담자    진도에 계시는 분들의 수가 줄면서 친한 분들끼리 더
어울리게 되던가요?

세희 아빠    그렇게 됐죠. 거기서 다들 누구나 할 건 없이 자기 아이
들이, 가족들이 나오길 바라잖아요. 그러다 보니까 마음이 서로 맞는
사람들끼리 얘기도 하게 되고, 예를 들어서 여기 수색을 해야 된다고
하면 "이런 방식을 해야 된다, 여기를 해야 된다" 이런 식으로 얘기를
하다 보면 마음 맞는 사람들끼리, 자꾸 얘기도 하다 보면 그렇게 분리
는 되는 거 같더라고요.

면담자    학생인 사람과 아닌 사람으로 나눠지던가요?

세희 아빠    꼭 그렇게 나눠지진 않았어요, 왜냐하면 어차피 수색
방법이랄지 방향이랄지 이런 부분들은 같이 얘기를 해야 될 부분이라
서. 그때 분위기는 그렇게 나뉘었다라기보다는 팽목에 있는 분하고
생각이 달랐던 이런 부분들은 있었고, 결론은 찾자라는 거잖아요, 가

족들. 그런 얘기다 보니까 특별하게 (한숨을 내쉬며) 나뉘었다라고 [하기는 어려워요]. 거기서 있는 시간들이 힘드니까 이런 얘기 저런 얘기 주고받을 사람도 필요했겠죠, 그게 편이 나뉜 거처럼 보일 수도 있고. (면담자 : 생각들이 다 다르실 테니까) 다르죠, 같을 수가 없어요. 그때 나 있을 때도 열 가족인데 열 가족들이 생각이 하나로 모아지긴 쉽진 않죠. 다 그랬던 거 같애요. 그런 것들 때문에 굉장히 힘들어했던, 실종자 가족들 대표도 쉽게 만들어지지 않았고…. 왜냐면 다 생각들이 다르기 때문에 누구 하나 의견을 얘길 하면 그걸로 모아지지가 않았어요. 그래서 힘들었어요.

그래서 실지로 대표가 거의 없는 식으로 해서 진행됐고, 변호사가 있었어도, 배의철 변호사 있었잖아요, 그런 부분들 때문에 많이 힘들어했었고…. 입장을 내놓고 해야 될 부분이 있으면 의견을 하나로 만들어서 얘기를 해야지 되는데 그런 부분이 잘 안 되니까, 그런 부분들 때문에 힘들어했던 부분들도 있고. (면담자 : 찾아야 한다는 건 확실했죠?) 그쵸, 그건 당연한 거.

면담자     문제가 됐다면 어떤 부분에서의 문제였을까요? 정부와의 관계나, 수색의 방식 같은 건가요?

세희 아빠     예, 정부. 나중에 가서 가장 큰 문제가 "수색을 포기를 하고 인양을 해야 되냐" 이런 부분이었겠죠, 결론적으로. 그 전에는 가족들의 입장에 대해서, 예를 들어서 "어디를 수색을 해야 된다, 저기 수색을 해야 된다" 이런 방식들, "잠수부들을 더 불러야 되냐, 어째야 되냐" 이런 얘기도 있고, "잠수부가 빠진다고 하는데 어떻게 해야 되냐" 이런 부분들, "수색 작업을 여기를 해야 되는데 어디를 먼저 하고 있다"라든지, 예를 들어서 그런 거를, 해수부에서 의견을 물어보면 대답을 하나를 해줘야지 되는데, 그런 의견들이 각자 다른 생각들을 가지고 이런 부분들이다 보니까 그런 부분들도 곤란한 상황들이 많아서…. 왜냐하면 다 생각이 다른데, 어느 한 의견을 만들래면 대표가 있어야 되고 그 의견들 조율을 해서 안 되면 다수결이든 어쨌든 해서 만들어줘야 되는데 그걸 부담스러워하는 거죠, 가족 대표를 하기가 부담스러운 이유가. 만들기 힘들다는 걸 알기 때문에 힘들었던 거 같애요.

**면담자**   미수습자 가족분들도 수색 중단을 할지 어떨지 고민이 많으셨겠네요.

**세희 아빠**   제가 9월 중순에 한 번 더 내려가 봤었고. (면담자 : 복직 하시고도 가셨어요?) 주말에나 이렇게 내려가고 했었는데, 그때 보면은 수색을 하고 있는데 태풍이 오기 시작하는 그런 철이다 그래서, 일주일이면 하루 수색 할 수 있을까 말까, 안 그러면 바지선이 빠져 있고 그러니까, 그런 상황들이 굉장히 많아서 실지로 수색할 수 있는 날이 많지 않았어요. '아무래도 그때부터 얘기가 나오지 않았나'라는 생각이 들어요. 정확히는 모르겠는데 일단은 그 정도 시기에서, 해수부에서 그런 얘기를 [시작하지 않았나 싶어요]. 그 전에도 그런 얘기는 있었어요, 누군가 흘려서 들리는 소리일 수도 있는데 그런 식으로 종료하고 어쩌고저쩌고하는 이런. 물어보면 본인들은 "그런 얘기한 적 없다"라고 얘기를 하는, 해수부나 해경이나 그런 얘길 한 적 없다라고 얘길 하는데 어디선가 자꾸 흘려서 들어오는 얘기들, 흘려서 들어오는 건지 일부러 흘리는 건지 모르겠는데 그런 식으로 자꾸 얘기가 나오고,

들렸었죠. 그래서 그때부터 그런 얘기가 들리지 않았나.

# 6
## 미수습자 가족들과 주민들, 시민들을 대립하게 만드는
## 책임감 없는 정부 행정

**면담자**　　관계를 맺거나, 장기적으로 자원봉사를 하시는 진도의
주민분들이 있었나요?

**세희 아빠**　　예, 그런 분들도 있었어요, 장기적으로 하시는 분도 있
었고. 그쪽에 체육관을 2015년도엔가 체육대회를 해야 된다고 "보수공
사나 리모델링 공사를 해야 된다" 그래서 결론적으로 체육관을 빼야
되니 어쩌니 군민들이, 그쪽에 관계되는 일을 하시는 분들이 항의 방문
도 했었고, "체육관 빼달라, 비워달라" 이런 얘기도 했었고, 그런 얘기
들이 굉장히 그때도 있었죠. 제가 올라온 뒤에도 그런 얘기들 많이 있
었고, 거기 있을 때도 그런 얘기가 들리기 시작했거든요. 공사를 해야
되는데, 그때 당시 나 있을 때만 해도 실외 체육관, 운동장 공사한다고
때려 부시는 소리 나고 하더라고. 바깥에 운동장 리모델링 공사를 했
어요, 밖에는. 안에는 나중에 다 빠지고 나서 했겠지만, 그 이후에 한번
가는 길이 있어서 가봤는데 싹 다시 리모델링해 가지고 해놨더라고, 공
사를. 주민들[이] 실종자가족들한테 와서 항의도 있었고, 근데 우리가
그 거처를 잡은 게 아니잖아요. "정부에서 해논 건데 왜 우리보러 나가
라고 하느냐. 왜 우리한테 얘기하느냐" 그런 식으로 얘기를 했죠. 그렇
잖아요, 쫓겨나다시피 나갈 저거예요, 상황이 상황이니까.

면담자      정부에서는 다른 대안을 내진 않았어요?

세희 아빠      그니까 절차가 잘못된 게 왜 우리 실종자 가족들한테 와서 얘기를 하냐 이거죠, 정부 관계자들이 분명이 있는데 왜 우리한테 얘길 하고. 정부도 나쁜 게 뭐냐면 정부는 우리한테 떠넘기식이에요. "가족들이 빼준다고 하면 언제든지 빼주겠다, 다른 데 마련해 주겠다" 이런 식으로 얘길 하는 거예요, 마치 우리와 주민들과의 갈등처럼.

면담자      교실 문제랑 비슷하네요.

세희 아빠      똑같애요, 그런 식으로. 나쁜 놈들이라는 게 정부 자기네들이, 칼자루를 쥐고 있는 정부 관계자들이 자기네들이 주민들하고 얘기도 해서 타협을 해, 절충점을 찾든가 중간에서 해야 됨에도 불구하고, 미수습 가족들, 실종자 가족들한테 그걸 다 떠넘겨 가지고 그런 식으로 하는 거야. "우리한테 얘기하지 말아라. 왜 우리한테, 미수습 가족들한테 얘기하냐. 정부 관계자들한테 얘기해라" [해도] 정부 관계자들 우리한테 떠넘기는 거죠. 나쁜 짓거리들을 하는 거죠. 그런 상황들이 단원고 교실 문제하고 똑같은 거예요. 그런 상황들을 거기서도 봤었다고, 경험을 했었고.

면담자      팽목에서 어민들이 항의하지는 않았나요?

세희 아빠      군청으로 많이 항의나 이런 것들이 들어오고 했었던 거 같애요, 그런 쪽에 항의가 들어오면 가족들한테 군청에서 얘기를 하고. 근데 우리가 팽목에 대한 어떤 권한이나 이런 것도 없잖아요. 그때는 차량통제나 이런 게 팽목에 많이 했었으니까 그런 부분 있었긴 한데, 휴가철 되고 그러니까 사람들 많이 오잖아요. "통제하지 말아

라. 왜 '우리 때문에 가야 될 데도 못 갔다' 이런 얘길 들으면 안 되잖냐. 풀어줘라" 이런 식으로. "왜 우리한테 그걸 얘기를 하냐" (면담자 : 일반인들 출입을 통제했었어요?) 예전에는 그런 게 있었죠. 아예 못 가게 막는다는 게 아니라 거기서 검문도 하고 이런 저것들이 있었으니까. "어디 왔냐"고 차가 그 안으로 들어가야지 되는데 "여기다 주차를 하고 걸어가라" 이런 것도 있었고, 그런 것들 때문에 우리가 괜히 욕먹잖아요. [정부에게 사람들] "다니게 하라"고 "왜 못 하게 하냐" 그래서 그렇게 다니게도 하고 그랬죠.


# 7
## 진도의 수상한 사람들


면담자　　　진도에 이상한 사람들도 많이 있었나요? 미신이나 굿을 해야 한다는 말을 한다든가요.

세희 아빠　　　글쎄요. 제가 직접적으로 그런 걸 봤던 거 없구요. 아까도 얘기했듯이 이상한 자원봉사처럼 와가지고 물품 빼가고 이런 사람들, 그런 것까지 우리가 신경 쓸 저건 아니니까, 자원봉사들 중에도 관리하는 사람들 있으니까, 이런 부분들 있고…. 어떻게 보면 정보과인지 국정원 직원인지 아무튼 그런 사람들이 [있었어요]. 왜냐면 그때는 인원이 많지 않으니까 새로운 사람이 오게 되면 바로 표시가 나는 거예요, 누군지. 이런 식으로 자원봉사 하러 왔다고 해도 다 써주지는 않거든요, 어차피 신원도 파악을 해야 되고 이런 게 있으니까. 그래서 여러 가지 접촉을 할려고 했던 사람들도 있는데 결국은 다 쫓겨났죠, 그런 사람들. 글쎄요, 미신 같은 거는 잘 모르겠어요. 종교 단체나 이런 데서는 많이 와서 순례하면서 들러서 가기도하고 이런 단체들은 많이 있었죠. 그런 단체들은 많이 있었고 있었는데 제가 모르는 걸 수도 있겠죠. 대부분 우리가 보면 가톨릭이나 불교, 기독교 요 정도 계속해서 있었던 거 같고, 거기 부스를 만들어서 있었잖아요. 계속 상주하고 계시는 분들, 그런 분들 외에는 특별하게 그런 거는 저는 못 본 거 같아요.

# 8
## 상주하는 정보과 직원들

**면담자**　　　정부나 국정원에서 낯선 사람이 오면 가족들은 경계심을 가지셨겠네요?

**세희 아빠**　　　그때는 이미 해경에서, 계속 거기에서 상주하는 정보과 직원들이 있었어요. [해경] 정보과 직원들 그다음에 진도경찰서 정보과 직원들, 항상 상주해 있다 보니까, 몇 개월씩 같이 지내고 얼굴 보고 하니까 "형님, 동생" 하면서 지내고, 배 타러 갈 때 같이 타고 가고, 나중에는 그 친구들이 자기 차로 우리 딱 태우고 배 타러 갈 때 가고, "같이 바지선 배 타러 작업하는 거 보러 가자" 그러면 같이 따라가고, 멀미하면서도 따라오고 그러더라고. 자기들 얘기는 "우리 보호를 할려고 그런다"[고] 얘기를 [했어요]. 어차피 그 사람들이 우리에 대한 관리들을 했었던 부분이고 해경, 해경 정보과 직원들, 진도경찰서 정보과 직원들 거기 나와 있었고, 매일 거기서 사는 거예요.

면담자 　　그 사람들 업무가 그건 거죠?

세희 아빠 　　상주, 상주하는 거죠. 목포가 서해지방청이 있잖아요. 서해지방청에서 정보과 직원들 와서 파견식으로 매일 돌아가면서, 정보과 형사들 돌아가면서 하루씩 쉬더라고(웃음). 일요일이고 토요일이고 없으니까 돌아가면서 하루 쉬고, 잠도 처음에는 차에서 쪼글쪼글 자고 있더만 나중에는 컨테이너 박스 가족들이 쓰던 거 안 쓰는 게 있잖아요. 여직원, 여경찰이 주변에 경계를 서요. 주변에 체육관 주변에도 뺑 돌라서 순찰도 돌고 한다고, 밤에 치안이나 이런 게 있어서. 여직원들도 있고 남자 직원들도 있잖아. 2인 1조로 순찰 돌고 하잖아. 여직원들 되게 불편할 거 아니에요, 숙소가 없으니까. 그래서 거기도 컨테이너 박스 하나 주고 이런 식으로 했죠.

면담자 　　그 사람들도 업무로 와 있는 건데 정부에서 숙소의 준비가 없었나요?

세희 아빠 　　버스 하나 갖다 놓고 거기에서 상주를 하거나 아니면 교대로 자고 순찰 돌고 이런 식으로 해놨으니까, 불편하니까는 차라리 컨테이너 박스를 하나 준 거죠, 거기서 교대를 하라고 편하게. 이런 식으로 배려를 많이 해줬죠. 자원봉사 나중에 하시는 분들도 하나씩 쓰라고 그러고.

# 자원봉사, 물리치료사들

면담자     자원봉사는 주로 물품이나 식사 제공 이런 것들?

세희 아빠   가족들이 몸이 많이 안 좋아서 있다 보니까는, 안마하
시는 분도 있고, 안마하시는 분은 대부분 지역에서 직접 출퇴근하면
서 하시는 분들이 많고, 그다음에 물리치료사라고 하잖아요? 물리치
료사 이런 사람들 밖에다 숙소를 잡기도 하고 그 안에서 체육관 한쪽
에서 자기도 하고 이런 식으로.

면담자     공식적인 정부의 의료팀은 없었어요?

세희 아빠   거기 있었죠, 의료팀이. 군복을 입고 있더라고 다들.
(면담자 : 군의관?) 예, 군의관인가 봐요. 군의관 쪽에서 계속 사람들도
돌아가면서 오더라고. 만약에 무슨 일이 있을까 봐 진도보건소에서도
가끔 낮에 와서 있었던 거 같고, 약사회도 부스가 있어서 거기도 돌아
가면서 내려와서 봉사활동 하고 이런 [식이었어요].

면담자     계시는 동안 필요하다고 생각하신 거는 없으셨어요?

세희 아빠   글쎄요, 거기서 굳이 필요하다 이런 거 특별하게 없었
던 거 같고…. 몸이 아픈 사람들이 늘어나다 보니까 물리치료받는 사
람도 늘어나고, 또 거기서 물리치료사들이 바지선에 잠수사들도 몸이
안 좋으니까 계속해서 매일 들어가서 교대로 물리치료받고 했었어요,
물리치료사들이 들어가서 잠수하고 갔다 온 사람들 물리치료해 주고.
잠수사들이 체격이 좋잖아요, 체격이 좋아 가지고 안마, 물리치료사

들이 대개 한두 사람 하면 힘들어했어. 덩치가 크니까 (웃으며) 하기가 힘들죠, 주무를래도 힘들고 몸으로 하다 보니까. 물리치료 한 사람이 몇십 분씩 하니까 굉장히 힘들죠. 그런 식으로 하고 가족들도 매일같이 물리치료를 받고…. 내가 물리치료받아 봤는데 굉장히 잘하더라고. 또 하는 사람마다 다 달라요, 스타일이. 나는 매번 받을 때마다 다른 사람한테 받아봤는데 하는 사람들마다 다 스타일이 다르더라고, 하는 방법들이 다. 그 사람들이 한 군데서 온 사람들이 아니라서 나름대로 다 따로 공부를 하고 그렇게 하는 사람들이라서 다 다르더라고, 스타일이.

## 10
## 진도에서 아픈 가족들

면담자    몸이 많이 안 좋아지셔서 병원이나 집을 오가는 분들도 있었나요?

세희 아빠    거기서 (한숨을 내쉬며) 많이 있었죠. 현철이 아빠 같은 경우는 급성폐렴도 걸렸었고, 거기서 이빨 몇 개를 뽑기도 하고…. 뭐가 걸렸더라, 아무튼 뭐 걸려가지고 병원에 폐렴이었나 한 달인가 입원했던 적이 있어요, 진도 한국병원인가, 목포 한국병원인가 거기 있으면서 병원에 입원해서 [치료를 했어요]. 갑자기 몸이, 스트레스가 병을 부른 거겠죠. 그다음에 이영숙 씨 남동생 같은 경우 폐가 갑자기 안 좋아서, 그 양반도 밥 먹는 걸 거의 못 봤어요. 밥은 거의 안 먹고

술하고 담배만으로 사는 거야. 그래 가지고 그 사람도 병원에서, 전남대 병원에선가 거기서 수술했다고 들었고, 폐를 잘라냈다나 어쨌대나 그런 수술도 받았고⋯. 다윤이 엄마 같은 경우도 계속 거기서 병원 왔다 갔다 하면서, 뇌종양인가 있잖아요, 그런 것들 때문에 아산병원 왔다 갔다 했었고⋯. 그런 병들 때문에 다윤이 아빠나 이런 사람들 자생병원 이런 데 계속 입원해 있었고⋯. 입원 치료받다가 허리를 [상해서] 제대로 일어나지도 못하고 [했었지요].

그런 상황에서 그 정도까지 안 좋아지고, 은화 엄마 같은 [경우는] 매일 다리가 팅팅 붓고, 그리고 양승진 선생님 사모님 같은 경우에 이렇게 붓는 거예요, 사람이. 그래 가지고 제대로 매일 물리치료받고 해도, 병이 스트레스 때문에 생기는⋯. 멀쩡한 사람이 없더라고요. 안 그러면 매일 술만 먹고, 술로 사는 사람들도 많고⋯. 상황들을 버티고 참을려니까는 쉽진 않죠. 다 몸이 다 안 좋아진 거죠. 책임자는 국가지, 그런 일들을 겪게 만들어놨으니.

면담자　　　좀 쉬었다 할까요?

(잠시 중단)


## 11
### 언론사들, 언론 탄압으로 좌천되는 기자들

면담자　　　언론사들 왔던 얘기해 주세요.

세희 아빠　　또 하라고? (웃으며) 언론사들 처음에는 대부분 여기자들이 많이 와 있었고, 부모님들한테 접근하기가 가장 용이하다고 생각해서 여기자들 와 있었고. 나중에는 어느 시간이 지나니까 처음에는 두세 달 정도, 요 정도까지는 그래도 SBS도 있었고 MBC도 있었고 했던 거 같은데, 나중에 지나니까 JTBC만 계속 상주해서 있었던 [거 같아요]. 계속해서 이슈 상황이나 이런 부분들이 있으면 오히려 우리가 먼저 아는 그런 것도 있었지만, 그런 것보다도 JTBC 기자들이 더 먼저 알고 있었던 내용들도, 어떻게 진행할 것인지 이런 얘기들, 예를 들어서 "바지선 사고가 난다든가 어떻게 빠질 거다" 이런 내용들도 기자들이 먼저 알고 그런 것도 있더라고.

면담자     먼저 취재해서 부모님들한테 오히려 소식 전해준 것도 있었어요?

세희 아빠     네, 그런 것도 있었어요, 실제로. 진보성향의 기자들은 계속해서 그래도 끊이지 않고 왔었던 거 [같아요].

면담자     부모님들하고 같이 지낸다거나 기억나는 에피소드 있으신가요?

세희 아빠     거의 가족처럼, 기자들도 오래 있다 보니까 가족들 힘든 상황들 알고, 하다못해 거기서 뭐 심부름도 하고 같이 밥도 먹고 그러면서 기자들도 많이 친해지고 이런 부분들[이 있었어요]. 그러면서 가족들 많이 힘들어하는 모습들을 보고, 몸 아픈 모습들도 보고 있으니까 정들어서 자기네들 쉬는 날이고 하면 일부러 찾아오는 기자도 있었고, 와서 같이 있으면서, 자식 같고 하니까 부모님들은 대부분 편하게 잘 대해줬죠.

면담자    이름 기억나세요?

세희 아빠    대부분 있었던 기자들이 ≪한국일보≫ 기자도 있었고 ≪시사인≫, ≪한겨레≫ 이쪽 기자들. '오마이뉴스'도 계속 있었던 거 같고 기자들은 여러 명 와서 있었어요, 대부분. 제가 직접적으로 기억 나는 기자들 이름들은…. 다 기억이 안 나요, 이름을 보면은, 들으면 생각날지 모르겠는데, 그런 기자들이 있었죠. (면담자 : 김관 기자?) 아, 김관 기자. JTBC는 서복현 기자가 올라가면서 김관 기자를 대체시켜 놨고, 김관 기자 올라가고 다른 기자가 내려와서 있었는데 그 친구는 잘 모르겠고…. '미디어오늘' 기자도 이름이 뭐더라, 아까 이름 얘기했 었나요? (면담자 : SBS에서는 박 기자) 아, 박하정 기자 같은 경우 그렇 게 오래 있진 않았어요. 2, 3개월 때, 2개월 때쯤에 보이다가 올라갔 던 거 같아. 그 외 기자들도 그 시점에는 방송사에서 MBC든 계속해 서 있었던 거 같은데 그 이후에는 다 올라가고, "왜 올라가냐"니까 "철 수 명령이 떨어져서 올라간다"고 [하더라고요].

면담자    보도 행태에 대해 가족들은 기자들한테 거리감을 느끼 지 않았나요?

세희 아빠    처음에 MBC, SBS 요쪽 기자들은 신뢰를 많이 안 하죠. 단지 그분들이 와서 있다가 기삿거리나 이런 것들, 기존에 사고 시점 에서도 공중파에서 전혀 나오지 않았던 내용들이라서 그 사람들한테 신뢰도가 떨어져 버린 거죠. 그래서 그분들한테 인터뷰도 잘 안 하고, 나중에 JTBC는 계속해서 있었잖아요. 김관 기자도 있었고, 3개월 정 도 됐을 땐가 제 기억으로는 여름이었던 거 같은데 손석희 앵커가 직접 와서 실종자 가족들하고 직접 인터뷰하고, 매일 한 분씩 인터뷰 내용들이 나왔었고, 방송에 나왔었던 이런 부분들도 있고, 그래도 끝까지 JTBC가 와서 계속 있으면서 관심 갖고 방송에서 계속 브리핑이나 이런 거 했었잖아요. 저녁에 그런 부분들 진행이 됐었고, 어쨌든 그 이후로 JTBC가 많이, 그래도 사람들 시청률이 올라갔던 계기가 되지 않았나 [싶어요]. 지금도 보면 방송, 뉴스나 이런 쪽에서는 시청률이 되게 높잖아요.

면담자     가족분들한테도 위로가 됐었나요?

세희 아빠     방송 언론이 그래도 관심을 가져주고 하는 거에 대해서, 왜냐면 잊혀질까 봐 두려운 상황이니까 관심 가져주면 큰 도움이 되죠, 위로도 되고. 왜냐면 내가 [이야기] 하고 싶은, 안 좋은 상황들을 알려야 되는데, 누군가가 듣고 힘든 상황들을 알아야지 되는데 그리고 계속해서 끝나지 않았다는 것도 알릴 수 있는 이런 부분…. 사실상 지금 더 많이 가족들이 힘든 상황인데 그런 부분들이 많이 안 알려지잖아요. 이미 방송사에서는 자꾸 안 좋은, 세월호에 대한 안 좋은 얘기들이나 할려고 해쌓고, 이슈화 할려고. 진상 규명이나 이런 부분 쪽에 관심이라기보다는 어쨌든 안 좋은 쪽에 얘기들만 자꾸 할려고 하니까, 그런 부분들 보면 언론이 (한숨을 내쉬며) 뭐 누가 잘못됐다, 언론인이 잘못된 게 아니라 그 위에 있는 기득권자들 때문에 언론의 탄압을 받는 거겠죠.

실제로 얘기 들어보니까 세월호 사고에 대한 우호적인 기사들을 자꾸 쓸려고 하면 위에서 편집해서 다 못 하게 짤르는[자르는] 이런 것들 때문에 그걸 가지고 반발하고 하는 기자들은 좌천되고. 사회부 기자들 다른 데로 다 좌천되고 그러더라고 보니까. 기자들이 기사를 쓰고 싶어 하는 방향들은 전혀 나가지 않는다는 거죠. 실지로는 자기 입맛에 맞는, 위에 상사가 쓰라는 대로, 이런 내용으로 의도하는 쪽으로 기사들이 나가곤 하죠.

면담자     실제로 기자들한테 들은 이야기가 있었어요?

세희 아빠     실지로 그러는 거야. "왜 요즘에 보이다가 안 보여?" 그러면 다른 데로 발령 났다고 이런 식으로, 세월호하고 전혀 관련 없는 부서로 발령을 내버린다든가 이런 쪽으로…. 그래서 실지로 그만둘려고 하는 기자들도 많이 있더라고.

면담자     어딘지 혹시 기억나세요?

세희 아빠     좌천된 기자들 이런 쪽에 얘길 들어보면 "아, 그만둘려고 생각하고 있다"고 이런 식으로 얘기하는 걸 들었어요. 내가 한 기자 기억나는 게, ≪동아일보≫ 기자 중의 하나 이름 얘기해도 되나? 최×× 기자라고 있어요. 그 기자 같은 경우에는 그 계속해서 세월호에 대한, 1주기 때 그런 전화가 왔더라고. 자기가 기사를 하나 쓸려고 하는데 "누구한테든 편지를 쓰고 싶은 사람 있으면 편지를 써가지고 자기한테 보내주면 기사로 실을 거다, 신문 기사로 실을 건데 쓰고 싶은 편지 내용이 있으면은 써달라". 그래 가지고 잠수사, 일반 희생자 이런 분들한테 몇 명 받는다고 [하더라고]. 그래서 실지로 나는 못 쓸 거 같고, 집사람이 쓰라고 해서 쓰겠다 그래 가지고 ○○이한테 편지를 써서 붙여주고 했었죠. 편지 보면서 자기 울 뻔했다고 이런 얘기도 하고 그러더라구. 그런 기사를 썼고 실지로 신문에 실렸고, 편지를 그대로 내용을 그대로 올렸던 기잔데 자기는 상사들하고 많이 싸운다고, 세월호 기사를 자꾸 "자기는 이렇게 이렇게 써야지 맞는데 위에서는 다른 쪽으로 이렇게 바꿀려고 한다" 이런 것들 때문에 많이 싸운다고 얘기를 하더라고.

그러면서 나중에 안 보여서 전화를 해보니까 다른 경찰서 근무로 바뀌어가지고, "어디 경찰서 근무, 맨날 그쪽으로 출근한다"고 [하더라고요]. 하도 그런 얘기를, 위에 저거 하는[거슬리는] 얘기들을 하니까 그쪽으로 빼버렸겠죠, 보직을 변경시켰겠죠. 그래서 얘길 하더라고 "그만둘까 이런 생각도 자기가 하고 있다"고, 너무 자기하곤 안 맞는 행동들을, 아무리 조중동이라지만 그런 얘기를 하니까…. 그래 내가 이런 얘기했어요, "거기에 오래 다니라"고, "오래 다녀가지고 진짜 윗자리에 올라가면 정말 공정한 언론이 될 수 있도록 바꿔달라"고, "시간이 오래 걸리겠지만 그런 역할들을 하라고", "똥이 무서워서 피하는 게 아니라 더러워서 피하겠지만 그 똥은 그 자리에 치우지 않으면 계속 누군가는 그 똥을 보고 더럽게 생각할 거다. 그 똥을 치울 사람이 분명 필요하다"라고 얘기를 해서 그런 얘길 하니까, 카톡으로 이런 얘길 했죠, 울었다고 그러더라고.

"자꾸 바뀌어야겠다고 인식하는 사람들이 그만둬 버리면 그마저 바꿀 기회가 안 생기니까, 거기 있으면서 바꿀려고 나중에 노력을 하라"고 그런 식으로 얘길 해서, 얼마 전까지만 통화했을 때도 다니고 있다고 얘기를 하더라구. 나 때문에 다녀야겠다고 얘길 하면서 그런 얘길 하더라구. 요즘에는 통화를 안 해봤는데 몇 달 전까지만 해도 통화를 했을 때는 다니고 있더라고. 되게 고맙더라고 그런 것들을 하면서 조금씩이라도 바꿀려고 하는 사람이 있어야지 제대로 되는 거니까, '그런 사람들이 빨리 윗자리에 가서 바꿀려고 하는 부분들이 됐으면 좋겠다. 힘들겠지만 노력들을 해야 되지 않겠나' 생각들이 들어서.

## 12
## 정치인의 진도 방문 및 그에 대한 평가

면담자        아까 박원순 시장 말씀을 잠깐 하셨는데 정치인들 중에서 세월호에 관심 가지는 사람들 더 있었어요?

세희 아빠        그니까 박원순 시장 같은 경우는 어느 밤에, 밤늦은 시간에 한 10시 정도 됐던 거 같애요. 10시는 안 됐나, 늦은 시간이었어. 밤에 8시는 넘었었던 거 같고 그 시간에 사모님하고 모자 하나 눌러 쓰고 처남인가 이렇게 세 명이서 딱 와가지고. (면담자 : 보좌관 없이?) 예, 아무것도 없어요. 몰래 쓱 동네 아저씨처럼 들어오는 거예요. 와가지고는 딱 가족들 있는데 앉으더만 거기서 손잡고 얘기하는, 위로 많이 하러 오시고 그래서 그 모습을 봤을 때 그래도 [뭔가 다르다고 느껴졌어요]. 이상하게 새누리 국회의원들 오면은 우우 무슨 부대 오듯이 떼로 몰려다니고 그러는데, 그런 것도 있고 새누리뿐만 아니라 새정치도 그랬었고, 오면 떼로 다니더라고. 이정현이 새누리 국회의원 당선돼 가지고 왔더라고. 딱 보니까 딱 처음에 무슨 동네 미장 아저씨가 왔나 했어요. 잠바 하나에 시커매 가지고 와가지고 자기 이번에 당선된 저기 어쩌고저쩌고 얘길 하더라고. 근데 내가 보기에는, 그때 실종자 가족들은 새정치나 이쪽에 꼴도 보기 싫어 가지고…. 그때 특별법 한참 수사권, 기소권 얘기할 때 와가지고 물어보니까 수사권, 기소권도 모르는 거야. "수사권, 기소권이 어떻게 됐는데요?" 그런 식으로 반문을 하고 모르고 있는 거야. 그런 얘길 하는….

　내가 이래저래 해서 "가족들이 이렇게 힘든 상황인데 진상 규명을 제대로 할려면 수사권, 기소권 있어야 되는 거 아니냐. 그런데 그런 것도 제대로 못 하는 국회의원들이 지금 뭐 하고 있는 거냐"[고 한마디 했어요]. 수사권, 기소권이 어떤 수사권, 기소권인지 내용 자체도 모르고 있는 거더라고, 내가 보기에는. 그니까 얼굴 도장 찍으러 오는 거 같은 거야, 와서 그러고 있는 거야. 전혀 모르는 상황에 와가지고 수사권, 기소권 얘기하니까는 알아보겠다고, 와서 그런 얘길 하더라고. 나는 딱 생각에, 우리 가족들[한테] "동네 이장이나 할 사람이 무슨 국회의원 돼가지고 저러고 있냐"고 그런 얘기했었다니까요. 엄한 얘기, 가족들 위로할 생각은 안 하고 자기 공약이 어떤 거였다고 이런 얘기나 해쌓고, 자동차 부품사들을 순천에다 유치를 하네 어쩌네 이런 얘기도 하고 [하길래] 내가 그랬어, 그때 그랬지. "내가 자동차 부품 회사 다니는데 바보가 아닌 이상 여기 안 온다"고, "내가 왜 내려오냐"고, "뭘 보고 여길 내려오냐"고 그런 얘길 했어. 지금 자동차 부품 회사가 여기 내려올 이유가, "여기서 누가 공장이나 땅이나 대줄 거냐"고 "공장을 지어주고 해도 내려올까 말까 하는데 뭘 보고 내려오냐"고, "기아자동차 여기밖에 없냐"고 그런 식으로 얘기를 했더니.

면담자　　　이정현한테 직접 얘기하셨어요?

세희 아빠　　　"내가 자동차 부품사 사장이라도 안 내려온다"고 그랬지. 그런 식으로 얘기를 하니까, 그건 자기 공약이지 할 수 있는 게 아니잖아요. 삼성도 유치를 할려고 했는데, 삼성 사장을 만날라했는데 안 만나줘서 못 만났다는 얘기해 쌓고, 못 만났는데 현대자동차는 만나서 자기가 얘기를 했네 어쩌네 이런 얘기를 하는 거야, 부품사 유치 할려고 자기가 하겠다 이런 식으로. 그런 공약들을 했던 거를 얘기를 하는 거야. 답답하잖아요, 내가 봤을 때는. 자동차 부품 회사 다니는 사람이 있는데 그런 얘기를 하니까 깝깝하잖아요. 엄한 소리를 자꾸 하니까 성질이 나가지고 내가 그런 얘길 했다니까, "내가 부품 회사 사장이라도 안 내려온다"고, "뭘 보고 내려오냐"고 그런 식으로 얘기 했지. 뺑쪘을 거야. 실종자 가족들은 정치인들 신물이 나버리니까. 왜? 여기서는 해준다고 대답만 해놓고 해준 사람 아무것도 없거든. 어려운 상황들 얘기해도 들어줄라고 하는 사람 없고, 지원이나 이런 부분들도 예를 들면 "잠수사들 힘드니까 이런 부분들 많이 해서 챙겨달라" 얘기를 해도 "아, 알았다"고 얘기만 하고 끝이야. 정치인들이 한결같이 끝이었어, 와서.

면담자    야당도 마찬가지든가요? 기억에 남는 사람 있으세요?

세희 아빠    정동영이며 뭐며 이런 사람 왔다 갔다 해도, 왔다가 얼굴만 비추고 이따가 가고 이런 식이었지, 다 정치하는 사람 똑같았던 거 같애. 그때 통합진보당에서 거기서 계속 상주했던, 그때 최루탄 던진 양반이 누구야? 통합진보당. 이름이 생각이 안 나네, 김선동인가? 그 양반이 꽤 오래 있었어요. 여기 진도체육관 꽤 있었고, 이정희 의원도 왔었고, 나한테 혼나고만 갔지. 얘기했었나요? 내가 원래 통합진보당 당원이었었다 쨰졌잖아요. 쨰지면서 탈당했거든. 내가 지회장 했을 때 당원 모집했었고 했었는데 나중에 당원들이 계속해서 째지고 나서 "계속 통합진보당 해야 되냐"고 그런 식으로 [묻길래] "마음대로 하시라"고 그때는 내가 그랬지. [그리고 나는] 탈당해 버렸다고, 그래 가지고 "내가 탈당시켰다"고, "선동했다" 이런 식으로 해갖고 그때 얘기했었잖아, 항의 전화 하고 난리가 났었다고.

면담자    그 사건에 대해서 이정희 전 대표한테 얘기를 하셨어요?

세희 아빠    이정희 대표한테는 그런 거 얘기할 시간은 없었고, 김선동 의원한테 이런 얘길 했었죠, 별로 안 좋아한다고 통합진보, 그런 사건들이 있어서. 이정희 왔을 때, 김선동 의원이 이정희한테 아버님 지회장이었고 어쩌고저쩌고 설명을 했던 거 같애. 하니까 아픈 과거가 있었다고 얘길 했겠죠, 따로 얘길. 그걸 얘기할 시점은 아니잖아. 거기서 그니까 그런 얘긴 안 해, 와서 "아이고, 아버님" 어쩌고저쩌고 그런 얘기만 하지, 정치적인 얘길 할 필요[가 없지]. 제대로 할 수 있게 힘 좀 써보라고 그런 얘기만 하고, 특별하게 그런 얘기[는 안 했지]. 다른 나머지 김명연이나 안산 국회의원이니까, 아, 그 사람은 우리 가족들이 제일 싫어하는 사람. 아까 이름 얘기했지, 김명연 국회의원 있잖아요, 안산, 우리 지역구. 그런 것 때문에 와서 했던 행동들이나 우리 가족들한테 특별법 만들어지고 하는 동안에도 굉장히 많았잖아요, 말들이. 다 싫어해요, 김명연, 가족들이. 엄한 소리나 자꾸 해쌓고, 그런 내용들, 꼴 뵈기 싫은 인간들. 새누리 쪽은 맘에 들게 얘기하는 국회의원들 한 놈도 없었어.

국정조사할 때도 새누리에서 열몇 명인가 왔더라고. 그래 가지고 전에 야당에서 새정치에서 왔었는데 "국정감사 여기서 하게 해달라"

고, "서해청장이나 이런 사람들 할 때 여기서 하게 해달라"고 [했어요].
왜냐하면 "계속 작업을 해야 될 테니까, 그 사람들 있어야지 작업이
제대로 되니까, 여기서 했으면 좋겠다" 그래서 진도체육관, 진도군청
에다 청문회를 할 수 있게 다 설치를 해놨는데, 당일 날 딱 됐는데 거
기서 안 한다고, 그렇게 통보를 하는 거야. 새정치에서 왔을 때는 "우
리는 여기서 할 수 있다" 얘기했고 새누리에서만 하면 "무조건 우리가
여기서 하겠다"라고 얘기했었는데 새누리에서 다음 날 온 거예요. 다
다음 날인가 왔는데 열몇 명 온 거예요. 심재철이 온 거야. 와가지고
있는데 "여기서 하게 해달라"고 "확답을 달라"고 [했더니] 자기가 그니
까 결정할 수 있는 게 아니고 어쩌고 [해서] "새정치에서 여기서 한다
고 하면 100프로 한다 그랬다. 그러면 새누리만 결정하면 되는 거 아
니냐" 그거를 실갱이를 1, 2시간 정도 했나…. 원론적인 얘기만, "가서
할 수 있도록 최대한 노력해 보겠다" 이거잖아.

  답을 안 해, "확답을 주라", 갈라고 [해서 계속 그렇게 요구했더니] 나
중에는 자기네들도 지쳤는지 "알았다"고, "여기서 하겠다"고 그래 놓
고 다 거기서 준비를 하고 있었던 거예요, 한다고 그래서. 결론은 안
했잖아요, 그러면서 실종자 가족들 실망을 많이 했어요. 다 거짓말만
하고 다녀요, 새누리는. 그런 것들 보면서, 얘기하다 보니까 자꾸 그
런 것들이 생각이 나긴 하는데, 거기 있었던 상황들, 일들, '아, 그렇게
약속을 하고 갔는데 사기를 치는구나. 이게 바로 정치하는 놈들이구
나' 그런 생각 많이 들었고, '그런 거는 알지만 다 지네 맘대로 코에 걸
면 코걸이, 귀에 걸면 귀걸이 되고 있는…. 웃기는구나, 사기꾼들이구
나' 그런 생각밖에 안 들죠. 도의적인 책임이나 이런 자기가 뱉은 말

에 대해서 책임지는 놈은 한 놈도 없어요. 그게 바로 새정치, 아니 새
누리.

면담자    가족분들도 정치인들을 대면하고 많이 환멸을 느끼신
건가요?

세희 아빠    처음에 안산 대부분 여권 성향인 가족들이 많았었는데
제대로 세상을 보게 된 계기가 됐던 거죠. 나쁜 사람들을 많이 본 거죠.


## 13
## 진도에서 올라온 후 활동


면담자    돌아오셔서 활동하셨던 것 중에서 제일 기억에 남는 일
을 꼽는다면?

세희 아빠    올라와서 직장 거의 다녔었고, 그 전에 청운동이나 광
화문이나 계속 올라갔었죠. 직장 출근하기 전에는 광화문, 청운동 계
속 매일….

면담자    진도에 계시는 분들도 서울의 소식은 듣고 있으셨나요?

세희 아빠    그렇죠, 물론. TV도 있었고 인터넷으로도 보고 있었고,
그런 상황들이나 가족들, 집사람도 위에서 계속 서울이다 뭐다 쫓아
다니고 이러고 있었으니까 상황들이야 다 듣죠. 집사람이랑 통화하고
도 듣고, 임원들도 가끔 내려오기도 하고 하면 얘기 전달을 듣고, 내
가 가끔 올라올 때 한번씩 보기도 하고 [해서] 그런 상황들. 진행되는

어떤 상황들은 다 알고 있었죠.

**면담자**    오서서는 청운동하고 광화문에 평일에도 퇴근하시고 나가시고?

**세희 아빠**    평일에는 출근한 다음에는, 평일에는 저녁에 간담회가 있다든가 잡혀 있던, 그때 한참 간담회가 많이 형성이 됐을 때 지역적으로 돌아다니면서 간담회, 저녁에 일 끝나고 간담회 있으면 간담회 가고 [했지요]. 직장을 다니니까 멀린 못 가고 근교에 인천, 수원, 서울 쪽에 대학교 이런 데 있으면 일 끝나고 가든가, 아니면 시간이 빠듯하면 조퇴를 미리 해서 가고 이런 식으로 돌아다녔죠.

**면담자**    『금요일엔 돌아오렴』은 언제 취재가 된 거였어요?

**세희 아빠**    그 취재는 내가 올라와서 청운동이나 광화문 다닐 때 그 작가님을 본 거예요. 이름도 생각이 안 나네, 갑자기(웃음). 그 작가님을 봐가지고 "얘기 좀 들려달라"고, 자기는 작가기록단이라고 하면서 "기록을 할려고 얘기를 해달라" 그러더라구요. 그래서 "나중에는 책으로 낼 거"라 얘기를 하더라고. 그때 집중적으로 인터뷰를 한 4, 5시간 했나? 하고 그 이후에도 한 번인가 추가적인, 그러고 나서 책 초안 나온 거 읽어보고, 제대로 읽지도 않았지만 대충 설렁설렁 읽어보니까 얘기했던 내용들 나오고….

**면담자**    그 뒤로 '북 콘서트'도 많고, 간담회도 더 많아지신 거죠?

**세희 아빠**    다음에 '북 콘서트'로 연결이 됐죠, 간담회가. 간담회도 있었고 '북 콘서트'도 계속 병행해서 진행이 됐죠. 그러면서 직장을 다니다 보니까 일과 이후에 있는 '북 콘서트'하고 주말에 있는 '북 콘서트' 주로 다녔죠.

## 14
## 활동 에피소드: 유가족인지 못 알아본 사람들

**면담자**　　경찰이나 형사로 많이 오해받으셨다고 했는데 초기에는 그런 일들이 많았어요?

**세희 아빠**　　초기에는 내가 다시 내려갔을 때 실종자 가족들하고 이렇게 있으면 유가족이라고 생각하고 있는 사람들이 주변에 없었어요. 내 옆에 있었던 현철이 아빠나 현철이네 식구들이나 양승진 선생님 식구들 정도만 내가 유가족이라는 걸 알고, 그 외에 주변 사람들하고 나하고 잘 모르니까 [유가족인 걸 모르는 거죠]. 얘기를 잘 안 하고 그러잖아요, 유가족이라는 얘기를 내가 안 하면 누구 삼촌이니까, 대부분 '현철이 삼촌이나 되나 부다'라고 생각했던 사람들이 되게 많더라고. 또 거기서 현철이 아빠나 이런 사람들이 농담식으로, 나를 소개를 "어, 우리 저 동서야" 얘기를 하는 거예요. 현철이 이모부 정도로 알고 있는 거예요. 사람들이 다 그런 줄 알고 있는 거야(웃음), 유가족이라 생각을 못 하는 거야. 처음에는 그런 줄 알고 있었어요, 다 이모부나 삼촌인 줄 알고. 아무리 봐도 내가 유가족처럼 안 보이나 봐, 사람들이.

**면담자**　　서울에 올라오셔서도 그러셨다면서요?

세희 아빠　　　서울에 올라와서도 가족들이, 내가 유가족이라 얘기를 해야지 유가족인지 아는 거야. 유가족이라고 얘기를 해, 안 그러면은 몰라. 노란 티 입고 다니잖아요, 그거 입고 다녀도 '누구 삼촌이나 되나 부다' 생각하는 사람들이 많았어요. (면담자 : 유가족이라고 생각 안 하시고) 그쵸. 집사람이나 누구 아빠라고 얘기를 하잖아요. 그럴 때 사람들이 누구 아빠리고 하니까 그때서야 '유가족인가 부다' 생각을 [하는 거죠].

면담자　　　청운동에 부모님들은 출입 못 했는데, 아버님은 쉽게 들어가셨다고.

세희 아빠　　　청운동 일반인들 출입을 막고 있을 때 가족들도 못 올라가게 하는데 내가 경찰처럼 보였는지 통과시켜 주기도 하고 그랬어요.

면담자　　　그런 인상을 이용해 보겠단 생각은 안 하셨어요?

세희 아빠　　　이용해서 뭐 하게, 혼자 내가 청와대 들어갈 수 있는 것도 아니고.

면담자　　　얼굴이 많이 안 알려졌기 때문에 활동하는 데 편한 게 있다는 부모님도 계셔서요.

세희 아빠　　　실지로 가족들 많이 활동하는 사람들은 다 알잖아요, 유민 아빠는 특히나 모르는 사람이, 대한민국 국민이면 모르는 사람이 없잖아요. 나 같은 경우는 어딜 가도 유가족이라고 생각을 안 하는 거죠. 지금 그래서 실지로 나 직접 보고 내 얘기를 들었던 사람이 아

세희 아빠 임종호

니면 잘 몰라요. 광화문에 가도, 리본공작소를 가도 내가 유가족이 아닌 줄 아는 사람이 굉장히 많다고. 앞전에도 금속노조 조끼를 입고 며칠 전에 집회 했을 때 갔는데, 리본공작소[에 있는 사람에게] "아침에 몇 시에나 나오세요?" 그랬더니 나보고 어디서 왔냬. [내가] "안산에서 왔죠" [했어요]. 금속노조 조끼를 입고 있어서 더 그랬을지 모르겠어요. 한쪽에 옆에 저를 아시는 분이 "유가족이잖아" 그러는 거야(웃음). "아버님이시잖아" 그러는 거야, "아, 그래요? 몰랐어요" (웃음) 어디서 왔냐고 나한테 물어본 자체는 모르고 있었다는 [거지요]. "죄송하다"고 "몰랐다"고 한쪽에서는 "잘 안 올라오시니까 모르죠" 그러는 거야. "자주는 안 올라오는데 가끔 올라와요" [했지요].

## 15
## '북 콘서트'에서 나누는 이야기

**면담자**  피케팅 9반, 10반은 번갈아 가면서 하시는 거죠?

**세희 아빠**  예. 9반, 10반은 그 인원들을 나눠가지고 9반 갈 때는 10반이 안 가고, 10반이 갈 때는 9반은 여기 교육청 피케팅할 때 가고, 이런 식으로 나눠가지고 한 번씩 번갈아 가면서 그렇게 하더라고.

**면담자**  평일 낮 활동이나 이런 거는 힘드시겠네요.

**세희 아빠**  예. 낮에는 특별하게, 예를 들어서 항의 집회가 중요한 집회가 있다든가 그러면 휴가를 내고 가는 거죠.

면담자   노동 집회도 나가셔야 하고 바쁘시겠어요.

세희 아빠   노동 집회는 회사에서 파업하고 그럴 때 그 시간에 가는 거니까. (면담자 : 민중 총궐기도 나가셨었어요?) 그때는 구미 간담회 갔어요. 그게 한 달 전에 잡혀 있던 거라서 조합에다도 미리 얘기를 했죠. "그날은 나 못 간다", 조합 일정이 있는데 내가 먼저 잡아놓은 일정이라서 못 간다고 얘기했죠.

면담자   '북 콘서트'나 간담회에서 만난 기억에 남은 시민이나 학생들이 있었나요? 특별하게 기억에 남는 행사라든가.

세희 아빠   특별하게 기억에 남는 '북 콘서트'나 이런 건 특별한 건 없구요. 어차피 하는 얘기들이 상황에 따라서, 학교 가서 하는 거하고 일반 시민들 만났을 때 내용들은 달라질 수 있죠. 일반 학교, 대학교나 이런 데를 가게 되면 "처해 있는 현실에 대해서 학생들이 지금 사회 틀에 맞춰서 적응할려고 하고 그거에 맞춰서 경쟁할려고 하는 부분들만 있지, 잘못된 사회를 바꿀려는 의식들은 우리 학생들이 없는 거 같다. 분명히 바꿔야 된다는 건 인식을 할 건데 짜여진 틀에 맞춰서 내가 거기에 맞춰갈려고 하는 부분들만 있지, 잘못된 구조를 바꿀려고 하는 노력들은 지금 학생들은 안 하는 거 같다" 이런 얘기들 많이 하고, 다음에 "세월호 사건을 계기로 해서 대한민국을 제대로 된 나라로 바꿔봤으면 좋겠다" 이런 얘기 위주로 많이 하고. 시민 단체들 하면 "어른들 잘못으로 인해서 정말 아무것도 할 수 없는, 대한민국 어른으로서 산다는 게 우리 앞만 보고 살면서 너무 무책임하게 살아온 거 같다" 이런 얘기도 하고.

세희 아빠 임종호

결론은 "우리가 진짜 아프고 어쩌고 하지만 우리가 앞장서서 싸울 테니까 같이 싸우자"고, "제발 같이 싸우자"고, "바꿔야 되지 않겠냐, 우리는 희망도 없고 행복할 날도 없고 정말 웃는다고 해서 즐거워서 웃는 것도 아닐 것이고, 어딜 가도, 행복한 곳에 가도 행복을 예전처럼 느끼진 못할 거다. 근데 많은 사람들 시민들은 아직도 행복한 순간 순간마다 그게 행복인지 모르고 살지 모르는데, 정말 이런 아픔을 겪지 않는 한 그게 가장 큰 행복이다. 그 행복을 있을 때 지켜라. 소 잃고 외양간 고치지 말고 있을 때 제대로 고쳐서 그 행복한 삶을 끝까지 영위하라고. 같이 싸우자"고 그런 식으로 얘기하고, 그런 내용들[을 전하고 했어요].

## 16
## 위로가 되고 힘이 되는 시간: 간담회, '북 콘서트'

면담자 　　　　공방이라든가 여러 가지 세월호 활동이 있었는데 아버님에게 위안이 됐던 활동이 있을까요?

세희 아빠 　　　　저는 목공방도 안 해봤고, 목공방 하신 분들 대부분 직장을 다니시지 않은 분들이 위주로 하는 거고 '엄마공방'은 어머니들 하시는 거. 다들 그렇게 활동하는 게 저는 봤을 때 그것도 트라우마를 치유할 수 있는 한 과정이라고 생각을 해요, 생각을 하고 있고. 그 과정에서 내가 직장 다니고 있다라는 게, 전에도 얘기했지만 회사 가 있는 시간이 제일 힘들다고. 회사에 있는 시간이 제일 힘든 시간인 거 같고 시간이 빨리 흘렀음 좋겠는 시간…. 그래서 나 나름대로는 제일 저거 하는 시간들이 광화문 가서 시민들하고 얘기하는 것도 마음 편하고, 그다음에 간담회든 '북 콘서트'든 위주로 가게 되면 가서 우리 시민들하고 공감할 수 있고 같이 싸울 수 있다라는 그런 공간에서 많이 위로도 받고…. '아직도 우리를 믿어주고 같이해 줄 수 있는 사람들이 많이 있어서 행복하다'라는 생각 많이 들면서, 간담회를 가게 되면 그래도 힘을 얻고 싸워야 되겠다는 그런 의지도 많이 생기고…. 그런 생각이 들어서 가장 마음 편하고 즐거운 시간이라고 할 수 있을 거 같애요. 저는 그 시간이 오히려 치료를 할 수 있는 시간들[이었어요].

희망이 없는 대한민국에서 희망을 볼 수 있는 곳이 바로 그런 장소인 거 같기도 하고, 그래서 많이 위로를 받고 오죠. 많이 얘기를 하면 누군가가 내 얘기를 들어주고 하는 시간들이, 그 시간들이 정말, 길 가다 리본 하나 붙어 있는 차들 보게 되면 굉장히 '내 편이 하나 있구나' 하는 생각들도 들고….

## 17
### '그만 좀 하라'는 사람들

면담자    활동을 하시다 보면 화나는 경험들도 있으실 텐데 어떤 부분에서 화가 많이 나시던가요?

세희 아빠    가장 저거 한 거는 피케팅이던 서명전이든 하고 있으면 대부분 그런 얘기를 하는 건데, 나이 드신 할머니든 할아버지든 "이제 그만 좀 하라"고 이런 얘기들, "박근혜가 죽였냐"는 얘기, "보상받았으면 됐지 뭘 더하냐"고. "얼마나 받으려고 하냐", 자극적인 얘기들 있잖아요. 그런 얘길 하면 "알았다"고, "그냥 가시라"고 얘기하는데 괜히 역성 내시는 그런 분들이 계세요. 그런다고 그분들한테 설명을 한다고 해서 알아들을 거 같지도 않고 계속해서 싸움만 만들어져서 보내려고 하는데, 우리 어머니들 처음에는 많이 싸웠죠. 처음에는 많이 싸웠는데 지금은 다 알잖아요, 그런 경험들 많이 해보니까. 그러니까 그런 경험들이 많이 재산이 됐죠. 재산이 됐다는 게 좋은 건 아닌데, 면역이 됐다고 봐야죠. 면역이 돼서 그런 분들은 모르니까, 세상을 너무 모르고 사니까, 우리도 똑같이 모르고 살았던 사람들이기 때문에 그걸 뭐라고 욕할 수 있는 건 아니고, 근데 당해보니까 세상이 이렇다는 거 알게 됐고…. 물론 그 사람들도 똑같을 거예요. 만약에 본인들이 이런 상황들을 겪고 아픔을 겪었다면 그런 소리 못 하겠죠. '똑같이 경험을 해보게 되면 그 아픔을 알 수밖에 없겠구나'라는 생각들 때문에 자기가 보는 세상이 자기가 판단하는 기준이니까 그렇게밖에 생각이 안 들더라고.


## 18
### 배·보상에 대한 입장

면담자      아버님은 배·보상 관련해서 적극적으로 의견 피력을 하셨었죠?

세희 아빠      언제? 어디서지?

면담자      "돈 준다고 하면 자식 그렇게 보낼 수 있냐"고 하신 거요.

세희 아빠      그 간담회 가면 활동하시는 분들이 대부분 난감해 하시는 게 어떻게 대답을 해줘야 될지 모르겠대요. "아니, 다 보상해 줬으면 됐지. 더 이상 뭘 어떻게 바랄 거냐" 그런 얘기를 하시는 분들이 많대. 그러면 "그 얘기를 들으면 어떻게 얘기를 해야 되냐" 자꾸 얘기를 하더라고. 저는 그런 얘기 이렇게 답을 해줘요. "여러분들이 경험한 거나 저가 경험한 거나 똑같을 것이다. 근데 여러분들이 답을 못 찾았으면 나도 찾긴 쉽진 않다. 근데 나 같으면 이렇게 해줄 거다"라고 얘기를 해요. 어떻게 하냐면 "예를 들어서 '내가 10억을 줄 테니까 당신 자제분의 그 생명을 나한테 달라, 그러면 당신 보는 앞에서 내가 물에다 그대로 담궈서 죽이겠다. 그래도 가만있으시겠냐, 돈 받고 가만있겠냐'라고 해보면 어떨까요"라고 얘기를 해요. 좀 강한 거죠 이거는. 상대방이 들었을 때는 굉장히 화를 낼 수 있는 소지이기도 한데 "그렇다라면 당신은 잊고 조용히 사시겠습니까"라고 물어보면 그 사람들이, "'여기서 답변하지 마시고 집에 가서 생각해 보고 나중에 답변을 달라'라고 하면은 괜찮지 않겠냐"라는, 그런 얘기해 보기도 해요.

그게 가장, 역지사지라는 얘기를 생각을 못 해본 사람이 굉장히 많거든요. 왜? 자기 자식은 있으니까, 자기 자식은 지금도 있으니까 그런 거 생각을 안 해볼 수 있죠. "근데 만약에 어느 날 갑자기 그런 제안을 받는다면 어떻게 하시겠냐", 들어보시는 [분은] 저는 그렇게 명쾌한 답을 준 거 같지 않은데, 명쾌한 답을 들은 거처럼 그렇게 생각하시는 분도 있더라고. (면담자 : 가족분들 중에서?) 아니, 간담회 가면 활동하시는 분들이 명쾌한 답은 아니거든요, 제가 생각해도. 하도 답답한 분들이 그런 얘길 하니까, 그렇게 하면은 그 사람 더 자극받을 수도 있겠죠. "당신 같으면 10억 주면 아드님, 자식, 따님이든 생명을 달라 나한테, 그럼 10억 줄 테니까. 그럼 줄 수 있냐. 줄 수 있다면 당신이 보는 앞에서 물에다가 수장시켜도 아무 말하지 말아라. 그럼 가만있겠냐" 그렇게 얘길 한다라면 어떨까라는, "10억 주고 사겠다, 내가. 그러면 팔겠느냐" 이거잖아요. 그런 얘길 하는 거죠.

저는 써먹어 보진 않았어요, 써먹어 보진 않았는데⋯. 왜냐면은 저는 그 사람들하고 얘기하면 괜히 화만 나니까, 그런 얘길 하기 싫기 때문에 피하고 말아버리고 보내버리고 "그만하시라"고 자꾸 얘기하면 "됐으니까 가시라"고 이런 식으로 얘길 해버리니까⋯. 그렇게 결국은 그렇게 맞닥뜨리고 싸울 일은, 어머니들하고 싸우면 말리는 편이니까, 해봤자 괜히 마음의 상처만 받지, 더 화만 나고 화병만 나지 싸울 저거만 아니잖아요. 거기다가 괜히 내 힘을 쏟을 필요는 없잖아요.

면담자　　　배·보상 문제가 일반인들을 호도하는 데는 굉장히 효과적이었던 것 같아요.

세희 아빠　　　그쵸, 실제로 그 내용들을 보고 측은지심을 가졌던 시민들도 많이 돌아섰던 부분이 사실상 그렇죠. 그니까 정부가 언론플레이를 굉장히 잘하는 거죠.

면담자　　　여론이 반전됐다는 체감을 하셨어요?

세희 아빠　　　실지로 주변에서 그 발표가 나고 나서 저는 직접 못 봤는데 집사람이 그러더라고. TV가 밖에서 보이는 매장들도 있잖아요,

지나가던 사람 여기서 이렇게 TV를 보면서 그런 얘기를 실제로 들었다고. "어, 로또 맞았네" 이런 식으로 얘기를 하는 시민들을 봤다더라고. 봤을 때는 이미 그 사람이 본 건 돈밖에 안 보이는 거죠, 그 상황 전후는 따지지 않고 돈만 보는 거[죠]. 그거 봤을 때는 가족들의 실망감들은 말할 수 없죠. 그런 것들 때문에 많이 상처도 받기도 하죠. 물론 돈이라는 게 살아가면서 가장 중요하긴 하지만 사람 생명을 놓고 돈으로 딱 저렇게 매겨버리고 끝내버리려고 하는, 저는 그런 생각을 많이 해요. 간담회 가면 이런 얘기를 많이 하는데, "나는 내 자식이 죽어서가 아니라 대한민국에서 국가 책임에 구조하지 못하고, 이런 참사들을 경험을 했더라면 나는 한 1000억을 주고, 2000억을 주든 그 정도는 받아야 된다고 생각을 [한다고]" 그런 얘기를 해요. 의아해하죠, 왜 그렇게 사람 목숨 비싼가 생각을 할 수 있잖아요.

근데 '그 정도를 책정을 해놔야 대한민국에 있는 정치하는 사람들이 국민의 생명의 소중함을 알 거 아니냐'라는 생각 때문에 그런 얘기를 해요, "돈의 가치를 따지면 그 정도는 받아야지 국민의 생명이 소중한지 알 거 아니냐" 자꾸 돈을 얘기하니까, "그 정도는 받아야지 내 자식에 대한 값어치라고 나는 생각을 한다"라고. 돈으로 측정을 하고 싶어 하는 사람들은[한테는] 그렇게 얘길 하지. "그래야지 국가가 국민 한 사람 한 사람의 생명을 소중하게 여길 거 아니냐" 그런 얘길 해요. "'당신이 죽게 생겼으면 10억 주면 되니까 그냥 냅둬 죽게' 하면은 될 거 같냐" 이거지. "1000억 정도 든다고 하면은 국가도 '살려야지'라는 생각을 할 거 아니냐" 그런 생각. "돈으로 사람 값어치를 따진다면 천억, 수천 억은 줘야지 되지 않겠냐" 이런 얘길 하는 거죠.

세희 아빠 임종호

면담자     가족분들도 생각이 많이 다르시죠? 안산 가족분들하고 다른 지역 가족분들하고도 생각이 다르실 수도 있고.

세희 아빠     글쎄요. 좋은 예인지 아닌지 모르겠는데 예전에는 보상금 지급 시기가 3년인가 됐었다 하더라고. 근데 실질적으로 3년이란 시간, 기간 동안에 많은 사람들이 돈이 없어서 힘들어하는 이런 것들 때문에 6개월인가 이걸로 바뀌었다고. 그래서 4월 달에 발표하고 나서 9월 말까지 했던 그 배·보상 신청 기간도 이런 기간들이 있었던 거고. 예를 들어서 일반 사고라면, 당연시 얘기하는 것은, 교통사고를 얘기하듯이 그런 사고라면 기간이 짧으면은 아무래도 형편 어려운 분들한테 좋을 수 있겠죠. 근데 우리는 너무나도, 전 국민들이 구하지 않는 모습을 봤잖아요, 구하지 않는 모습. 가만히 손 놓고 있는 모습들을 봤기 때문에 이거는 사건이지 사고가 아니에요.

그런 것들을 너무나 잘 알고 있기 때문에, 마치 기다렸다는 듯이 6개월 만에 정리를 해버릴려고 할려는 게 잘못됐다는 거죠. 모든 사건 사고가 발생이 되면 진상 규명을 먼저 하고 배·보상 기간을 책정을 해야 되는 게 맞잖아요. 진상 규명이 끝난 다음에 6개월에 기간을 두고 해야 되는 게 맞는데, 진상 규명하기도 전에, 시작도 전에 발표를 배·보상 신청, 그니까 돈부터 받고 진상 규명하자 이거잖아요. 순서가 분명히 [아니죠]. 초등학생들도 이건 알 수 있는 내용이잖아요, 잘못됐다는 거. 그니까 납득이 안 가는 거죠. 물론 생활이 힘들고 어려운 분들한테는 배·보상 신정하고 당분간 살아갈 수 있는, 숨은 놓을 수 있는 부분들이 되겠죠. 대부분 우리 가족들이 직장 그만두신 분들이 많고, 솔직히 그 와중에 가정불화로 인해서 각자의 다른 길들을 가시는 분들 계시고 하다 보니까 굉장히 힘들어요. 제가 알기로 이런 얘기를 듣기로만 해도 반 이상은 이미 다른 길을 가고 있는 분들이 굉장히 많더라고, 나름대로 살아가야 되잖아.

그런 부분들 때문에 말 그대로 정부에서 얘기했던, 한꺼번에 받을 수 있는 목돈들이라고 하면 좀 더 나을 수는 있겠죠. 그치만 그게 생각했던 거처럼 목돈은 아니에요. 그렇기 때문에 말 그대로 직장 없고, 아무것도 할 수 없는 사람들한테는 곶감 빼먹듯이 하나씩 빼먹으면 마는 돈들이라서 굉장히 힘든 거죠. 사실상 지금 가족들 중에는 모든 생업을 접고 진상 규명에 매달리는 가족들 굉장히 많잖아요. 그런 분들한테는 사실상 정말 힘든 시간들이고 생활고에 힘들 수 있는데, 그런 돈들이 어쨌든 한숨 돌릴 수 있는 이런 분들도, 사실상 결론은 그 돈 가지고 자식이 진짜 힘들게 간 상황들을 아는데 그 돈을 부모가 마음대로 쓸 수 있는 돈이 아니잖아요. 그런 부분들 때문에 정말 가슴 아픈 돈인데 그 돈을 어떻게 써요. 로또라고 하면은 맘대로 쓸 수 있는 돈이잖아요. 로또는 아니라는 거죠. 그 돈을 마음대로 쓸 수 있어야지 로또지, 그런 돈이 아닌데 마치 그 돈을 흥청망청 마음대로 쓸 수 있는 돈처럼 얘기를 한다는 자체도 말이 안 되는 거죠.

그런 걸 봤을 때는 그런 거 같애요. 돈은, 요즘 세상이 하도 저거 해서 패륜들이 많이 나오고 패륜아들이 많이 나와서 그런지 몰라도, 그렇게 판단하고 싶게, 세상을 살아가면서 한번 뒤돌아볼 수 있는 조금의 마음의 여유가 있다면 우리 아픔을 생각해 보는 게 더 사람다운 생각이 아닌가 그런 생각이 들고, 그래서 그런 얘기 들을 때마다 '그래 내 돈하고 니 자식하고 내 자식하고 바꾸자' 이런 생각을 많이 하게 되

세희 아빠 임종호

죠. "내가 돈 줄게. 내가 거짓말 안 하고 있는 내 재산 달라 하면 다 줄 테니까, 내 자식만 줘" 그런 식으로 얘기를 하고 싶어요. 그런다고 바뀌는 게 아니기 때문에 싫은 거죠. 우리 가족들이 대부분 그런 얘기를 많이 해요. "내 전 재산, 진짜 길거리에 나앉더라도 내 자식 돌려줘. 그럼 어떡해서든 살게" 그런 생각 얘기하시는 분들 되게 많거든요.

## 19
**가족, 회사생활에서 받는 아픔, 종교적 신념의 변화**

**면담자**   그것 때문에 지인과 멀어진 분들도 있으시겠네요.

**세희 아빠**   회사 가서도 가끔가다 얘기하다 보면 "세월호 어떻게 됐냐" 이런 얘길 하는데, 나중 가면 대부분 보상을 어떻게 받았냐가 궁금한 거 같더라고. 그래서 얘기를 잘 안 해요, 왜냐하면 '저 사람이 나한테 궁금한 건 최종적으로 보상일 거다'라는 생각 때문에. 물론 안 그런 사람들도 있어요, 안 그런 사람들도 많이 있는데 그 얘기를 한다는 자체가 나중에 혹시나 저 사람이 나한테 실망감을 안겨줄까 봐 얘기하기가 싫은 거예요, 나중에 보상이 어떻게 됐나 궁금해할까 봐. 결론은 그걸 물어본다는 자체는, 세월호 사고가 어찌 됐든 그게 궁금한 게 아니라 '진상 규명이 어떻게 돼가고 있다' 이게 궁금한 게 아니라, 그게 궁금하다면 얘기를 해주겠죠. 나중에 가서 물어보면, "보상은 받았어?" 얘기를 하는 거 보면 결국은 궁금한 게 그거였구나라는 생각이 들어요. 그런 거 때문에 회사가기 싫어지는 이런 것도 있어요. 그런 것도 요인이 될 수 있죠. "받았어, 안 받았어" 얘기를 하는 거고, 그런 식으로 궁금해하면 "10원도 못 받았다"고 귀찮으면 그렇게 얘기를 해버리고, "왜 못 받았는데?" 이러기도 하고.

TV만 봤으니까, 마치 모르는 사람들이 TV에서 나온 걸로 다 받은 줄 알고 있는 사람들도 많고 그런 상황들이죠. 주변의 가족들이 특히 나 더 많이 상처를 주는 거 같아요. 실지로 우리 가족들 보면 명절 때고 집안의 행사가 있어도 안 가잖아요, 잘. 명절 때 제일 가서 보기 안 좋은 모습이, 가족들이며 조카들이 다 모여 있는데 내 아이만 없는 모습이 싫고, 항상 같이 있었던 자리에 없으니까 그런 모습이 일단 싫고…. 그다음에 제일 가까웁게 나를 이해하고 해줄 거 같은 가족들이 오히려 더 모르고 있고, 더 빨리 마음 정리를 하라고 하는 이런 모습들을 보면 '어떻게 저럴 수가 있지. 내 형, 형제가 맞어?'라는 생각이 드는 거죠. 그런 것들 때문에 한두 번 정도 전화가 와요. 가족들한테 사실상 전화가 오면, "마음도 좀 잡고 제대로 된 정상적인 생활을 해야 되지 않냐" 이런 얘기를 하는 거예요, 그 얘기가 제일 듣기 싫은 얘긴데.

"아니, 당신 같으면 제대로 그 말을, 이렇게 제대로 된 생활을 할 수 있다는 게 말이 되는가?" 하다못해 처음에 장례하고 할 때 "유품 정리나 이런 거 싹 하고 태울 거 태우고 이러자"고 하는 형제들도 있어요. '그건 내가 알아서 할 문젠데 왜 자꾸 그걸 집착을 하지?'라는 생각이 [들지요]. 유교적인 사람들 많잖아요. 그래서 딱 왔는데 얘기를 듣고 왔는데, 정리를 할까? 해야 된다고 하니까는 생각도, 하고 할라 그랬는데 도저히 못 하겠는 거예요, 그니까 안 했죠. 결론적으로는 나만, 우리만 그런 게 아니라 다른 가족들 대부분이 안 했어. 방들 그대로 두잖아, 그대로 있어요. '내 아이를 기억할 수 있는 게 이건데 그걸 없앤다는 게 말이 되나' 싶더라고요. 근데 그런 부분들을 요구하는 게 가족들이라고. 그래서 결론은 광화문이든 어디든 그렇게 우리가 싸우고, 시민들하고 같이 싸우고 했던 부분이, 물론 같이하고 같이 싸우는 가족들 있죠, 있어요. 열이면 열 다 다른 사람 같지 않거든요. 같이 입장, 내 자식처럼 같이 행동해 주시는 분들도 있지만 그렇지 않은 분, 형제들이 더 많다는, 그래서 더 가슴이 아프더라[고요].

그래서 가족들한테 전화 오는 게 반갑지도 않고. 하다못해 전화가 안 왔으면 하는 그런 바램[이 있어요]. 지금은 전화가 잘 안 오더라고. 내가 하지도 않고 오면은 좋아하지도 않거든. 전화하면 통상적으로 "예, 아니요, 예"로 끝나버려요. 그런 얘기를 하면 사람이 눈치라는 게 있잖아요. "전화받기 싫은가 보구나"라는 그런 게 있잖아요. 마지못해서 받는 저거가 되니까 안 하더라고. 눈치를 챘는지 어쨌는지 모르겠지만 자기는 나를 위해서 조언이라고 하고 하는데 그게 나한테는 되게 싫은 거예요. 차라리, 같은 서울에 살아도, 광화문에서 우리 노숙하면서 싸우고 있어도 한 번도 안 찾아오고, '그런 사람들이 어떻게 가족이라 할 수 있겠나'라는 생각들 때문에…. 물론 저는 수많은 연대투쟁을 하고 그래 봤으니까 내 기준에서 더 이해가 안 갈 수 있죠, 하지만 일반 평범한 시민들이 봤을 때는 그게 정상적인 거니까. 우리 상황들이 어떤 상황이라는 걸 제대로 알아보려고 노력들조차도 안 한다는 거죠, 가족인데.

그런 게 너무 실망스러워 갖고 좀 더 회피하고 그러게 되는 거 같

181

3회차

애요. 나는 우리 3월 달이면 아버지 제사고 하는데 작년에도 안 갔고 그 전년도에도 안 갔고, 그 전년도에는 갔나? 갔구나, 사고 나기 전이니까.

면담자        제사는 어디서 하시나요?

세희 아빠     시골집에서요. (면담자 : 시골집에 아직도 모시는 분이 계세요?) 아니요, 그냥 빈집으로 있어요. 빈집으로 있고, 시골 떨어진 동네에 우리 형님이 살아요, 누님도 살고. 그래서 [제사를] 하는데 유일하게 가족들이 전체 모이는 게 제사 때[예요]. 어머니도 안 계시고 아버지도 안 계시고, 제사 때 모이는데 저는 안 갈 거예요. 사고 난 이후에 종교도 별로, 나는 좀 그렇지만 더구나 죽은 사람을 섬기는 자체가…. 저는 종교는 기독곤데 교회를 안 다녀요. 안 다니는데 종교는 기독교라고 나는 신념을 갖고 살고 우리 부모님 돌아가실 때도 절도 안 하고, 왜 절을 안 하게 되냐면 저는 신념 하나 딱 가지고 있는 게 '죽은 사람이 살아 있는 사람보다 위일 수 없다'라는 생각이 딱 있는 사람이라서, 그래서 죽은 사람한테 절을 안 해요. 그게 제 신념이고 그렇게 믿고 살아왔고.

그리고 사고 나고 나서 한번 어머니 묘하고, 아버지 묘하고 갔어요. "내가 왜 이렇게 이런 일을 겪어야 되냐"고 그래서 진짜 "죽어서도 나를 위해서 해줄 수 있는 게 있었을 건데 왜 이렇게 내가 이런 겪게 했냐"고 원망을 하러 갔어요, 많이 울기도 했고 거기 가서. 그래서 "다시는 죽은 사람을 나는 섬기지 않을 거고, 죽은 사람 믿지도 않을 거고, 죽은 사람한테 의지하지 않을 거다"라는 [결심을 했죠]. 하다못해 목사님 아들도 데려가는데, 그런 사고로. 그런 생각들을 하다 보니까 더 그런 생각이 들더라고. 죽은 사람 절대 섬기지 않을 것이고, 그런 건 확고해지고. 그래서 형제들은 죽은 조상들 섬기고 제사도 지내고 할지 모르겠는데 나는 안 할라고 [해요]. 부모 잘못 만나서 부모가 지켜주지 못해서 내 자식을 먼저 보냈으니까, 내 자식은 죽어서나마 내가 챙겨야 될지 모르겠지만 먼저 간 사람들, 부모들에 대해서는 그러고 싶은 생각이 안 생기더라고.

내가 맞다, 틀리다 이런 게 아니라 내 생각은 그래요. 종교도 그래서 지금 교회를 안 다니는 이유가 그거잖아요. 내가 마음이 누군가 용서할 수 있는 마음이 생길까 봐서 교회도 안 나가고, 나중에 내가 그런 생각이 든다면 교회도 나가고 회개도 하고 그럴 생각이 있으면 모르겠지만, 지금은 그 누군가도 용서하고 싶은 생각이 없어요. 그래서 더 종교의 힘을 빌릴려고 하지 않는 거죠. 나의 내 안의 분노를 삭이고 싶은 생각은 없어요.

면담자        내일 마저 할까요?

세희 아빠      또 있어요? 질문할 거?

면담자        네, 오늘 3차 구술 여기서 마치도록 하겠습니다. 4차를 또 진행할 예정입니다.

# 4회차

2016년 2월 10일

## 1
## 시작 인사말

면담자     본 구술증언은 4·16 사건에 대한 참여자들의 경험과 기억을 기록으로 남김으로써 이후 진상 규명 및 역사 기술에 기여 하고자 합니다. 지금부터 임종호 씨의 증언을 시작하겠습니다. 오늘은 2016년 2월 10일이며, 장소는 안산시 단원구 4·16기억저장소 전시관입니다. 면담자와 촬영자는 김아람입니다.


## 2
## 청운동 활동

면담자     오늘은 활동 중심으로 여쭤보겠습니다. 서울에 오셔서 가장 먼저 한 활동은 어떤 거였나요? 청운동인가요?

세희 아빠     네. 청운동에서 그때 천막이 쳐지기 전이었고 천막 칠려고 비니루[비닐] 바닥에 깔아놓고 거의 땡볕에 있을 때죠. 땡볕에 있을 때면 우산으로 가리고 있고 이런 식으로 있다가 그다음에 시간이 지나면서 위에 비니루도 쳐 있고 그런 상황이죠, 밑에 스티로폼 깔고 있고. 처음에는 돗자리였다가 그다음에는 천막까지 치고 이런 식으로 진행됐었던 거죠. 매일 아침에 거기서 상주하면서 처음에는 돌아가면서 이렇게 자고, 있다가 교대로 해서 다음 날 버스로 올라와서 교대하고 이런 식으로 진행이 됐죠. 그게 계속됐죠, 특별법 제정이 될 때까지.

면담자      복직하시기 전까지 청운동에 많이 가 계셨던 거예요?

세희 아빠    매일 그때 몇 명 정도만 남고 올라갔다가 내려갔다 계
속해서 그렇게 했죠, 그리고 광화문까지. 광화문에도 있다가 위에도
올라가서 사람이 많이 없으면 위에도 올라가 있다가, 거의는 청운동
에 많이 있었던 것 같애요. 그리고 광화문에도 가끔 행사가 있으면 거
기 가서 집회 같은 거 하고 그러면 발언도 하고 시민들 오면 간담회도
하고 그런 식으로 왔다 갔다….

면담자      청운동에서 식사나 생활은 어떻게 하셨어요?

세희 아빠    그 주변에서 먹는 거나 이런 거는 시민들이 많이 갖다
주시고 해서 먹는 거는 부족한 게 없었고, 식당도 주변에 많이 있잖아
요, 거기 가서 먹기도 하고.

면담자      정부나 기관에서 지원하는 건 없었나요?

세희 아빠    시청에서 지정을 해서 우리가 가서 몇 명 먹은 거 인
원 파악만 하고, 이름 쓰고 하면 시청에서 식대나 이런 것들을 지원
해 줬죠.

면담자      청운동 주위에 식당을 몇 곳 지정해 줬나요?

세희 아빠    광화문도 마찬가지고 식당이 몇 개 있으면 거기 지정을
해놓고, 매일 똑같은 거를 먹을 수가 없으니까, 식당 몇 개 해놓고 거
기서 가서 이름 쓰고 하면 몇 명 먹은 거 확인만 해놓으면 시청에서
계산을 해주고 이런 식으로 [했어요].

면담자      화장실은 어떻게 하셨어요?

세희 아빠　　　청운동에 동사무소 화장실을 이용하고, 거기도 시민들이 사용하는 공간이다 보니까 아무래도 많이 깨끗하게 했어야 되니까, 거기서 1박을 하거나 다음 날 아침 되면 어머니들이 대부분 청소나 이런 것들 다 해다 놓고 치워놓고, 거기서 세면도구나 이런 것들이 있으니까 일과 시간 때는 싹 치워놓고, 그다음에 저녁 되고 하면 씻고 하는 그런 게 있으니까, 그런 식으로 해서 계속해서 있었던 거 같애요.

## 3
## 특별법 제정 서명

면담자　　　6월부터 세월호 특별법 제정을 촉구하는 천만 서명운동으로 거리 서명과 버스 투어 있었는데 아버님도 참여하셨나요?

세희 아빠　　　저는 서명받으러 다닐 때 그 시기에 진도에 있었어요. 그래서 각 반별로 해서 이렇게 지역을 나눠서 차로 다니면서 서명을 받으러 다니고 이렇게 했던 것 같애요, 먼 거리 같은 경우는 1박 2일씩 가기도 하고. 그래서 서명을 그렇게 해서, 부모님들이 시민들이랑 같이 계속해서 서명 진행을 하고 그러고 다녔죠.

면담자　　　완료는 언제쯤 되었나요?

세희 아빠　　　서명 전달한다고 할 때 있잖아요? 그때까지 계속 진행이 됐었고, 그 이후에도 서명들이나 이런 부분들은 특별법 제정이 될 때까지 계속해서 진행을 했어요. 우리 가족들은 계속해서 서명을 받

으러 다니는 행동을 하는 거보다, 그 이후에는 [서명을] 대부분 시민사
회단체에서 많이 했었고, 가족들은 대부분 서울 광화문이나 청운동에
집결을 했었고, 그때는 거의 매일 집회나 이런 것들이 있었기 때문에
항상 그런 데 계속 가족들은 집중을 했었고…. 그때도 이미 가족들이
많이 지치고 힘들어 있는 상황들이라서, 힘들어서 많이 못 나오는 부
모님들도 있었죠.

면담자    아버님 올라오셨을 때는 수사권, 기소권 합의안이 계속
갈등하던 때였죠?

세희 아빠    한창 시끄러울 때, 그때였고 그때 특별법은 제정될 것
같은데 "수사권이나 기소권은 절대 줄 수 없다"라는 식의 여론몰이들
을 했었던 [때였죠]. 공중파에서 그런 식으로 계속해서 방송들이 나오
다 보니까 누구나 다 알지만, 알고도 속는 매스컴이 정치하는 사람들
의 대변인 역할들을 했었던 [거지요]. 우리가 원하지 않든, 원하든 전혀
상관없이 특별법이 제정됐었기 때문에 정치적인 자기네들의 여와 야
의 합의로 해서 만들어진 거죠. 하여튼 전혀 우리 의지와는 전혀 상관
없이 진행이 됐던 거라서 허무했죠. 정말 야당에 바랐던 마음들이 우
리가 원하는 전혀 다른 방향으로 진행이 됐었기 때문에 야당에서는
"어쩔 수가 없다, 이거밖에 할 수가 없다"라고 그런 식으로 마무리를
했던 거라서 허탈한 그런 마음이죠. 지금 진행되는 상황들을 보면 청
문회가 있었어도 한계가 있잖아요. 수사나 기소가 할 수 있는 부분들
이 안 되기 때문에 말 그대로 조사로 끝날 수밖에 없는 상황들이라서
허무한 생각만 더 들고, 지금 생각하면 '끝까지 싸워줬으면' 이런 생각
도 들죠. 야당이 그런 역할을 했어야 되는데 그런 부분을 못 했기 때

문에 더 많이 안타깝죠.


# 4
# 대리기사 폭행 사건


면담자    그래도 희망을 가지고 계셨나요, 아니면 상황을 보니 어렵겠다는 생각을 하셨나요?

세희 아빠    저는 생각으론 딱 이 생각이 들더라고. '아, 힘들겠구나'라는 생각. 그때 이미 그 시점에 대리기사 폭행 음모랄지 이런 부분들이 계속 만들어졌기 때문에 그런 부분들이 딱 터지고 나니까는 '아, 힘들겠구나'라[는] 생각들이 딱 들더라구, 모든 언론들이 그거를 중점적으로 떠들었었기 때문에. 상대적으로 많이 다치고 했던 사람들은 사실상 우리 유가족들인데 그런 부분 전혀 부각이 되지 않았고, 사회적 약자인 대리기사 폭행한 걸로 해서 보도를 매스컴이 장악이 돼 있기 때문에 국민 여론들이 이미 힘든 상황으로 만들어지지 않았나. '그런 생각들 때문에 힘들겠다'라는 생각. 사실상 그 시점에는 저뿐만 아니고 우리 가족들이 대부분 그런 생각을 하지 않았나 이 생각이 들어요.

면담자    대리기사 폭행 사건에 대해 자세히 말씀해 주실 수 있을까요?

세희 아빠    글쎄요. 저도 직접 목격자가 아니라서 들은 얘기로밖에 할 수가 없는데, 직접적인 옥신각신하는 이런 거는 있었는데 사실상 주변에 있던 사람들이 말린다는 핑계로 해서 많이 폭행을 했었나 보더라고요, 가족들을. 실질적으로 술을 취한 사람들이니까 맨정신인 사람보다는 모든 정황들이나 이런 것들이 불리한 상황들이었겠죠. 그러다 보니까는 실질적으로 우리 유가족은 팔도 부러지고 이빨도 다 나가고 이런 식의 상황으로 구타를 당했었는데, 상대적인 사회 통념 상으로 대리기사가 사회적인 약자로 이렇게 인식이 돼 있기 때문에 그런 것들 때문에 피해자가 가해자가 돼 있는 상황이었고, 그런 상황들이 굉장히 연출이 된 거 같아요, 사실상은 피해잔데. 여론 때문에 피해자가 가해자가 돼 있는 상황이었다라고 할 수밖에 없을 거 같아요, 실질적으로 얘기 들어보니까, 술이 거의 만취상태였다 보니까.

**면담자**  가족분들이요?

**세희 아빠**  네. 실제로 맞은 거나 이런 것도 잘 기억을 못 하고 이런 상황들이었는데, 실지로 정황상 보면은 말리는 상황에 있는 사람도 있었고 결국은 그냥 맞은 거예요, 정신이 없으니까. 그래서 나중에 CCTV나 이런 것들을 찾으러 다닌 게, 방송에서는 은폐할려고 이렇게 나왔다 얘길 하잖아요. 사실상 자기네들이 맞았으니까 그 맞은 영상들이나 이런 것들을 확보할려고, 그런 정황들을 좀 찾을려고 해서, CCTV나 이런 것들을 찾으러 다녔던 건데 사실상 그런 게 방송에서는 은폐할려고, 찾아서 지울려고 이런 식의 음모설이 나오고 했었잖아요. 정황상으로는 피해자인 거죠. 근데 이미 방송에서는 가해자로 비춰져 있었으니까, 얘기를 해도, 해명을 한다고 해도 언론에서는 이미 그런 부분들 실어주진 않으니까, 공중파가 굉장히 잘못된 거죠, 공정보도가 아니었죠.

# 5
## 특별법의 문제

**면담자**　야당 쪽에서는 특별법 제정 과정에서 가족분들하고 면담을 잡아서 하거나 그런 적이 있나요?

**세희 아빠**　계속해긴 했는데, 했을 때 우리가 얘기하는 건 다 그거잖아요, "수사권, 기소권이 없으면 안 된다"라고 얘길 했는데, "알았다"고 얘기하고 갔는데 결론은 야당 대표가 들어가서 자기 맘대로 합의를 하고 온 상황이었으니까 말을 못 하는 거죠. 그 이후에 말을 하고 계속 항의를 해도 번복하지 않더라고. 그때 박영선 그 사람이 딱 그렇게 합의를 해버리고 사인하고 나와버리니까 아무런 방법이 없죠. 그러다 보니까 뻥찐 거죠. 기존에 우리가 얘기했던 "최소한 이 정도는 돼야지 된다"라는 최저 마지노선이 있었는데 그마저도 계속해서 야당 대표, 여당 대표가 그랬잖아요, "대표권을 주겠냐" 이런 얘길 하잖아. 대표권을 주는 게 아니라 우리가 원하는 게 이루어진다면 대표권이고 뭐고 그런 게 중요한 건 아니거든요. 근데 계속해서 그런 이유로 들어주지 않는 거죠.

　앞전에도 얘기했지만 나라가 잘못돼 있는 거죠. 우리가 진상 규명을 하는 데 있어서 어떤 조건이 달리는 건 아니잖아요. 수단과 방법을 가리지 않고 진상 규명을 하기 위해서, 정부가 밝히기 위해서 노력을 해야 되는. 그거 여당하고 야당이 필요한 게 아니잖아요. 진상 규명에 있어서 여당이든 야당이든 어떤 이권에 대한 부분이 아니기 때문에, 말 그대로 사건에 진상을 밝히기 위한 노력인데 여당이든 야당이든 최대한 밝힐 수 있는 방법이 있다면 모든 수단과 방법을 가리지 않고 해야지 되는데 그걸 안 하겠다고 하는 거니까…. 여당이 우리가 봤을 때 여당은 범인으로 보이고, 야당은 그걸 밝히려고 하는 사람들로 보이니까 웃기잖아요. 초등학생이 봐도 웃을 일이거든요. 근데 자연스럽게 사회 통념상 국민들이 봤을 때도 그러려니 하고는 이해를 하고 간다는 것도 웃긴 거고, 이해가 안 되는 세상이죠, 그런 부분들.

6
**특조위 위원장 설득**

**면담자**      특조위 구성될 때 어느 분이 들어가서 협의를 하셨나요?

**세희 아빠**      특조위 만들 때요? 특조위 구성할 때는 가족들이 이러이러한 사람들 예상 명단을 취합을 해서, 물론 여당 쪽에 추천 인사들은 전혀 우리하고 관계가 없는 사람들이고, 야당 쪽하고 가족들 추천 인사들 한 열몇 명 정도 이렇게 딱 있으면 위원장, 최종 위원장을 저희가 선임할 수 있는 권한이 있었으니까, 이석태 위원장, 처음에 특별법 초안을 만들었던 분이라서 강력하게 '그분이 들어가야지 맞다'고 생각을 해서 가족들이 계속해서 이석태 위원장을 [원했죠]. 한참 처음에 저희들이 얘기하니까 "자기 못 한다"고 계속해서 했거든요. 우리 어머니들이 많이 집 앞까지 가서 계속 며칠 동안 쫓아다녔어요. 그래서 최대한 설득을 해서 "위원장 맡아달라"고 이렇게 해서, 그때까지도 계속 완강하게 "자기는 못 한다"고 말씀을 하시다가 부모님들이 몇 주

동안 쫓아다녔나 그럴 거예요. 계속 일주일 이상 집 앞에서 죽치고 있다가 나오면 가서 사정하고, 사정하고 그런 식의 어머니들이 고생을 많이 하시고, 매일같이 스토커처럼 쫓아다니면서 사정사정해서 승낙하게 됐던 과정들이 있었어요.

**면담자**    고사한 이유는 뭐였어요?

**세희 아빠**    아무래도 이 사안이 특별하고 힘들 거라는 걸 알기 때문에 그랬겠죠. 특별법이 수사권이나 기소권 이런 것도 없기 때문에 활동하다 보면 분명히 주변에 적이 많이 생길 거고, 그런 부분들 염려가 되지 않았겠어요? 분명히 심적인 부담감도 많이 있을 거고 자기 뜻대로 이루어지는 게 쉽지가 않을 거고, 그다음에 해수부 여당 추천 위원들 문건들이나 이런 거 나오잖아요. 그런 부분들이 계속해서 나올 거라는 걸 다 예상을 하죠. 만약 지금까지 진행되었던 거, 사회 부조리에 싸우는 사람들 많이 봐왔잖아요. 그러니까 힘들 거라는 걸 당연히 알기 때문에 부담이 됐겠죠. 그래서 힘든 일을 택하게 되면, 하기로 마음먹으면 흐지부지할 수 있는 이런 입장도 아니었기 때문에 그런 부분들이 부담이 됐던 건 사실이었죠. 아무튼 우리가 아는, 그러니까 우리가 최대한 할 수 있는 일이 '그런 사람들이…, 제대로 싸울 수 있는 사람들이 있어야 되지 않을까'라는 그런 생각들 때문에, 계속해서 우리는 부담이 될 거라는 건 알지만 지푸라기 잡는 심정으로 그렇게 해서 쫓아다녀서 어쨌든 할 수 있게 됐던 거 같아요. 부담감들 때문에 하기 힘들다고 얘길 했었겠죠.

**면담자**    위원장 추천하실 때도 가족분들 전체 회의나 이런 데서 동의를 얻고 하신 거였어요?

**세희 아빠**    사실상 우리가 가족들 전체가 한 사람 한 사람에 대해서 다 알진 못하거든요. 다 알지 못하는데 "이러이러한 사람들이 있다"라고 공유만 했었고, "여기에서 유력하게 어떤 사람이 어떤 사람이다" [하는] 이력이죠, 이력 정도만 딱 설명을 하고 집행위 회의나 확대 운영위 회의, 전체 간부, 반 대표 다 [참여하는 걸] 확대운영위 회의라고 하는데 간부들 중에서 그 사람들의 이력에 대해서 자세히 설명을 듣는 시간들이 있었고, 그 사람들 사이에서 "그러면 이러이러한 사람들이 좋겠다"라고, 왜냐하면 계속해서 특별법 만들어지기 전부터 준비 과정에서 같이 접촉하고 있었던 변호사님들 많이 있었기 때문에 그분들 중심으로 해서 많이 자문을 구해서, 인물들에 대해서 성향들이나 이런 부분들을 들으면서 "거기서 어떤 분이 했으면 좋겠다"라고 간부들 회의 중에서 논의가 돼서 추천 인사들을 추천했던 거죠. 결정적인 건 임원들 회의에서 결정이 돼서 [추천을 한 것이고요].

<br>

### 7
## 1차 청문회

<br>

**면담자**    2015년 12월 14일 오전 9시 30분에 YWCA 대회의실에서 1차 청문회가 있었는데 평일이라 못 가셨나요?

**세희 아빠**    첫날 가서 봤어요. 둘째 날, 셋째 날도 가서 볼까 했는데 간담회 일정도 있었고 그래서 다 가진 못하고. 물론 가족들 대부분

다 가서 직접 보신 분들 많고 저는 첫날만 가서 보고 나머지는 '팩트
TV'나 이런 데 영상들 올라오는 것들, 끝나고 나서 중요한 것들 올라
오는 것들[을 통해 봤어요].

면담자　　　　어떠셨어요?

세희 아빠　　　당연히 빤한 말들만 하고 자꾸 동문서답하는 것만 많
고, 문제의 요지를 몰라서 그러는 거 같진 않고 질문의 요지를 딱 알
고 있는데 자꾸 부연 설명들을 많이 하면서 시간을 끌려고 하는 이런
것들, 시간 끌기식의 대답. 그다음에 영상에 고대로 나와 있는데도 불
구하고 "기억이 안 난다"고 하고 "모른다"고 하고, 그런 것들 보면 지
금까지 청문회 특성상 불리한 것들은 다 모르쇠로 일관하고 있고 기
억나지 않는다는 얘기들로 하더라고. 이 조사에 중요한 것들에 대해
서는 다 그런 식으로 대답을 회피하는 거, 영상에 나와 있고 앞전에
국정조사나 이런 데서 진술을 했던 내용들도 기억이 안 난다고 하고,
증거들이 그대로 있는데도 기억이 안 난다고 하니까 답답하죠. 보면
답답하고, 지리하게 질문이 오가고 하는 부분들….

　사실상 우리가 그런 게 궁금한 게 아니거든요. 도대체 왜 구하지
않았는지, 왜 침몰이 됐는지 이런 내용들이나 이런 것들이 사실상 중
요한 건데, 그런데도 그 사람들은 빤하게 자기네들 잘못이 있는데도
불구하고 이미 저 수감돼 있는 123정장이나 아니면 선장이나 선원들
한테 누명들을 다 씌우기식의, 그런 식으로 다 빠져나갈려고 [하더라
고요]. 서해청장이나 목포해경 서장이나 이런 사람들은 이미 그 실권
을 123정장한테 다 넘긴 거처럼, 지휘권을 다 넘긴 거처럼 이렇게 얘
기를 하더라고. 그런 모습을 봤을 때 다 책임 회피잖아요. 그러면 자

기네들이 서장이며 청장이며 컨트롤타워가 아니었던 거라고 얘기를 하는 거니까, 사실상 모든 걸 다 123정장한테 미루는 책임 회피를 하니, 그 시스템들을 자기네들끼리 얘기를 하고 있더라고.

면담자    특히 화가 치밀던 장면이 있으신가요?

세희 아빠    저 뭐야, 그 뭐야. 123정 선원 중에 해경 중에 "애들 철이 없어서 그런지 안에서만 쳐다보고 있고 나오지도 않고" 이런 얘기 했을 때 진짜 열받더라고. 가서 진짜 때려죽이고 싶은 생각이 들더라고. '너무 어처구니없는 그런 얘기를 할 수가 있을까'라는 생각이 들더라구. 참, 그러면은 애들도 아닌 어른들을 왜 구하러 가는지, 선실에 왜 가냐고? 그걸 보면은 진짜 할 수만 있으면 가서 진짜 패고 싶더라고. 그런 말 한다는 자체가 나는 이해가 안 가고 '저게 진짜 대한민국의 경찰인가' 이런 생각이 들더라고. 그걸 보면서 진짜 열받아 죽는 줄 알았어요. 그게 나는 제일 기억에 남아. 그 외의 사람들보다 그 사람이 제일 열받게 한 거 같아요. 모든 거짓말, 그 사람 참 다 빤하게 보이는 거짓말들을 너무 잘하더만 보니까. 너무 빤하게 보이게 거짓말하니까 사람들이 그러더라고, "아니, 어떻게 저렇게 빤하게, 너무 잘 보이게 할 수 있을까" 이런 생각들 많이 들고, 청문회 보셨으면 아시겠지만 가관도 아니더라고. 아무 말도 안 했냐고 하니까 안 했대잖아.

면담자    저는 계속 보고 있기가 힘들던데 처음부터 끝까지 안 끊고 보셨어요?

세희 아빠    그니까 저는 거기서 보다가, 질문 내용들이, 이렇게 질문한 내용들이 사건 말고 위법성이나 이런 부분에 대해서 질문하고

세희 아빠 임종호

그러면 지루하거든요. 그런 시간들 잠깐 나와 있다가 아까 얘기했듯이 중요한 사건에, 거기 현장에 있었던 사람들 직접 조사하고 이런 것들 있으면 쳐다보고 [했어요]. 청문회를 보면서 청문회의 한계만 느꼈던 거 같아요. '아, 이게 청문회의 정말 한계구나' [하는]청문회 한계를 보면서 '이래서 수사권, 기소권이 필요한 거였구나', 이런 부분들이 너무 와닿는 거죠. '아, 청문회 한계는, 청문회 조사로 끝날 수밖에 없겠구나' 그런 생각들밖에 안 들고, '이게 도대체 청문회를 하게 되면 더 답답하고 궁금증만 많이 만들어지고, 그걸 해소할 수 있는 방법이 수사권, 기소권인데 그런 것들 때문에 필요하구나'라는 걸 절실하게 느끼는데 사실상 없잖아요.

특검으로 할 수 있다고 얘긴 하는데 특검도 그 수사의 깊이가, 우리 특조위 조사 위원들이 하는 게 아니라서, '의견 전달이나 궁금증, 조사해 달라는 내용, 수사해 달라는 내용이 제대로 전달이 될까'라는 그런 생각들도 들고, '위법성이나 이런 부분들이 발견이 돼도 기소나 제대로 할 수 있을까' 이런 것들이 많이 [우려가 됐죠]. 그 검찰이, '수사권을 갖고 있는 검찰이 얼마나 수사에 의지가 있을까'라는 그런 것들 때문에 더 걱정이 되는, 사실상 그런 부분들 때문에 특조위에 수사권과 기소권을 달라고 했던 건데…. 사실상 '특조, 특검을 잘 운영을 해서 얼마나 많은 것들을 밝혀낼 수 있을까'라는 그런 의문만 더 드는 거죠.

**면담자**      최근 조사를 방해하는 문건도 발견이 되었죠?

**세희 아빠**      문건이 발견되고 안 되고를 떠나서 이미 다 알고 있는 거죠. 어차피 조사의 방해를 할려고 하는 자기네들끼리의 매뉴얼이랄까, 그런 부분들 분명히 있을 거라는 생각을 했고 예상도 했었고, '방해를 최대한 할 수 있는 방법들을 찾을 것이다'라고 생각을 했기 때문에, 어쨌든 예상했던 것들이 문건이 나온다고 해서, 안 나온다고 해서 달라질 거 같진 않고[요]. '어쨌든 우리는 예상했던 시나리오가 아닌가'라는 생각들 때문에….

# 8
## 대통령의 7시간

**면담자**    대통령의 7시간을 조사에 포함시킨다는 보도도 있었죠?

**세희 아빠**    그것도 내용이 그렇잖아요, 실질적으로 많은 국민들이 배에 타고 있는, 제대로 구조가 되지 않고 있는 이런 상황들에 대통령은 도대체 이 상황을 어떻게 보고 어떻게 지휘를 하고 이런 것들이 궁금하잖아요. 그리고 말 그대로 근무시간인데, 근무시간에 무엇을 했는지, 왜 제대로 된 지시나 구조 상황들이 이루어지지 않았는지, 이런 것들을 대통령이 그 시간에 무엇을 했는지 궁금하잖아요. 그래서 그 시간에 무얼 했는지 조사를 하겠다는 거지 사생활을 얘기하는 게 아니잖아요. 왜냐하면 근무시간이 사생활을 즐기는 시간은 아니니까, 자기 업무를 어떤 업무를 하고 있었는지 그게 궁금하다는 건데 그게 마치 "사생활 침해다" 이렇게 얘기하면…. 아니 업무 시간에 사생활을 즐기라고 있는 게 아니잖아요. 업무 시간에 도대체 7시간 동안 뭐를 했는지 가르쳐달라고 얘기를 하는 건데 말도 안 되는 핑계를 대면서, 논리가 안 맞잖아요. 논리가 안 맞는 건데 자꾸 그런 얘기들을 하는 거니까….

그런 걸 자꾸 여론으로 몰고 가고 하는 거 보면, 그게 대한민국에서 통한다는 게 그것도 웃긴 거고, 상식적으로 생각을 해도 너무 벗어나는 행동들, 그걸 봤을 때는 '도대체 기본 상식이 통하지 않는 나라가 대한민국이구나' 이런 생각밖에 안 들죠. 너무 웃긴 거 같애.


## 9
## 침몰 원인


면담자      침몰 원인에 대해서 '파파이스'에서 이야기를 했는데 들으셨나요?

세희 아빠      네, 봤어요. 그 내용대로라면 예전에 김지영 감독이 계속해서 "항적도가 변침되는 이런 게 너무 이상하다"라고, "조작하는 거 아니냐" 이런 식으로도 얘기를 했었고, 그런 내용들을 계속해서 연계, 연속선상에서 지켜봤을 때 병풍도, 해저지형도하고 맞춰보는 과정들을 딱 지켜보면서 "아, 이래서 이렇게밖에 될 수 없겠구나"라는 [생각이 들었어요]. 제가 봐도, 예전에 계속해서 그 과정들을 봤기 때문에, '어떻게 항적도가 [이렇게 이상할 수 있을까?]' 이런 것들을 봤기 때문에 이게 딱 진짜로 맞아지더라고. 앙카[앵커]를 내렸을 때 그 상황들이나 이런 거를 봤을 때, 그래서 그게 너무나 잘 맞으니까 해저지형이나 이런 부분들 [하고]. 저는 거기서 바지선이 수색 작업이나 이런 걸 할 때 바지선이 이렇게 파도에 밀리는 거, 이런 것들을 봤거든요. 보면서 떠내려가는 거처럼 조류와 파도가 있으니까, 같이 맞물리니까 바지선이 떠내려가더라고.

떠내려가는데 앙카를 내려놓잖아요, 그게 끌려요. 끌리는데 어느 것에서 딱 걸리면 안 끌리는 거거든요. 밑에 밑에 바위나 이런 거에 걸리면 안 끌리는 건데, 그런 걸 보면서 딱 그 생각이 들더라고. '해저 지형에 바위들이나 이런 게 있으면 딱 걸리겠구나' 그런 생각들이 들면서 '세월호에 급변침이나 이런 게 됐던 게 저래서 저렇게 됐겠구나' 이해가 되더라고. 그런 것들을 보면서 너무나도 잘 맞는 거야. 해저지형하고 항적도 그런 것들 봤을 때 '진짜 저럴 수 있겠구나'라는 생각이 너무나 이렇게 딱 와닿더라구. 저는 그래서 지금 제 생각은 거의, 저도 확실히 그렇게 침몰 원인이, 급변침 원인이 '닻을 내리고 가서 그렇구나'라는 생각이 들더라구요.

## 10
## 고의적 침몰, 국정원 문건

면담자      사고 자체가 고의적이었다고 하는 주장도 있잖아요?

세희 아빠      저희가 봤을 때는 당연히 고의성이 있지 않고서는 어떻게 저렇게…, 사고 나는 것도 그렇고, 정황상으로는, 왜 선원들을 먼저 구하고 승객들을 대피시키지 않았고, 모든 것들을 보면 고의적인 침몰이라고밖에 저희는 생각할 수 없는 거죠. 애초에 자기네들 배가 기울었을 때 시간이 많이 있었음에도 불구하고 탈출이나 이런 부분들을 지시를 하지 않았던 건 고의성으로 판명할 수밖에 없는 거죠. 너무나 우리 가족들 입장에서 당연하게 '고의적인 측면이 아닐까' 그런 생각들도 들고….

면담자　　　　배 소유와 정부의 연관성도 얘기가 나왔었죠.

세희 아빠　　　저희도 그러니까, 증거보전 신청했던 노트북에서 국정원 문건이 나오고, 이런 것들 직접 목포지검 가서 봤기 때문에, 내용들이나 이런 것들도 봤기 때문에 의심할 수밖에 없죠, 국정원 소유라는 걸. 거의 저는 100프로 확신을 하는데, 보면 문건들이 너무나 세세한 것들을 보고하는 이런 부분들이라서 국가기관이 그런 거를 한다라는 걸 보면, '소유주가 아니고서는, 주인이 아니고서는 이렇게까지 할 상황이 아니다'라는 생각이 들어요. 그래서 너무나 확신할 수밖에 없는 거죠. 예를 들어서 하다못해 집을 임대를 줘도 세입자가 거기서 전기료를 얼마 내는지, 수도세를 얼마 내는지 이런 거를 우리가 보고받지 않잖아요 집주인이, 알아서 사는 사람이 내는 거지. 근데 모든 걸 다 하나부터 열까지 사소한 거까지, 자판기 위치며 뭐며 청소 이력이며 관리용 페인트칠한 이력이며 이런 거까지 왜 세세하게 보고를 하겠어요? 소유주가, 주인이니까 주인한테나 그렇게 보고를 하지. 그런 거 봤을 때는 너무나 확신이 서는 거죠, 소유주가 국정원이라는.

그런 문건들이 나오고 나서 얼마 지나지 않아서 딱 사그러들었잖아요. 지금은 인터넷이나 SNS 통해서 떠돌아다니는 문건들이에요. 그런 것들이 다 이미 정부에 불리한 것들은 언론에서 알리지 않는 것들이 굉장히 많았었기 때문에 그때 그 문건 나왔을 때도 언론에서 많이 나오지 않았어요. 잠깐 나왔다가 사라졌기 때문에 당연히 국민들은 그때 못 보면 못 보는 거고 그런 상황이라서(한숨). 우리 가족들 입장에서 피해자 입장에선 당연히 의심할 수 있는 상황들 굉장히 많죠. 실지로 밝혀내질 못하니까, 수사할 수 있는 수사권이 제대로 있는 것도 아니고, 그런 것들 때문에 한계에 계속 부딪히는 거겠죠.

## 11
## 생존자 증언, 생존한 선생님, 희생당한 선생님

**세희 아빠**　　가장 중요한 건 지금, 실지로 거기 세월호에 탑승을 했다가 생존한 사람들 있잖아요. 그 사람들한테 많은 증언들이 나와야지 되는데 사실상 그런 부분들이 많이 나오지를 않아요. 개인적인 마음에 부담감이나 이런 게 있어서 그런지 몰라도 증언들이 많이 나오질 않아서, 많이 나와줬음 좋겠는데 그런 생각….

**면담자**　　적극적으로 활동하시는 분 중에서 생존자 가족분들도 계신가요?

**세희 아빠**　　네, 있어요, 몇 있어요. 계속해서 그분들도 직장이다 뭐다 그만두고 생존자 가족, 아이들 가족, 이런 분들 계속해서 활동하시는 분들 있어요. 지금도 행사하는 데 쫓아다니고 동거차도도 가고 하시는 분들도 있어요. 생존한 아이들 트라우마가 있으니까 그걸 부모로서 가만히 보고만 있을 순 없으니까, 우리 희생당한 부모님들보다는 심리적인 부담이나 이런 것들은 들하겠지만[덜하겠지만] 아무래도 아이가 살아 있으면서 그런 고통에 시달리다 보니까 끝까지 파헤쳐서 밝혀내야 되겠다는 생각이 있어서 같이하시는 분들 계세요. 생존한 화물 기사분들도 계시고, 그런 분들이 같이해 주시고 하니까 많이 도움도 되고, 힘도 되고, 고맙기도 하고….

면담자        그분들이 당시 상황을 이야기하는 걸 어렵게 생각하시나요?

세희 아빠       글쎄요, 어차피 아이들은 보고 느끼는 게 한계가 있을 순 있는 거고 활동한 부모님들은 아이들도 같이 활동을 하고, 하여튼 본인들이 할 수 있는, 아이들이 할 수 있는 것들은 다 할려고 하는 건데, 그 상황에서 아이들은 좀 우왕좌왕하는 것[도] 있었을 거라는 생각이 들고, 정확하게 기억이나 이런 거를 잘 하지는 못하는 거 같애요, 아이들은. 차라리 어른들은 그나마 나을 거라고 생각이 드는데 화물 기사나 이런 분들은 자기네들이 아는 것들을 최대한 얘기를 해주는 거 같고, 그 외에 생존자들도, 법원에서 선원들 재판할 때 증인으로 왔던 일반인 생존자들 있어요. 그런 분들 얘길 들어보면 그분들도 분명히 그때 급박했던 상황들 얘기를 하는 건데, 법원에서 증언하는 게 정확하게 세세하게 자세하게 이렇게 할 수 있는 이런 시간들이 그렇게 많지는 않기 때문에 사실상 직접적으로 물어보는 방법밖에 없는데, 그분들이 유가족들이나 이런 [분들을] 굳이 딱 만나서 얘기하고 이런 것들을 꺼려하는 부분들이 있을 거예요.

   실제로 접촉 노력이나 이런 부분들은 하고 있는데 이렇다 할 성과는 많이 없는 거 같애요. 있다 하더래도 가족들이 전체적으로 공유하거나 그럴 수 있는 상황들은 많이 없었던…, 뭔가 이렇게 딱 확실시돼야지 가족들에게도 오픈하고 이럴 수 있는 거라서, 지금 상황에서는 정확하게 오픈을 하고 그러진 않아요.

면담자    선생님 중에서도 생존자가 계실 텐데 어떤가요?

세희 아빠    생존한 선생님들은 더 얼굴 보기가 힘들고 그런 거 같애요. 그분들이 얘기를 해주고 하면 좋겠는데 우리 만나는 자체를 꺼려하니까, 아이들의 부모님들 만나는 걸 되게 꺼려하고 지금은 제가 듣기로는 어디 있는지도 연락도 잘 안 되고 그런 거 같더라고, "보기가 힘들다" 이런 식으로 얘기하고. 생존한 선생님들 같은 경우 죄책감들이 있겠죠. 있기 때문에 부모들 보기가 더 꺼려질 수 있죠. 지금은 우리 가족들은 진상 규명을 해야 되니까 있었던 상황들이나 이런 거를 많이 궁금해하고 그분들한테도 물어보긴 해야 되는데 실지로 만남이 이루어지지가 않는 걸로 제가 알고 있어요. 그래서 오히려 만나서 물어볼 것도 많고 하는데 사실상 접촉이 힘든 거 같애요 지금, 접촉 연락이 제대로 되지가 않으니까. 교사 가족들도 우리 가족들을 만나고 이런 거를 원하질 않는 거 같애서 더 힘든….

면담자    아이들을 구하려다 희생되었단 게 밝혀지지 않은 선생님의 부모님들은 그 문제에 대해 더 죄책감을 가지고 계신 걸까요?

세희 아빠    일반 희생당한 선생님들한테 똑같은 부모님들이 계시니까, 가족 입장에서 보는 거기 때문에 그분들도, 선생님 부모님 같은 경우에 우리한테 죄의식을 갖는 게, 왜냐면 아이들을 책임졌던 선생님의 부모니까, 더 위축되고 이런 것들도 많죠. 그런 부분들 때문에 사실상 모여도 반별로 모일 때 오시거든요. 오시는데, 우리는 이렇게 정황을 봤을 때는 선생님의 잘못이 아니라고 생각하는 분들이 많이 있기 때문에, 그래도 선생님의 부모님은 그런 부담감을 가지고 있는 거 같아요. 선생님이었는데 아이들을 책임지지 못했으니까. 결론적으로 그런 부담감들 때문에 [위축되고 하셨던 것 같아요]. 부모님들이 실지로 처음에는 욕도 많이 하고 이래요.

왜냐면 "선생님은 아이들을 살리지 못했고 희생당하게 냅뒀냐" 이런 것들이 실지로 한풀이를 하는 부모님들이 있었기 때문에, 그런 거를 지금은 얘기 안 한다 해도 선생님 부모님으로서 마음속에 부담감들을 가지고 있는 거예요. 사실상 그분들이 똑같이 자식 잃은 심정인데 자기 자식만 생각하면 가슴 아픈 건 똑같죠. 그렇기 때문에 그 부분에 있어서 뭐라고 얘기할 수 있는 부분들은 아니죠.

**면담자**　　생존자 가족분들한테 계속 접촉은 해보고 계신 거예요?

**세희 아빠**　　실제로 우리가 직접적으로 접촉할 만한 부분은 없구요. 생존한 가족들 중에서 활동하시는 부모님들이 그쪽 통해서 얘기를 하려고 하는데 쉽지는 않은 거 같아요. 생각이 다른 거죠, '우리 아이는 더 이상 그쪽에 힘들어하니까 노출을 안 시키겠다' 이런 식으로 생각하시는 부모님들도 있을 테니까. 사실상 배·보상 신청이나 이런 부분들이 끝나고 나서 그런 게 더 심해진 거 같아요. 대부분이 생존한 가족들은 신청한 분들이 많거든요. 그런 부분들이 힘들지 않나 이런 생각이 들어요.

면담자    쉬었다 할까요?

세희 아빠    네.

(잠시 중단)


## 12
## 진도 철수와 수색 중단


면담자    14년 11월에 철수하고 수색 중단하기로 했었죠. 그때까지도 미수습자 가족분들과 연락하고 계신 상태였나요?

세희 아빠    응, 그때 지현이가 나오고 나서 '실제적으로 계속해서 수색이 탄력이 붙지 않을까'라는 생각이 있었는데 수색 종료를 한다는 얘기를 들었을 때 '왜 그러지? 지금 나왔는데'라는 생각이 들은 거죠. 앞전에도 얘기했잖아요, 그 상황들을. 어쨌든 지현이가 나오기 전까지만 해도 가족들 그때 당시에 실종자 가족들 대표가 없어서 사실상 굉장히 입장 발표하기가 힘들긴 했었는데 지현이 아버지가 실종자 대표를 맡게 됐어요, 나오기 바로 얼마 전에. 그래서 결과적으로는 수색 종료를 하기로 가족들이 의견들이 됐는데, 다수의견들이 그렇게 나와서 종료를 결정하게 된 거라서 결론적으로는 수색 종료를 발표했던 거 같더라고. 그런 내용이 나오면서 어쩔 수 없이 수색 종료가 됐던 거 같고, 근데 지현이 아버지 같은 경우에는 부담감들이 있겠죠. 지현이만 나오고 수색 종료가 됐기 때문에 마음의 부담감도 가지고 있겠죠.

그래서 상황들이나 이런 걸 봤을 때는 굉장히, 수색 더 이상 하기에는 힘들다고, 그리고 잠수사들이나 이쪽에 그런 얘기들이 나오는 것도 사실이고 그래요. 앞전에 얘기했지만, 그 사람들이 누구의 압력에 의해서 그렇게 됐는지 어쨌는지는 자세히 모르겠지만, 어쨌든 종료하기로 됐었던 게 "더 이상 수색 작업이 힘들다" 선체 안의 구조물들이 많이 뭐라고 해야 되나, 붕괴가 된 상태고 하니까 더 이상 하는 것은, 계속해서 하는 것은 붕괴된 걸 치우고 치우고 [해야 하는] 그런 상황들이 만들어지고 그렇다 보니까 그렇게까지밖에 할 수 없었던 정황들이 만들어진 거겠죠. 제가 봤을 때는 해수부나 이런 쪽에서 종료를 할려고 그런 것들을 자꾸 조장을 해서 만들었지 않았나 생각도 들죠.

면담자     마지막에 진도 가신 거는 언제였는지 기억나세요?

세희 아빠     제 기억으로는 지현이가 나올 정도 때까지 내려갔던 것 같고, 수색 종료 바로 직전에 바지선에, 그때 배의철 변호사가 올라온다고 얘기를 하더라구요. 그래서 그때 바지선에서 대한변협 위원장이, 위원장은 아니고 직함은 모르겠는데 "같이 내려가서 데리고 올라오겠다"라는, 실종자 가족들한테 얘기하고, 그리고 나서 올라온다고 [해서], 그날 같이 올라와서 진도 실내체육관 와서 짐 싸가지고, 배의철 변호사가 짐 싸가지고 올라가는 그날 그때가 마지막으로 내려갔던 것 같아요, 수색하기 종료하기 전에. 그리고 나서 배 변호사가 올라오고 그리고 가족들도 얼마 안 있어 짐 정리하고 이런 상황들이…, 그때가 마지막이었던 것 같아요.

# 팽목까지 도보 행진

**면담자**　　　15년 1월 26일에서 2월 14일까지 '온전한 세월호 인양과 실종자 수습 및 진상 규명 촉구를 위한 안산에서 팽목항까지의 도보 행진'이 있었는데 참여하셨었죠?

**세희 아빠**　　저는 그때 도보 행진에 8일 정도 참여를 했어요. 그때가 정읍에서 담양 그리고 광주, 광주에서 계속해서, 그니까 정읍에서부터 제가 합류를 해서 8일 동안 팽목항까지 걸어갔죠.

**면담자**　　　반별 구간으로 9반은 어디였나요?

**세희 아빠**　　우리 반이 익산에서, 익산 전이 어디야, 반별 구간은 익산까진가 그러든가, 어디지 세종시인가, 세종시에서 익산까지 걸었나? 아무튼 반별 구간은 거기였었고 그다음 구간이 저기 어디야 진도 못 미쳐서 해남으로 갔나. (면담자 : 영암이요?) 아, 영암. 거기에서부터 진도 그 진도 어디지, 진도 바로 들어가기 전까지였던 것 같아요. 그 구간을 우리 반이 했었고 도보했던 것 같고, 저는 익산까지 갈 때는 참여하지 않았고 아까 얘기했듯이 정읍에서부터 8일 동안 쭉 [걸었어요].

**면담자**　　　후반부에 참여하는 분들이 더 많았다고 하시던데요.

**세희 아빠**　　예, 최종 구간이죠. 진도, 진도군청에서부터 팽목항까지 구간들을 가장 많이, 가족들도 그렇고 시민들도 굉장히 그날 많이 참여를 했던 것 같아요. 그때 진도는 앞에 우리 가족들이 먼저 갔으니까 팽목까지 가는데 거의 끝이 안 보일 정도로 쭉 걸어갔죠. 굉장히 그때 많이, 많은 분들이 [함께했어요].

면담자       걸으면서 무슨 생각하셨어요?

세희 아빠       힘든 건 둘째 치고, 왜냐면 첫날부터 계속 걸었던 분들이 계시니까…. 어머님들이 대부분, 아버님들도 계시고 무릎이 붓고 발이 아파서 제대로 못 걷는 상황들을 보면서, 그때 어머니들이 끝까지 걸었던 걸 보면 대단한 것 같아요. 나이도 나인데 평상시 어머니들 맨 서울에서 노숙하면서 이렇게 지내왔던 힘든 상황인데 거기에다 도보까지 하니까 굉장히 체력적인 부분이나 이런 부분들이 많이 몸들이 안 좋은 상태에서 하는 걸 보면서 '나야 젊고 아무래도 체력적으로나 괜찮다'고 생각을 하는데 저도 힘들긴 사실이더라구요, 계속 장시간 걷는 거라서. 근데 부모님들은 더 힘들었겠죠. 그런 것들을 알기 때문에 사실상 제가 더 힘들다 어쩌다 표현할 그런 것들은 아닌 것 같고…. 걸으면서 계속해서 저는 이런 생각이 들더라구요. '내가 내 자식을 죽인 것도 아니고 누군가 범인이 분명히 있는데 왜 우리가 이런 고생을 해야 되나'라는 생각이 들더라구요.

근데 '내가 지은 죄라면 어른으로서 또 아빠로서 아이들을 지키지 못했던 게 가장 큰 죄일 거고, 그 죗값이라면 달게 받아야 되니까 하겠는데 대한민국에서 유가족으로 사는 게 이런 거구나'라는 생각도 많이 했고, '나도 아프고 지치고 힘든데 왜 내가 이걸 해야지?' 하는 그런 생각도 많이 했어요. 근데 '이게 내가 할 수 있는 게 다라면 또 해야지 되고, 내 자식의 억울한 죽음을 밝히기 위해서는 이거밖에 없나 보다' 이런 생각이 들고, 한편으로는 계속해서 '내 자식의 억울함을

211
·
4회차

왜 이런 방법으로밖에 표현하지 못하는가, 실종자 가족들은 아직도 바닷속에 있는데 왜 인양을 해달라고 이렇게 사정을 하면서 걸어야지 되나' 이런 생각도 많이 했죠. 그런 부분들을 늘 생각하다 보니까 '너무한다'라는, '여기 내 주변에 있는 많은 사람들이 진짜 간절히 원하고 아직도 미수습된 가족들이 많은데, 왜 당연히 해줘야지 되는데 이걸 자꾸 정치적으로 판단을 하고 자꾸 돈하고만 연관을 시킬까'라는 생각도 들었어요.

그때 돈이 많이 들어서 인양을 하는 게 낫지 않을지, 이미 그 자체를, 사람들의 생명을 다 돈으로 판단하고 있고, 그런 부분들을 보면서 '너무 많이 잘못돼 있구나' 생각도 들고, '지금의 사람의 생명의 존엄성이 이 나라가 이것밖에 안 되나' 그런 생각도 들고, 그니까 '소수가 다수는 구해야 되고 소수는 구하지 않아야 된다' 이런 생각들 자체가 잘못된 거죠. 정부로서 해야 될 역할도 제대로 하지 못한다는 게 너무나 안타까운 현실이라는, 그니까 너무나 잘못돼 있는 게 너무나 당연하다는 듯이 여겨지는 것도 이해가 안 가고…. 그니까 당해본 사람들 입장에서는 항상 그걸 깊이 생각하고 '왜 이렇게밖에 안 될까'라는 생각들을 하지만 제3자의 입장에서 봤을 때는 간단하게 생각을 하는 거죠. 숫자적인 걸로 생각을 하는 거고 돈으로 판단을 하다 보니까 그런 판단들이 너무나 안일하게 되지 않았나 생각들이 들어요.

**면담자**　　어머님도 같이하셨어요?

**세희 아빠**　　집사람은 익산 구간만 참여를 했었고, 계속 몸이 안 좋아서, 허리가 많이 안 좋잖아요. 그런 부분들이 있어서 한 번 참여를 하고 그다음에는 안 했어요, 안 좋아서.

세희 아빠 임종호

## 14
## 배·보상 발표와 삭발, 배·보상의 문제점

**면담자**　　그리고 4월 초에 배·보상 발표를 했죠?

**세희 아빠**　　4월 1일 날.

**면담자**　　바로 삭발을 하셨었죠? 1박 2일 동안 아이들 영정 사진을 들고 광화문까지 도보 행진하고, 안산에서도 2차 삭발식이 있었지요.

**세희 아빠**　　네, 우리가 서울 광화문까지 1박 2일 도보할 때 출발하는 날 아침에 그거를[삭발을] 2차 했었죠. 그니까 대부분 삭발하게 된 계기가 4월 1일 날 배·보상 발표를 하고 4월 1일 날 서울에서 임원들 가족들 회의를 했어요. 회의를 했는데 "우리가 도대체 해야 될 게 뭐냐" 하고 얘기를 했는데, 할 수 있는 거 회의하면서 다 얘기를 했던 것 같아요. "삭발이든 뭐든 우리가 할 수 있는 거를 다 해보자"라고 그래서 했던 게 삭발 먼저 하고 도보를 계획하게 됐던 거죠. 그리고 그날 바로 하기로 하고 그러면 삭발을 언제 할 것이며 기자회견 그때 같이 하자고, 삭발하는 날 광화문에서 삭발하고기자회견 하고 그리고 도보까지 연결이 됐던 거죠. 저도 1박 2일 도보했었고 삭발도 광화문에서 했었고…. 그니까 삭발하는 게 중요한 게 아니고, 그때 당시에는 너무 어처구니가 없었던 것 같아요, 그때 발표 시점도 그렇고.

　'왜 이렇게밖에 할 수밖에 없는가' 삭발을 그렇게 '그래, 삭발이야 머리는 자르면 또 기르는 거니까' 그런 생각도 할 수 있지만, 어떻게 보면 아빠들은 우리가 할 수 있는 게 그거밖에 없다는 답답한 현실이 었기 때문에 그걸 크게 마음에 두는 게 아니었고…. 부모님, 어머니들 같은 경우도 대부분 여자로서 삭발을 한다는 게 간단하게 생각할 수 있는 이런 문제가 아니잖아요. 삭발을 했지만, 그렇기 때문에 그런 부분들이 '아, 유가족이 유가족으로서 할 수 있는 게 이런 것밖에 없구나'라는 그런 현실감, 굉장히 많이 와닿았던 것, 부모님들 대부분이 그러지 않았을까, 마음이 다 똑같을 것 같을 거라는 생각이 드는데…. 대한민국에 산다는 게 너무나 그 당시에는 너무나 비참하게 느껴지고 '대한민국이 정말 싫다'라는 생각들을 굉장히 많이 했을 것 같아요. 그리고 사고 당일에 비하면 비할 게 아니겠지만, 그런 면에서라도 유가족으로서 생각을 했을 때는 말도 안 되는 세상이죠. 그게 대한민국 현실인 것 같아요.

모든 걸 다 돈으로 마무리하려고 그런 것들을, 생명의 존엄성은 돈보다 못 한 거니까 그런 것들을 많이 느꼈죠. 그렇게 할 수밖에 없었던 것 같아요, 할 수 있던 게 그거밖에 없었으니까. 오히려 우리가 할 수 있는 게 이것밖에 없다는 게 더 많이 힘들게 했었던 것 같죠.

면담자      배·보상이 부모님들 활동에서도 분기점이 되었던 거기도 하겠네요.

세희 아빠      그때 당시에는 바로 닥치는 저거가 아니어서, 6개월이라는 시간이 있었잖아요, 9월 말까지 있으니까. 9월 말까지 하면서, 거의 9월 말까지 다들 신청 안 하고 있다가 신청하게 된 계기가, 물론 다 개개인만의 사정들이 있고 저도 몇몇 이렇게 얘기를 들어보니까 다 사정이 있더라구요, 또 우리 반 돈이 필요한 사정들이 있고 하니까, 신청할 수밖에 없었던 사정이. 분명히 진상 규명이나 이런 부분들과는 별개로 일방적으로 정부가 정해놓은 6개월이라는 시한들, 그런 부분들도 있었고, 정부는 그런 것들을 잘 이용하는 거죠. 왜냐면 배·보상을 신청하게 되면 진상 규명이나 이런 부분들을 요구한다거나 파고들지 않을 거라고 생각을 해서 그런 부분들을 전략적으로 사용을 했던 것 같구요. 우리가 보기에는 그렇잖아요, 진상 조사가 다 되고 나서 배·보상이 이뤄져야 하는 게 당연하다고 생각을 하는데 그 당연한 거를 정부가 당연하지 않게 만든 거죠.

누가 봐도 이거는 말도 안 되는 상황들인데, 그래서 지금에 보면 활동하는 부모님들과 활동하지 않은 부모님들 부분들이 나뉜 게, 배·보상을 받았기 때문에[거든요]. 그런 각서들을 쓴다더라구요, 신청할 때 쓰는 게 아니라 수령할 땐가 쓴다더라구요. 금액이 책정이 되고 하면, "그 금액을 수긍하면 더 이상 국가 책임, 정부의 책임을 묻지 않겠다"라는 각서의 내용을 작성을 하게 되면 그다음에 수령을 할 수 있게 된다 하더라구요. 그런 절차들은 아직 남아 있는 것 같고, 아직 수령을 한 상태는 아니기 때문에, 그 이후에도 어쨌든 진상 규명이야 돼야지 되니까 그런 부분들을 같이해야죠. 같이해야 되는데 나름대로의 신청하신 분들도 따로 답답하니까 계속할려고 하고 우리가 "같이 나와서 활동하자"라고 얘기를 하는데…. 그런 것 같아요. 그 당사자인 부모 자체도 "돈하고 자식하고 바꿨다"라는 죄책감들이 있는 것 같아요. 그래서 사실상 더 위축되고 있고 활동도 많이 안 하고 있고 그런 상황들이 돼서.

그 마음속은 아닌데 자식한테 죄책감이 더 많겠죠. 그런 마음들 때문에, 그래서 그럴수록 더 활동하고 많이 진실을 알리기 위해서 해야 된다고 생각을 하기 때문에 더 했으면 좋겠고…. 보상이라는 거는 당연히 뒤따라져야지 된다라고 생각을 하는 거고, 국가가 국민을 지키지 못했으면 그거에 대한 도리는 해야지 되는 게 맞거든요. 진상 규명은 당연한 거고, 그에 따른 정신적인 피해보상은 어떻게 해줄 수가 없으면 물질적으로 해줄 수밖에는 방법이 그거밖에 없기 때문에 당연한 거라고 생각을 하는데, 당연한 게 왜 죄의식을 갖고 가족들이 그렇게 살아야 되는지 그것도 말도 안 되고, 그런 상황들이 말도 안 되죠. 오히려 주변에서 보면 배·보상을 받아야지 되는 게 당연하다고 생각을 하는데, 당연히 받아야 될 것을 받는 건데 그걸 먼저 받고 나중 받고를 떠나서, 죄의식을 갖고 산다는 것 자체도 말도 안 되는 거죠. 그래서 저는 그런 생각을 갖는 것보다는, 그건 당연히 받아야 되는 거고, 우리 자식들의 억울한 죽음들을 당연히 밝혀야지 되는 거죠. 그렇기 때문에 그런 생각을 우리 가족들이 안 가졌으면 좋겠어요.

죄의식 이런 것보다 당연히 받아야 되는 권리를 그 알량한 돈 몇 푼 때문에 마음의 짐은 갖지 않았으면 좋겠더라구요. 저는 그 보상 자체가 말도 안 되는 보상이라고 생각을 해요. 우리 아이들을 단순 일용직 근로자의 20년 일한 걸로 쳐가지고 이렇게 해준다는 자체도 저는 너무나 말도 안 되는 [거라고 봐요]. 우리 아이들은 분명 꿈이 있었고 그 꿈을 단 한 번 펼쳐보지 못했다는 게, 그게 꿈의 가치는 아닐 거라고 저는 생각이 돼요. 그 돈 몇억이 꿈의 가치는 아닐 거라고 생각이 들기 때문에, 저는 될 수만 있으면 수백, 수천억 받아야지 된다고, 당연하다고 생각을 해요. 그래야지 국민의 생명이 얼마나 존귀한지 알

세희 아빠 임종호

죠. 정치하는 사람들이 우리 국민의 생명을 단돈 몇억에 평가를 한다는 자체가 잘못됐다고 생각을 하기 때문에, 그런 부분에 있어서 진짜 생명의 존엄성은 어느 것보다 값어치 있게 평가를 해야지 된다고 생각을 해요.

단순 일용직의 근로자가 아니라 대기업 회장의, 아니면 대통령에 준하는 가능성을 갖고 있는 사람들이기 때문에 충분히 가장 큰 대가를 치를 수 있는 값어치로 평가를 해야지 된다고 봐요. 그래서 그 아이들의 생명을 돈으로 평가할 게 아니라 그 이상의 평가를 받는 게 맞다라고 생각을 하죠. 그렇기 때문에 계속해서 돈 가지고 얘기를 하게 되면, '자꾸 그런 쪽의 얘기를 하게 되면 맞지 않는다'라고 저는 생각을 하죠.

# 15
## 소송

면담자  신청 안 하신 가족분들은 전원 소송에 참여를 하신 건가요?

세희 아빠  그죠, 소송을 먼저 가게 됐죠. 마지막 기한이 지나기 전에 소송을 가게 된 분들은 대부분 배·보상 신청을 안 했죠, 먼저 진행이 됐기 때문에. 나중에 소송 진행 안 하신 분들이 배·보상 신청을 하셨죠. 신청하게 된 이유는 당연하죠. 지금까지 정부는 대통령도 마찬가지고 다 자기 책임이라고, 국가 책임이라고 얘기는 했지만 법적으

217
•
4회차

로는 명문화된 건 없잖아요. 그래서 그런 부분들을 책임을 솔직히 명확하게 하기 위해서 소송을 진행하는 거고, 우리가 아이들을 돈 몇억에 평가하는 자체도 너무 잘못됐다라는 것을 알고 있기 때문에 그런 부분에 있어서 좀 더 다른 법원의 판단이 서기를 바라면서 하는 것도 있고, 순서가 또 잘못됐고. 왜냐면 진상 규명이 제대로 올바르게 된 다음에 그러고 나서 잘잘못을 찾고 거기에서 배·보상이 나와야지 되는, 순서가 맞지 않다, 그런 부분들도 있고….

그런 생각들 때문에 소송을 진행하게 된 거죠. "법적으로 명확하게 해달라. 누가 잘못인지, 국가가 잘못했는지 아니면 거기에 희생당한 우리 아이들이 잘못이 있는지" 그런 부분들을 명확하게 하기 위해서 일단 소송에 들어간 거죠.

**면담자**　　어떻게 진행이 되고 있나요?

**세희 아빠**　　정확하게는 모르겠고, 앞전에 가족회의 와서 얘기를 했던 내용은 "어떤 부분 가지고 지금 진행을 하고 있다"라고 얘기를 했는데 일단은 일차적으로 국가, 123정장이나 이런 사람들이 국가 소속의 판결을 받았잖아요. 구하지 못하고 했던 책임의 실형을 받은 게 처음이라더라고요, 변호인도 그렇고. 참사나 이런 상황에서 공무원이 처벌받은 거는 처음이라더라고요. 그런 의미에서 분명히 승소 가능성이 우리 가족들이 높은 거죠. 그런 부분들 해서 법원에 제출하는 서류들 이런 것들을 얘기를 하고 있고, 추가적으로는 청문회 결과를 가지고 거기에 대한 첨부 자료를 해서 그런 것들을 소송 금액이나 이런 것은 처음에는 1억으로 해서 진행을 하고, 그다음에 청구 취지 변경이나 이런 식으로 해서 계속해서 그 업데이트를 하는 거죠. 그런 식으로 해서 우리 한 가족당 벌써 지금 소송비용만 500만 원씩 들어갔잖아요. 그 소송비용 가족들이 500만 원씩 지불을 하고 송달료나 이런 것, 인지대 나 해서 500만 원 정도 그런 식으로 해서 진행이 되고 있고….

일단은 그 이후에, 청문회 이전에 그런 얘기를 진행을 하면서 얘기를 하고, 그 이후에는 "이렇게 진행 어떻게 되고 있다"라는 [이야기는] 아직 공식적으로 들은 게 없어요. 가족회의 때 와서 얘기를 하는데 대부분, 그 이후에는 지금 한 번도 안 오고 있어요.

면담자     배·보상 신청 안 한 걸 후회하거나 그러시지는 않으세요?

세희 아빠     아, 신청 안 한 게? 신청 안 하고 나서 후회한 건 딱 한 가지 있어요. 뭐냐면 우리 활동하지 않고 있는 가족들, 대부분 아까 얘기했듯이 거의 신청하신 분들이구요, 안 나오는 분들은요. 그 사람들한테 다가가기가 이렇게 쉽지는 않거든요. 그래서 "나는 그러면 이럴 줄 알았으면 내가 신청을 하고 활동을 하는 게 저 사람들이 봤을 때 '신청해도 활동을 하는구나' 보여주는 계기가 됐었으면 어땠을까" 하는 생각들은 해요. "그런 '돈하고 관계없이 저렇게 진상 규명하기 위해서 하는구나' 그런 걸 보여줬어야 되는구나" 그런 거에서 후회는 되더라구요. 결론적으로 신청은 안 했으니까 할 말은 없는데, 그런 생각이 드는 걸 보면 '[소송] 안 하고 활동을 할걸, 배·보상 신청을 하고 활동을 할걸' 생각도 들더라구요. 대부분 이런 얘기가 처음에 많이 있었어요, 정부의 회유책이기도 하죠, 신청을 안 하면 법원에서 회수할 수도 있다는 얘기하고 "금액이 더 줄어들 수 있다" 이런 얘기들. 변호사들도 사실상 그런 얘기들을 했고, "우리 소송으로 가게 되면 승소 가능성이 장담을 못 한다"라고 얘기했었고 "기간이 얼마나 걸릴지,

5년이 될지 몇십 년이 될지 그게 장담하지 못한다"라고 얘기를 했었어요.

그런 부분에 있어서는 솔직히 그 돈 없어도 지금까지 살아왔고 앞으로도 사는 데는, 산 입에 거미줄 치지는 않을 거고 그런 생각도 있었고, '자식의 목숨을 돈으로 해서 판명 짓고 싶지 않다'라는 생각도 있었지만, 진상 규명이 우선이라는 생각이 가장 컸었던 거죠, 대부분 가족들이. 그래서 누가 봐도 상식적으로 '이게 맞다'라고 생각을 해서 소송을 가게 된 거죠. 그니까 배·보상 돈으로 얘기하면 큰돈이죠. 돈으로도 얘기하면 없는 사람한테는 큰돈일 수도 있고 그치만 사회 통념상 이런 부분들 깨고 싶은 거도 있는 거죠, 돈으로만 계속해서 평가를 한다는 그 자체를 용납할 수 없다는 생각도. 그리고 사회정의가 진짜 눈곱만큼이라도 있다라면 올바른 판단을 해야 되는 거죠, 법원에서. 분명히 그 판단을 올바른 판단을 할 거라고 당연히 생각해야 되는 게 맞죠. 근데 모르죠, 그 판사가 제대로 된 판사인지, 제대로 된 법치 국가인지 그건 나중에 판가름이 나겠죠.

## 16
## 사회 부조리를 보게 된 의경생활

면담자       국가에 대한 생각이나 인간에 대한 고민은 언제부터 하
셨어요?

세희 아빠       그거는 어렸을 때 생각들이 크게, 시골에서 자라서 그

세희 아빠 임종호

런 부분들을 생각하고 살지는 않았었던 것 같고, 제가 결정적으로 사회 부조리나 이런 부분들을 조금씩 느꼈던 게 군대생활 하면서, 의경생활 하면서 그런 걸 굉장히 많이 봤던 것 같아요. 그니까 사회적 약자가 누군가, 사회적 기득권자가 누군가를 처음 봤던 거죠. 의경생활 하면서 군생활을 하면서 그런 것들을 많이 봤죠. 경찰에 최고 말단 공무원인, 경찰이라는 조직에 들어가서 보면은, 말 그대로 경찰 파출소에 근무를 하면 지역에 있는 유흥업소나 이런 데서 명절 때마다 인사 오는 것, 떡값 가져오는 것 보면서도 그랬고, 그다음에 어딜 업소에 가게 되면 봉투 하나씩 챙겨주는 이런 모습들도 보고, 그리고 하다못해 도로교통 단속을 나가면 그때는 금품 수수 몇천 원, 몇만 원씩 주면서 봐달라고 하는 이런 것들 보잖아요. 이런 걸 보면서 '아, 이게 사횐가?'라는 걸 생각하게 됐고 '이게 다 통하는 세상이구나'라는 것도 봤죠.

음주단속 하면서도 경찰청이며 [경찰]서며 아는 사람들이 있는 사람들은, 쉽게 얘기하면 빽 있고 돈 있는 사람들은 음주단속도 통과도 되고 이런 모습들을 보면서, 진짜 다 폐차 직전에 있는 용달을 몰고 생업을 하고 있는 사람들이 소주 한잔 먹고 음주단속에 적발되고…. 한번은 음주단속을 하는데 이런 일이 있었어요. 진짜 고물상에서 고물을 차에다 날라서 하루하루를 사시는데 그분이 음주단속에 적발이 됐어요. 이유를 들어보니까 계속 사정을 하는 거죠. 자기 어머니가 위독해서 병원에 입원해 있는데 거기 갔다가 저녁 먹으면서 반주로 한잔한 거였다고 하면서. 위독해 가지고 부모님이 병원에 계시다고 한번만 봐달라고 이런 식으로 했는데, 자기 생업은 운전을 해서 고물을

팔아서 먹고사는데 단속을 하는 거야. 그 바로 이후에 그때 당시에 고급 승용차들이 막 들어오더라고. 보니까 세네 대가 딱 적발이 쭉 된 거야. 그러니까 같이 술을 먹고 음주운전을 한 거예요.

면담자    일행이었나요?

세희 아빠    네, 그 사람들이, 고급 승용차들을 탄. 근데 그 사람들이 여기저기다 전화를 하는 거예요. 전화를 하니까 그쪽에서 음주단속 하는데 전화가 왔죠. 음주단속을 하는데, 그 사람들은 다 풀어주는 거예요(한숨). 고위 경찰 관계자 전화를 하니까 음주단속 된 대상인데도 불구하고 보내준 거예요. 그리고 돈 없고 빽 없는 용달하시는 기사분은 거기서 당한 거고, 음주단속에. 그래서 제가 그때 고참이었는데 바로 그런 모습을 보고 "음주단속 지금 하지 말라"고, "적발한 사람 다 보내주고 절대 하지 말라"고 바로 제가 [그랬어요]. 저는 어떻게 보면 명령을 어긴 거잖아요, 음주단속 저거 하는 명령을. 근데 그 직원들이 교통계장이 제 행동을 보고 말을 못 하는 거죠, 경찰 고위 간부가 연루가 돼 있으니까. 그래서 바로 철수했어요, 교통. 그런 경험도 있어요. 그런 것들이 '정말 썩어 있구나'라는 것들을 많이 느꼈죠. 제가 의경생활 하면서 굉장히 많은 것들을 느꼈던 게 그런 부분이었고.

면담자    근무지가 어디?

세희 아빠    전주에서. 전주에서 그때 당시 효자동에, 지금도 있어요, 부대가. 전주방범순찰대라고 있는데 거기에서 근무했었거든요. (면담자 : 의경 지원이었나요?) 예, 지원. 의경은 다 지원이고 전경이 차출이고, 현역 갔다가 차출당하는 거고…. 근데 의경 같은 경우는 지원이라고 복무 기간이 길었고, 전경은 현역하고 똑같았어요.

면담자           지원하시게 된 특별한 계기가 있었어요?

세희 아빠      아, 그때 당시에 제가 고등학교 졸업하고 사전영장이라고 해야 되나요? 그때 제가 근무할 때는 방위가 있을 때예요. 지금은 없잖아요. 다 공익이고 그죠. 방위 근무 대상자라고 날아온 거예요, 방위소집 대상자라고. 신체검사는 다 현역 판정받았는데 지역적인, 시골이라서 지역에 방위가 있잖아요, 그 소집 대상으로 나온 거예요. 제가 방위에 대한 좋은 이미지를 안 갖고 있어서…. 왜냐면 학교 다니는데 맨날 보면 방위들이 행동하는 게 그렇잖아요. "아이, 쪽팔리게 방위받겠냐"고 하면서 그런 게 있었던 것 같아요. '군대생활은 사람이 멋있게 하고 뭐 하고 해야지 되는데'라는 '남자답게 해야지' 그런 생각이 있었는데 [방위로 나온 거예요]. 현역 입영 신청이랑 이런 거는 아니고 그런 게 될 수 있던 시기는 아니었고, 그러면은 지원해서 갈 수 있는 게 뭐가 있는가 봤더니, 면사무소나 이런 데 살펴보면 붙어 있어 공고가 이렇게 해병대면 해병대, 공수부대면 공수부대 이런 게….

그때 "방위받기 싫은데 뭘 신청하지" 찾아보니까 의경이 있더라구요. 그때 당시만 해도 '경찰이라면 괜찮겠다'라는 생각들이 있잖아요. 신청하게 된 게 의무경찰 포스터가 눈에 띄더라구요, 그래서 신청한 거예요. 한번 딱 보여, 그 시기에 신청할 수 있는 게 그게 있더라구요, 의무경찰. 그래서 의무경찰은 지원을 했죠, 지원하고 면접 보고. 그것도 신체검사하고 면접 또 보더라구요, 따로. 그리고 해서 면접 보고 입대를 했어요. 설 그때도 쇠고, 기억에는 설 쇠고 2, 3일 뒤에 바로 입대를, 입대를 2월 10일 날 했거든요. 그러면 제 기억으로는 2월 7, 8

일 정도가 요 때가 설이었던 것 같아요. 그래서 설 쇠고 바로 입대를 했거든. 아, 12일이었구나, 12일 맞나? 2월 12일 날 입대를 했나 보네. 그때 입대를 했어요, 2월 10일 날. 맞어, 2월 10일 날 입대를 했고, 2월 10일 날, 오늘 10일 아냐? 오늘 딱 2월 10일이네요.

오늘 입대했거든요. 입대를 딱 해서 논산훈련소 가고, 논산훈련소 한 달 끝나고 그다음에 경찰학교, 충주경찰학교 가서 한 달 또 하고 전주로 배치를 받았죠. 그래서 군대생활을 그렇게 했어요, 의경생활을 했었고 거기서 물론 데모 진압도 많이 나갔었고 거기에서 서해 페리호도 경험하게 됐었고.

**면담자**　입대하셨던 게 몇 년도였던 거예요?

**세희 아빠**　92년, 92년 2월 10일 날 입대를 했죠. 92년도에 입대를 해서 94년 8월 4일 날 제대를 했으니까 딱 30개월에서 6일 빠지는 제대를 했네.

**면담자**　시위 진압하실 때도 전주 시내에서 주로 하셨던 거예요?

**세희 아빠**　전주에서 하는 거는 많지 않았고요. 전주에서도 물론 시위 진압을 하고 했었죠. 전주에서 했던 거는 많지 않았었고, 불과 몇 번이 안 됐던 것 같고, 대부분은 서울이나 광주, 광주도 그렇게 많이 가지는 않았어요. 5·18 무렵에나 좀 갔었던 것 같고 서울로 주로 많이 갔어요. 서울 파견이 굉장히 많았었고 특히 여름에 서울은 굉장히 많이 왔었던 것 같아요. 오면 길게 보름 정도까지 있을 때도 있었고, 그리고 거의 오면 대기하다가 대기 병력으로 있다가 갔었고….

**면담자**　직접 현장에 투입되지는 않았나요?

세희 아빠 임종호

세희 아빠     투입돼도 후방에서 있었던 [경우가 많았어요]. 왜냐면 지형이나 이런 특성을 우리가 지역에서 온 사람들이라서 잘 모르기 때문에. 대부분 그 현지에 있는, 서울에 있는 1기동대, 2기동대, 3기동대 있잖아요. 기동대에서 주력적으로 많이 했었고 우리는 대부분 가봤던 데가 중앙대하고 서울대, 서울대 후문 쪽. 중앙대는 상도동 그 터널 위에 산 있잖아요, 거기에서도 대기를 해봤고, 산 위에서 여름에 진압복 입고…, 지금은 진압복이 간편하게 돼 있잖아요. 우리 입었을 때는 두꺼운 거, 속 안에 솜 들은 거 있잖아요. 전체적으로 두꺼운 거 그런 걸 입었기 때문에 고런 것들 입고 대기하고, 산 위에서 대기하다가 근무 서고…. 그니까 서울대 앞에서는 새벽에도 비 부슬부슬 오는데도 가끔 심심하면 학생들 나와가지고 화염병 하나 던지고 도망가고 그러면 그런갑다 하고 거기서 서서 졸고 있고, 그런 생활들을 많이 했어요.

    하면서 파출소 파견근무도 나갔었고, 방범 순찰대가 하는 일이 뭐냐면, 주로 하는 일이 교통 근무하고 그다음에 밤에 방범 근무라고 해가지고 밤에 나가서 하는 근무가 있고, 파출소 파견근무가 있어요. 파출소에 인원이 부족하니까, 순찰 인원이나 이런 부분들이 부족하니까 한두 명씩 이렇게 파견을 나가서 근무를 하고, 순환 돌아가면서 하고 이런 게 있었어요. 교통 근무하면서도 경찰들의 부조리를 많이 봤었고 파출소 근무를 하면서도 많이 봤었고….

면담자     파출소 근무하실 때는 어떤 일들이 있어요?

세희 아빠     그니까 파출소 안에서 대기하다 보면 주변의 업소들이나 이런 데서 찾아오는 것도 봤었고. 근데 순찰 돌면서 잘 봐달라고 하는 그런 업소들도 있었고 대부분 유흥업소들이 그런 데가 많고, 그렇게 봐달라고 하는 데가 많고, 그 외에 업소들은 크게 관련이 없다 보니까. 그렇지 않은 경찰도 있어요. 청렴한 경찰도 있는데 대부분의 경찰들의 모습은 그런 모습이었죠.

## 17
### 경찰에 대한 생각

**면담자**　　나도 저렇게 편하게 살 수 있을 것 같다는 생각은 안 하셨나요?

**세희 아빠**　　저는 그런 생각을 해서, 분명히 저는 그 모습을 봤어요. 앞에서 굽신굽신하면서 주면 뒤에서도 그러나? 뒤에서는 욕하거든요. 주고 뒤에 가서는 욕을 하니까, 그런 모습을 잘 알기 때문에 그렇게 살고 싶지는 않더라구요. 그래서 '그런 모습은 아니다'라고 생각이 돼서. 결론적으로 뭐냐면 그때 당시에 제대할 무렵 정도 되면, 고참이 되면 대부분 예를 들어서 사회생활을 진출하기 전에 군대생활을 하다 보니까 경찰 시험을 준비하게 되는 고참들도 꽤 있었고, 반대로 저처럼 느낀 사람들은 "경찰은 죽어도 안 하겠다"라는 사람들도 있는 거고, 아까 말했듯이 이쪽 아니면 저쪽이죠. 저는 '이거는 군대생활로 만족하고 말아야겠다'는 생각밖에 안 들더라구요. 누가 얘기해도 저는 추천하고 싶은 직업은 아니었어요.

**면담자**　　지금도 그 생각은 변함이 없으신 거구요?

세희 아빠　　　물론 지금은 제가 봤을 때 예전에 하고는 달라요. 예전에 하고 달라진 게, 금품 수수나 이렇게 자잘자잘한 것들은 없어진 것 같아요. 없어진 것 같은데 글쎄요, 모르겠어요. 더 크게 했는지는 모르겠는데 그런 모습들은 많이 없어졌는데 일단은, 지금의 경찰의 모습들을 보면 경찰은 선망의 직종이 돼 있죠. 왜냐면 공무원이잖아요. 경쟁률도 굉장히 세고. 예전에는 마지못해서 할 거 없으면 경찰 하는 이런 적이 예전에는 있었지만 지금은 정말 하늘의 별따기처럼 힘든 게 경찰 직종인 것 같기도 하고…. 그래서 우리 처남이 경찰이기도 한데 저는 경찰을 지금도 추천하고 싶은 생각은 없어요.

면담자　　　○○이가 한다고 해도 반대하시겠네요?

세희 아빠　　　글쎄요. 지가 하고 싶어 한다라면 시킬 수 있겠죠, 한다라고 마음만 먹는다고 다 되는 것도 아니겠지만. 근데 "최소한 이런 경찰은 되면 안 된다"라는 얘기는 하겠죠. 좋은 경찰도 굉장히 많아요, 많은 거도 알고 있고. 올바른 경찰 신념을 갖고 하는 사람들도 굉장히 많은 거 알고 있어요. 근데 우리가 봤던 경찰들은 좋은 경찰들만은 아니죠. 우리 시위 현장에 가도 진짜 우리 보면서 마음 아파하고 하는 이런 경찰들도 있어요. 반면에 정말 싸가지 없고 말을 해도 정말 재수 없게 얘기하는 경찰들도 많아요. 그런 사람 진짜 많더라구요. 대놓고 우리가 유가족인데도 불구하고 우리 들으란 듯이 얘기하는 사람도 있어요. 그러니까 뭐 어쩌구 주면 국민들이 어쩌고, 이렇게 떠들고 있을 때 진짜 가서 쥐어박고 싶은데 그럴 수 있는 것도 아니고.

　　굉장히 못된 경찰들도 많거든요. 지네가 당해봐야지 똑같이 알죠. 제가 얼마 전에 장인어른이 돌아가셨잖아요, 10월 달엔가 11월 달에.

처남이 경찰이다 보니까 조문객들이 다 경찰이에요, 서울에서 하니까. 우리 처형들이 6남맨데 처형들이나 처제들은 조문객이 안 와요. 근데 저나 집사람은 안산이잖아요, 집이. 그니까 조문객이 많이 와요, 회사. 그래서 대부분의 조문객이 저하고 집사람, 그다음에 처남 이렇게. 대부분 경찰들이죠, 조문객들이 다 경찰들이니까. 근데 저는 세월호 리본 배지를 차고 있고, 봤는데 그중에 딱 한 명이 물어보더라구요. "세월호 유가족이냐"고, "맞다"고 처남하고 어떤 관계냐고 물어보고 "우리 처남"이라고, 그 사람들도 분명히 경찰이면 똑같은 게 알 거 아니에요. 경찰 가족들도 다 있거든요. 우리 나만 있는 게 아니고 우리 유가족들 중에 경찰 가족들도 있어요. 똑같은 사람인데도 똑같은 아픔을 느끼진 않는다는 거죠.

우리 처남한테도 세월호 유가족을 얘기하면 좋은 감정은 아니에요. 왜냐면 모르고 있고 관심도 없고 그런 모습을 보면서 제가 딱 마음을 갖는 게 '내가 다시는 당신하고는 세월호 얘기를 안 한다' 그 생각이 딱 들더라구요. 서울에 광화문에서 그렇게 철야 농성하고 밤새고 있고 해도 전화 한 통, 찾아와, 한번 찾아와 보지도 않더라고, 서울에 있는데도.

**면담자**　　어머님 동생이에요?

**세희 아빠**　　아뇨, 처남이 손위 처남이에요. 그 손위 처남인데도 불구하고 [집사람이] 동생이잖아요. 동생네고 그런데 한 번도 안 찾아와 보더라고⋯. 그래서 제가 앞전에도 한번 만나서 세월호에 대해서, 내가 얘기를 꺼내는 것도 아니고 먼저 "어떻게 돼가고 있냐, 배·보상은 신청했냐" 이런 얘기를 하는데 "신청 안 했고 내가 봤을 때 국정원의 소행이 분명하다. 이런 문건이 이렇게 이렇게 나왔고 그런데" 그런 얘기를 하면 "아, 그건 아닐 건데? 국정원이 그런 건 아닐 건데?" 이런 얘기를 하는 거예요. 그래서 자꾸 정부 우호적인 이런 얘기들을 하는 거예요. 그다음부터는 얘기가 하기 싫더라고. 왜냐면 내가 피해 당사 잔데 '내가 느끼는 게 나는 맞다'라고 생각을 하고, '그렇다'라고 생각을 하고 지금까지 활동을 하고 있고 "내가 정황상으로 이러이러해서 이렇게밖에 판단을 할 수밖에 없다"라고 얘기를 하는데 그걸 아닐 거라고 얘기를 하는 걸 보니까 '이미 이 사람은 내 얘기를 아니다고 판단을 하고 있구나'라는 생각이 들더라구요.

그래서 '더 이상 얘기할 필요는 없겠다', 왜냐면 계속 얘기해 봤자 싸움밖에 안 되잖아요. 그래서 다시는 얘기 안 할 거라고 마음을 먹고, 지금도 연락도 안 하고 연락도 안 오고 그래요. 우리가 이러고 있는 것 자체를 이해를 못 하고 있는 것 같아요. 경찰도 다 똑같은 경찰이 아니라는 생각도 들고….

## 18
### 페리호 사건과 의경생활

면담자   페리호 얘기는 『금요일엔 돌아오렴』에서도 하셨지만 그 때 어떤 상황이었어요?

세희 아빠   그때 당시에도 느낀 거는 '군산 앞바다가 얼마나 먼 해 상이길래 이렇게 많은 사람이 죽었을까'라는 생각을 했었죠. 그때 '세상에 이럴 수가 있을까'라는 그런 생각들이 제일 먼저 들었죠. 특히 '이 세상이 어떤 세상인데 이렇게 많은 사람들이 죽을 수 있을까' 그런 생각, '내가 빠져도 저렇게 죽을까'라는 생각도 해봤는데, 그때도 매스 컴에 나온 게 다였으니까, 알 수 있었던 게 그걸 보고 듣는 게 다였으니까…. 일단 가서 군산 나오는 공설 운동장에 가 있을 때 시신들이 헬기를 통해서 이렇게 실려 오는 모습들을 보면서도 확인하는 게 그때도, 그때 DNA 이런 게 아니라 다 가서 그때도 일일이 어떤 특징이나 이런 부분들을 얘기를 하면, 일일이 와서 확인을 하고 식별을 해서 찾아갔어요, 그때도.

면담자  시신들이 놓여 있고 가족분들이 가서 확인을 하는 건가요?

세희 아빠  예, 확인해서 찾아가고…. 어떤 시신은, 시신 한 구에 두 명, 세 명 "우리 식구라고, 가족이라고" 나오는 사람도 있었고, 그때 당시에도 그런 정신없는 상황들도 굉장히 많았어요. 일일이 확인을 시켜서 그때는 찾아가게 했어요. 지금처럼 DNA 조사하고 그런 게 아니고 일일이 해서 그때도 빨리 안 찾아준다고 시위하고 했었던 그런 게 그대로 생각이 나더라구요. 산업도로 점거하고 길 막고 시위하던 모습들도 봤었고, 그런 상황들에서 많이 다친 우리 동료들도 있었고, 다쳐도 뭐라고 저거 할 수 있는 상황도 아니고, 유가족 앞이라서 뭐라고 얘기할 수 있는 [게] 많이 없었고, 다친 상황에서 일방적으로 그런 상황들도 있었죠. 다친다고 해도 뭐라고 말은 못 하고, 그래서 도로 점거하는 거는 저거 하니까, 위험하기도 하지만 산업도로를 막고 있어 버리니까 소통이 안 되니까, 담요 깔고 있는 거 담요 들어서 밖으로 내기도 했었고, 이런 상황들도 있었는데….

계속해서 거기에서도 사람들 오열하다 쓰러지고 이런 상황들이, 응급차에 계속 실려 가고 이런 상황들도 계속 있었고, 그때 생각은 '세상이 어떤 세상인데 이렇게 많은 사람들이 죽을 수 있었을까' 이런 생각도 많이 했었죠. 그런 상황들이 너무 답답하달까, '어떻게 이런…' 그때 상황도 이랬었는데, 그때는 지금처럼 SNS나 이런 것도 없었었고 인터넷이 있었던 것도 아니었고, 그런 것들 때문에 공중파에서 나오는 방송이 다였죠. 채널 몇 개 되지가 않았으니까 그때는, 그게 다였기 때문에 딱히 TV에서 방송이 안 나오면 잊혀졌죠. 잊혀졌기 때문에 저도 금방 잊었던 것 같아요. 왜냐면 계속해서 군복무를 하는 상황, 시간 속이니까, 어느 정도 시신이 수습되고 나서는 거의 잊혀졌죠, 어떻게 진행이 됐었는지도 모르겠고 그 상황에서. 그때 상황에서는 진짜 세상에 이런 일이 이렇게, 정말 큰 사고였는데도 그때도 언론에서 잊혀지니까 금방 잊혀지더라구요. 세월호도 마찬가지죠. 언론에서 잊혀지니까, 금방 잊혀지니까 어떻게 해요, 계속해서 활동하지 않으면 금방 잊혀지죠.

면담자     그 장면들이 세월호 사고 후에도 떠오르거나 그러진 않으셨어요?

세희 아빠     그런 거는 거의 없었어요. 왜냐면 군생활이라는 게 매일 피곤하게 근무를 하다 보니까…. 현역하고 다른 게 현역은 주말 되고 이러면 쉬기도 하고 그러잖아요. 우리는 주말이고 이런 게 없어요, 근무 자체가 명절도 없고. 명절 때나 이런 때는 더 경비가 많고, 하다 못해 은행 시설 경비나 이런 데도 가야지 되고, 뺑소니 이런 것들 있잖아요, 날치기나 이런 것들. 그런 것들 때문에 명절 되면 은행 경비 자체 요구 요청이 와요. 그러면 은행마다 한 번씩 가서, 청원경찰이 있지만 밖에서 있는 것만으로 해도 주변의 범죄 예방이나 이런 부분들이 있기 때문에, 현금이 많이 오가는 때라서 경비를 서는 거라서···. 명절 때 바쁘지, 주말이면 주말대로 이렇게, 주말이면 행사들이나 이런 게 많잖아요, 그러면 또 바쁘지, 그런 것들···.

　　지금 광화문에 주말에 집회가 많으면 경찰 인력들이 더 많이 오듯이 그런 거랑 똑같아요. 오히려 일반 평일 같으면 러시아워 근무, 교통 근무[를 하는데] 그때 신호나 이런 부분들, 아침에 신호로 해서 차량 소통이나 이런 게 완전히 출퇴근이나 분명히 다르기 때문에, 그러면 가서 수신호 해서 교통정리 하기도 하고···. 매일 그런 근무 연속이기 때문에 한 달에 하루 쉬기가 힘들어서 부대 내에서 '한마음 체육대회'라고 한 달에 한 번씩 하자라고 정해놓는데 그것도 거의 못 해요. 그럴 수 있는 시간이 많지 않아요. 정해놓고 딱 하는데, 그날 예를 들어서 체육대회를 잡아놓고 하잖아요? 출동 떨어지면 바로 부대 복귀해서, 예를 들어서 진압이다 그러면 진압복 입고 출동하고 이런 식.

　　이런 적도 있어요. 막걸리를 막 먹고 있었는데 출동이 떨어진 거예요. 그러니 진압복 입고 도로에서 딱 길가에 앉아서 대기하는데 전부 다 꺽꺽 트림만 하고 있는 거예요. 막걸리 먹으면 트림을, 시민들은 지나가는데 "막걸리 냄새가 난다"고, 계속 나니까, 한두 명이 그러는 게 아니라 여러 명이 앉아서 그러고 있으니까 냄새가 나잖아요(웃음). 지나가는 사람들이 냄새를 [맡고] 이렇게 (손으로 코를 막으며) 하고 가는 거야. 이상하죠, 경찰들이 냄새 풍기고 앉아 있으니까. 그런

세희 아빠 임종호

경험도 있고 굉장히 근무 자체는 빡세게 돌아가요. 빡세게 돌아가니까 틈만 나면 자려고 하고, 힘들어요. 야간이면 야간대로 근무를 계속 돌아가면서 하긴 하는데, 방범 근무를 하면 밤에 근무를 서잖아요. 8시에 나가서 새벽에 들어오고 그러니까 밤낮이 바뀌는 근무도 하고….

아침 되면 교통 근무 나가는 사람도 아침에 새벽 일찍 교통 근무, 러시아워 시간에 출근 시간에 서야 되니까 이런 근무들 때문에 그렇고, 항상 뭐 근무가 계속 이렇게 돌아가면서 되니까, 아무튼 그런 근무들이 굉장히 일반 직원들보다는, 경찰 간부들보다는 빡세게 돌아가죠. 그래서 그런 걸 되돌아보고 할 시간이 없죠.

면담자    이번 사고 때 경찰 근무한 생각이 나시지는 않았어요?

세희 아빠    많이 났죠, 요번에도 똑같이 그런. 서해 페리호 때에도 말도 안 되는 그거였는데 지금은 더 말도 안 되는 상황이 발생이 되니까. 그게 그때 생각들이 딱 떠오르더라구요. 그때도 말도 안 됐는데 지금은 더 말도 안 되는 세상. 왜냐면 당해서 딱 갔는데 아무도 없잖아요, 얘기해 줄 누가 없잖아요. 진행 상황이고 해줄 사람이 없었거든요. 그러니까 더 답답한 거죠. 그런 것들 때문에 참 너무 진짜 그때 생각하면 말도 안 되게 정말 황당했던 거죠. 다른 건 다 제껴놓고 '이게 말도 안 되는 세상이다, 말도 진짜 안 된다' 그런 생각들만 계속, 그때 당시에도 그런 생각들을 했었는데 우리가 딱 당사자가 되니까는 '이거는 진짜 말도 안 된다, 내 상황도 말도 안 되는 거고 이걸 구하지 못하는 것도 말도 안 되는 거고' 그런 것들이 만감이 교차하는 속에서 계속 '세상에, 세상에, 이건 진짜 말도 안 된다', 내가 당사자인데 그것도 실감이 안 나는데 설마설마하는 생각들만 계속 있었던 거죠.

19

## 시민, 유가족들의 국가관을 바뀌게 한 세월호 참사

**면담자**  세월호 활동하실 때 어떤 게 가장 기억에 많이 남으세요?

**세희 아빠**  글쎄, 딱히 기억이 난다거나 이런 거는 별로 없는 거 같고, 말이 안 되는 상황들이 계속 연속이 됐으니까. 간담회도 그렇고 도보 행진도 그렇고, '많은 사람들이 사실을 너무 모르고 있다', '활동하는 사람들이고 이거에 관심 있었던 사람들 자체도 아직도 많은 걸 모르고 있는 사람들이 너무 많이 있다'라는 생각? 실체를 너무 모르고 간담회 와서 들어보고, 쉽게 얘기하면 일단 매스컴에 보여지는 거하고 그다음에 SNS에 통해서 이렇게 알려진 사실들 요런 것들 보면 알 수 있잖아요. 가족들이 실제로 경험했던 이런 부분들을 전혀 모르고 있는 상황이고, 그래서 쉽게 얘기하면 내가 하는 얘기만, 간담회 하라고 그러면 간담회가 아니라 발언식으로 계속 혼자 얘기, 혼자 떠들다 보면 많은 내용들이 나오지는 않아요.

내가 들어보면 많은 내용들이 나오지는 않는데, 대부분 대화를 하다 보면 저분이 어떤 질문을 하게 되면 그거에 연계돼서 기억이 나면서 얘기를 하는 이런 부분들이 많거든요. 실제로 우리 가족들이 어떤 경험을 했다라는 말, '이런 부분들은 내가 어떤 얘기를 하고 가야 되겠다' 주제를 정해서 가고 하지만 실제로 다 기억하고 말하지 못하거든요. 그러면 질문을 하는 속에서 다시 기억이 나서 하는 얘기들, 우리 가족들이 통화 기록이나 이런 것들이 지워졌던 것들 대부분 모르고 있더라구요. 대부분 몰라요, 그런 내용을. 거의 다 모른다고 봐도 과언이 아니에요. 그니까 실제로 국정원 해킹, 사찰, 개인 사찰 이런 부분들 있잖아요? 그런 게 다 실제로 가능하다는 거는 대부분의 국민들이 몰라요. 안 될 거라고 생각을 해요.

'핸드폰 내 핸드폰인데 여기 기록을 어떻게 지워?', 실제로 다 지워졌다는 거를 우리 가족들이 얘기하니까 아는 거지 안 그러면 몰라요. 진짜 못 지우는 게, '지울 수 없다'라고 생각을 하고 있어요. 사람들이 그런 부분 얘기하면 많이 놀래죠. "진짜 지웠냐"고, "지워진다"고, 그니까 경험을 해보지 못했기 때문에 대부분이 설마설마하는 거죠. 실제로 그런 얘기들을 하게 되면 '아, 그게 가능하구나' 그때서야, 그런 사람들이 대부분 많다구요. 세상이 얼마나 무서운 세상인가를 모르고 있단 말이에요. 그리고 '설마 진짜 이렇게 무서운 세상일까'라는 두려움, '그런 세상에 내가 살고 있을까'라는 두려움들을 많이 갖고 있고, '정말 거짓 같은 게 진짜 사실이면 어떻게 하지' [하는] 걱정들, 두려움들을 굉장히 많이 갖고 있고, 대부분 사람들이. 간담회[를 통해서], 이 세월호 참사를 계기로 해서 세상을 다시 본 분들이 굉장히 많더라구요, 어떤 세상인가.

면담자       가족분들도 그러실 것 같아요.

세희 아빠       가족들은 거의 신세계죠. 정말 이런 세상이 대한민국이었다는 거를 다시 진짜 새로운 세상을 본 거죠. 두려운 세상을 다시 본 거죠.

면담자    아버님은 그래도 그나마 익숙하신 거죠?

세희 아빠    저는 많은 싸움들을 하고 다녔기 때문에, 내가 그 당사
자가 돼버렸다는 거 말고는 달라진 게 거의 없다고 봐야죠. 변화의 폭
은 제가 가장 적게 봤다고 볼 수도 있는데, 저도 적게 본 건 아니죠,
내 자식이 희생이 됐으니까. 그런 것들 따지면 말도 안 되는 거지만
어쨌든 사회 전반적인 부분 보는 거에 대해서는 어차피 이런 세상이
라는 것을 알았기 때문에, 알고 시작했기 때문에 그 변화의 폭이 없는
거죠. 근데도 아직도 돌아다니면서 이렇게 간담회 다녀보면 세상을
모르는 사람들이 너무 많다는 거.

면담자    간담회 온 분들이 답답하다거나, 아버님을 언짢게 하는
경우는 없나요?

세희 아빠    대부분 거기 오는 사람들 자체가 지금은 언짢게 할려고
하는 사람들이 없어요. 없구요, 만약에 정 그러고 싶다라면 그거에 대
해서 다 답해줄 수가 있으니까, 크게 제가 경험했던 거는 무리가 없는
것 같아요. 그 장소에 들어와서 반론을 제기하고 의심을 제기하고 그
런 것들은 크게 경험해 본 거는 없고…. 왜냐면 그런 것들을 얘기한다
하더라도 우리가 경험했던 것들을 그대로 얘기해 주면 되는 거니까,
그걸 믿고 안 믿고는 자기네들이 몫이잖아요. 받아들이는 사람들 몫
이기 때문에 우리가 고민할 것들은 아닌 것 같아.

세희 아빠 임종호

## 20

## 쌍용차 해고 노동자와의 연대활동

면담자      보도를 보니 쌍용차 자전거 행진을 하셨던데, 연대활동
은 어떤 것들을 하셨나요?

세희 아빠      연대활동이나 이런 거는 그게 다였던 거 같고, 연대활동
이라고 해봤자 집회 가면 얘기하는 것, 집회도 있었고 백혈병, 삼성 거
기 가서 하는 거 발언하러 다녔죠. 쌍용차도 하게 됐던 게 계기가 뭐냐
면, 쌍용차는 제가 노동조합에 있을 때도 허구한 날 쫓아다녔던 데니
까 하도 많이 갔던 장소라서 그런 특별한 것보다는 인권운동가 박진
씨가 쌍용차 같이하고 이런 것들 있잖아요. "자전거 투어 하는데 같이
할라냐"고 그러더라구요. "알았다"고 쌍용차를 모르는 것도 아니고 수
원에서부터 평택 공장까지 거기 가서 자전거 투어 하고, 발언하라고
해서 발언하고 [했지요]. 거기서도 발언 내용은 똑같죠, 쌍용차 한두 번
온 게 아니니까 계속해서 처음에 죽창 들고 있을 때부터, 정리해고 명
단 내려오기 전부터 이미 같이 가서 연대했기 때문에 잘 알죠, 그 사람
들. 저는 거기에 연대하는 사람으로서 한 사람으로 가 있었기 때문에
그분들은 저를 잘 모르겠죠. 그러나 저는 항상 가서 집회든 뭐든 같이,
경찰들하고 시위나 이런 것들도 같이했었고. 그 자리에 한창 과격하
게 할 때 돌멩이 던질 때도 있었고 그렇기 때문에 잘 알죠.
    어쨌든 같이 "세월호 유가족들의 연대하는 모습들을 보여달라"라
고 해서 자전거 투어를 했어요. 그때 이미 서울의 광화문이나 이런 데
있을 때 쌍용차에서도 조합원들, 해고된 조합원들이 항상 여러 명들

이 같이하고 있었고, 도보 때도 몇 분이 같이하셨던 분들이 계시기 때문에 그래서 연대 차원에서 같이했던 것도 있고….

면담자　쌍용차 노조는 역사적으로도 중요한 노동운동사 사건으로 남을 듯한데 얘기 좀 해주세요.

세희 아빠　연대활동을 하면 자꾸 볼 때마다 뭐죠? 자살하신 분들이 점점 늘어나는, 이런 숫자가 점점 늘어나더라구요. 이번에 가니까 몇 명, 이번에 가니까 몇 명, 그런 모습들을 보면서 이게 내가 현 회사에서 살지 못 [하고] 정리해고가 돼서 죽는 게 아니다는 걸, 누구나 다 잘 아는, 단순한 정리해고 때문에 사람들이 죽어가지는 않거든요. 그 이후에 생기는, 우리 가족들이 겪는 거하고 비슷하죠. 왜냐면 우리 가족들도 사고 이후에 모든 변화가 시작이 되는 거예요. 직장생활도 변화가 생기고 가정사도 변화가 생기고 아이들과의 삶의 변화들도 생기고, 이런 부분들 다 겪고 있잖아요. 저희는 그거거든요. 단순하게 직장에서 해고돼서 발생되는 게 아니라 그 이후에 주변의 많은 사람들의 바라보는 시선들, 해고자라는 신분들, 그리고 그 이후에 어떻게든 싸워서 복직하려고 하는 모습들을 보면서 거기에서 발생되는 트라우마들, 그리고 가장으로서의, 어떻게 보면 한 가정을 책임져야 되는 책임감에 있어서의 변화, 이런 부분들을, 변화를 이끌어가지 못하는 부분에 있어서 발생되는 것들, 이런 것들은 굉장히 많은, 한 가정이 깨지기 시작하는 부분도 있거든요.

사실상 우리 가족들도 마찬가지고…. 우리가 제대로 된 가정이 유지가 안 돼서 예를 들어 한 가정이 두 가정으로 분리되는 이런 상황들이 많이 만들어지고, 이런 것들을 보면 굉장히 어떤 사건에 대해서 발생되는 트라우마라는 게 굉장히 심하다는 거죠. 단순하게 주변에서 바라보는 시선들하고는 많이 다른 거죠. 내부적인 아픔들을 겪어가는 과정들은, 제가 이런 얘기를 하고 있어도 사실상 앞으로의 어떤 변화 과정이나 이런 부분들은 이렇다 저렇다라고는 장담을 못 하는 거죠. 당사자가 돼버리면 그 아픔을 이겨가는 과정은 자기의 몫이니까, 그 변화의 과정들은 누구도 이렇다 저렇다 장담을 못 하는, 단지 아픔만 계속해서 쌓인다는 거죠. 그 사후에 어떤 결과가 도출되든 간에 그 과정에서는 아픔들만 계속해서 발생이 된다는 거죠.

그래서 쌍용차를 보면 물론 긴 시간 동안 계속 싸웠다라는 거 너무나 잘 알고 있는 거고, 그 주변에서 그 기간 동안에 많은 사람들이 죽었고, 병들고 쇠약해서 죽은 부분들보다 어쨌든 자기가 그런 선택을 할 수밖에 없었던 극한의 어떤 고통들로 만들어졌다는 그 자체가 가장 큰 문제죠. 노동 현실이 문제가 있고, 자본의 악랄한 수법에 맥을 못 추고 당하는 약자의 근로자로서, 노동자로서 살아간다는 그런 현실감이, 현실의 벽을 넘지 못하는 좌절감들도 어쨌든 중간 사이에 과정들에 있어서 많은 고통을 줬기 때문에 이런 큰 계속해서 진행되는 아픔들 속에 희생자들이 발생됐다는 [거예요]. 그런 걸 보면 항상 우리는 말로는 "연대하고 싸우고 있다"라고 얘기를 해도 "정말 당사자가 되지 않으면 정말 싸우고 있거나 연대하고 있는 건 아니다"라는 거죠. 아픔을 겪었던 사람들이 그 아픔을 이해한다고 그런 마음에서 어쨌든 연대활동이나 이런 부분들을 생각하지 않으면 안 되는 거죠.

면담자    쌍용차 구조조정 들어갈 무렵부터 민노총에서 연대 지원을 나오셨던 거죠?

세희 아빠     명단이 내려오기 전에 "구조조정을 하겠다"라는 얘기가 나오면서 처음에는 희망퇴직자를 받았겠죠. 그렇게 시작이 되면서 먼저 결의 대회나 이런 것들을 했죠. 결의 대회 하고 그 과정에서는 그게 되게 좋았어요. 처음에 단결되어 있는 모습은 굉장히 좋았는데 구조조정 명단이 딱 떨어지니까 상황이 완전히 바뀌는 거예요. 그런 부분들 보면서 한 사람의 가장으로서, 한 가정의 가장으로서 선택할 수밖에 없었던 그런 모습들이 보이더라구요. 명단에 속해져 있지 않은 사람들은 어떻게 보면 살아남은 자들로 보이는 거고…. 예를 들어서 계속 연대활동을 하면 협박과 회유가 들어가는 거죠, "계속 그렇게 하면 당신도 그만두라"고 이런 식의. 그런 것들 때문에 그 옆에 동료들과 연대를 같이하고 싶은데, 상황이 내가 가지 않으면 나도 똑같은 해고자가 될 수 있을 것 같으니까 거기 자리에서 떠날 수밖에 없었던 상황들, 그런 광경들은 굉장히 '아, 이게 자본이 할 수 있는 최대의 무기가 아닌가' 그런 생각들도 들더라구요. 그런 모습들을 보면서 "내가 만약에 저런 상황이라면, 자기를 위해서는 나는 끝까지 같이 싸울 거야"라고 얘기를 하겠죠.

막상 현실에 부딪히면 그런 판단을 할 수 있는 사람들이 얼마나 있겠냐 이런 거죠, 나마저도 저런 판단을 하기가 쉽지 않을 거라는 생각이 드니까. 근데 거기를 떠나는 사람을 욕할 수 있는 사람은 아무도 없어요. 왜? 나도 저러면은 이 자리를 떠나서 직장생활을 열심히 할 거니까, 그런 생각들을 하죠.

세희 아빠 임종호

## 21

## 노동조합 활동과 노동운동 현실

면담자　　　아버님 지회장으로 활동하시면서도 그런 생각으로 하실 수밖에 없었던 건가요?

세희 아빠　　　저도 지회장을 하면서 제일 먼저 했던 게 '내부적인 조직을 가장 강하게 만들어야 되겠다'라는, '결속력을 다져야겠다'는 생각을 해서 간담회나 이런 것들, 소규모 간담회로 시작했던 게, 한 사람 한 사람을 다 조합원으로서 강한 결속, 결집력을 갖게 하기 위해서 그런 부분들 조직을 할려고 [했어요]. 제가 술 마시면서 계속했던 얘기들이 그런 부분들[이었죠]. 내가 하고 싶어 하는 앞으로의 사업들에 대해서 설명을 하고 그 사람들한테 얘기도 듣고 하려고 해서 소규모 간담회를 많이 했어요. 그런 부분들이, 왜냐면 대규모로 하게 되면 자기 생각을 가지고 있어도 얘기를 못 하는 사람들이 많거든요. 많지 않으면 가능하잖아요, 서로 대화가 되니까. 그래서 내가 힘들어도 그렇게 해서 하는 게 낫겠다 싶어서 저는 그렇게 간담회를 진행을 했었고, 물론 그런 부분들 진행하면서 초기의 내가 하고 싶어 하는 사업들이랄지 이런 부분들은 많이 수긍을 해줬고…. 이런 분들도 있고, 반대로 의견들도 많이 들었었고, 이런 부분들이 좋았던 것 같아요.

　　노동조합이, 저는 생각하는 게 가장 큰 병폐가 뭐냐면 노동조합에 있으면 노동조합에 안주를 하게 돼요. 모든 게, 사안이 개인사가 있든 회사 관련해서 문제가 있으면 노동조합에 의존을 하게 되는 거예요. '노동조합에 어느 정도 힘이 있다'라고 생각이 들면 노동조합에 항상 의존을 하게 돼 있어요. 그리고 나중에는 너무 이기적으로 변해가요. 왜냐면 너무나 편하게 노동자가 누려야 될 권리나 회사에서 직장생활 하면서 누려야 될 어떤 직무, 책임 이런 소지들도 다 노동조합에 넘어 오게 되는 거예요. 그러면 노동조합에 할 일이 많아지겠죠. 많아지는 데 물론 그걸 해소를 시켜주면 본인은 성취감이나 이런 부분도 있겠 죠. 만족도도 높아지고 하지만, 노동조합이[에] 너무 기대는 부분들도 많이 생기는 거고, 그러면 아까도 얘기했지만 너무 이기적으로 변해 요. 왜? 다 해주니까, 노동조합에 얘기하면 다 해주니까 주변의 많은 조합원들을 포괄적으로 보는 시선이 아니라 오로지 나에 대한 요구사 항들이 자꾸 늘어나요.

그래서 누군가는, 다수를 위해서 소수가 희생하는 이런 게 집단생 활에서는 발생이 되거든요. 근데 이 소수의견도 많이 들어주게 되면 그것도 당연히 들어줘야 된다는 생각이 들어요. 그렇게 되다 보면 다 수의 의견보다는 목소리가 크고 주장이 강한 사람들 의견들이[로] 여 론이 가게 되는 거죠. 그런 모습들도 봤고, 그리고 더 한 가지 더 안 좋은 건 뭐냐면 사회 전반적인, 우리가 연대 사업이나 이런 걸 많이 하잖아요, 그런 부분들은 별로 관심이 없어요, 관심이 없어요. 자기, 내가 돈 많이 벌려고 하는 게 중요하지 다른 약자들이, '다른 연대해 야 할 사업장들이 잘되면 좋겠다'라고 생각은 해주는데 내가 가서 직 접 연대하거나 이런 생각들 안 한다는 거예요. 당장에 내 눈앞에 이익 만 생각하게 되는 거죠.

지금 노동 개악이나 이런 부분들이 계속해서 얘기가 되고 있잖아 요. 얘기가 되고 있어도 실제로는 나한테 직접적인 타격이 없으면 관심이 없어져요. 심지어 어떤 얘기까지 노동조합에서 하게 되냐면, 노동조합의 대의원으로 지금도 하고 있으니까, 저는 정말 절실해서 얘기를 하는 거예요, 현장에 가서 전달을 하는 거죠. 이렇게까지 얘기를 해요. "지금 우리가 일하는 것도 노동조합이 있어서 언제까지 버틸 수 있을지 모르겠지만 노동법이 개악이 되고 하면 우리가 다니고 있는 이 직장도 무사하지 않을 거다. 더구나 더 중요한 심각한 문제는 뭐냐면 당신들이 자식을 키우고 있지만 지금 정규직이라고 하더라도 그 자리도 보장이 안 된다. 그리고 지금 자라나고 있는 아이들한테는 더 보장이 안 된다. 그런 나쁜 인간들이 우리가 지금 돼가고 있다. 왜? 우리는 편하게 직장생활을 하고 노동자의 권리를 누리고 살았을지는 모르는데 그렇지 못 하는 나머지 후손들이나 내 자녀들은 그런 혜택을 더 이상 받지 못하고 정말 일용직으로 전락하게 된다" 그 사람들이 이렇게 얘기를 해도 조합원들이요, 안 와요.

자기한테 직접 안 와서, 그런 게 안 닥쳐서 모르는 거예요. "연대활동 하자고 집회 가자"고 얘기를 해도 지금 당장 내가 놀 게 중요하고 내 자식하고 놀러 가는 게 중요한 거예요, 쉬는 날. 그 사람들은 그렇게 살아왔으니까 당장 그걸 모른다니까요, 자기는 잘 살 거다, 자기가 있는 재산도 있고 잘 살 것 같으니까. 저는 그 생각이 들어요, '지금도 그거 하나만큼은 노동조합이, 조합원들이 바뀌지가 않고 있다' 노동조합 활동을 한 사람들은 그나마 나아요. 했던 사람들은 보고 들은 게 있고 느낀 게 있기 때문에 그나마 나은데 노동조합 간부 활동을 아예 안 해본 사람들은 아예 모르는 거예요, 그냥 자기 마음밖에 모르고, 사람들이. 현대자동차나 기아자동차 이런 데 대부분 활동을 하는 사람들 외에는, 그 현장에 있는 조합원들은 세상들을 잘 모르고, 지금 당장 자기네들은 직장 다니는 데 지장이 없고 먹고사는 데 지장이 없고 내 자식들 내 가정들 사는 데 지장이 없으니까 크게 못 느끼는 거예요. 그니까 실제 큰 맥락에서 보면 사회 전반적으로 병들어 가고 있는 거는 보지 못한다는 거예요, '내 가정만 건강하면 된다'라고 생각을 하고.

면담자 　　　　민주노총 전체 차원에서도 그런 문제들을 안고 있는 거네요?

세희 아빠 　　　　다 안고 있죠. 다 알고 있고 저만 느끼는 게 아니죠, 알고 있는데 그걸 어떻게 풀어나가야 될지 모르고…. 그래서 민주노총 산하에 금속노조 사업장들이 있잖아요? 매번 조합원 교육이나 이런 것들을 하는데 그 교육이 일대일 교육이 아니면 의미가 없어요. 예를 들어서 강당에 모아놓고 시청각교육 강사가 데려다 놓고 얘기를 하라고 하면 그걸 집중해서 듣는 사람이 없어요. 내가 봤을 때 1프로도 안 돼요, 듣는 사람이. 그러면 다 와서, 요즘에는 좋잖아요, 스마트폰 들고 게임하고 있고, 그게 할 수 있는 시간이고, 아니면 피곤하면 자고 그 시간이지, 뭔가 나한테 가르치려고 하는 내용이 나한테 다가오는 내용은 아니라는 거죠. 그래서 그런 부분들이 훨씬 자기 입장에서 노동조합의 조합원이라면 '나는 조합원이니까 당연히 안다'라고 생각을 하고 있는 사람들이 모를 수 있다라는 거죠.

　　그래서 노동조합도 굉장히 그런 것들이 큰 딜레마에 빠져서 있어요, 제가 보는 시점에서는 '앞으로 일본 짝 나지 않을까'라는 생각도 들고. 일본의 노동 전문가들이 했던 얘기를 들어보면 "한국은 일본의 전철을 밟지 말아라"는 노동 연구가 교수가 하는 얘기가, 그런 내용을

244
·
세희 아빠 임종호

얘기하더라구요. 지금 일본이라는 나라가 다 아웃소싱이잖아요, 비정규직이고. "한국이 그 전철을 밟지 말아라, 그렇게 되면, 정말 크게 보면 국가경제 경쟁력도 상실이 되는 거고 모든 게, 아웃소싱 자체가 직업이 그렇게 바뀌게 되면, 크게 보면 국가경쟁력부터 해서 경제력은 계속 마이너스성장으로 갈 수밖에 없다"는…. 어차피 지금 내가 몸담고 있는 회사가 내 회사라는 생각을 가지고 다니잖아요, 대부분. 자부심이라면 자부심도 있을 수 있고 내가 다니고 있는 소속감이라는 이런 것들이 있는데, 비정규직이 되면 그 소속감이 없어지는 거죠.

그러면 분명히 기업도 경쟁력을 잃게 된다는 거죠. 왜냐면 내 회사라는 생각이 안 드니까 연구개발도 안 되는 거고 발전도 안 된다는 거죠. 초등학생이 생각해도 이미 다 알 수 있는 부분들이거든요. 이상하게, 그런 걸 다 알아요, 다 아는데 정치나 이런 부분은 바뀌지가 않는다. 그런 걸 봤을 때는 정말 어른들이 세상을 똑바로 보고 잘 판단해서 정치하는 사람들도 올바른 정치를 할 수 있게 이끌어줘야 된다는 생각들을 많이 하죠.


## 22
## 한국의 현실 비판

세희 아빠　　지금 박근혜 정부 보면 거꾸로 가고 있으니까, 저는 이 아픈 현실을 겪고 하면서, 우리 아들이 있으면서, 우리 아들이 살아야 될 세상이 답답한 거고, 계속해서 사회생활 하기는 더욱 점점 힘들어지는 세상이다 보니까 솔직히 얘기하면 이 나라에서 살기가 싫어요.

보고 살 게 없어요. 아무리 못 한, 직업의 귀천이 없다고 얘기하잖아요, 정말 못 한 일을 해도 복지가 잘되어 있는 나라, 이런 나라에 가서 살고 싶은 마음이 있어요.

면담자        이민도 생각해 보신 적이 있나요?

세희 아빠        저는 이민을 예전에 사고 직후에는 이 나라 싫어서 그런 생각도 했었는데, 저는 이민을 가거나 그러고 싶지는 않아요. 이민을 가고 싶지는 않고 단지 해결이 되고 나면, 내가 어느 정도까지는 아직은 젊으니까 연대활동이나 이런 부분들도 할 수 있다라면 하고 싶고…. 그러면 그 나중에는 조용한 시골 가서 조용히 살고 싶어요. 그런 생각이 [있지만] 아직은 젊으니까 해야 될 일도 많고 진상 규명을 위한 활동들도 해야 되겠고, 그런 부분들 때문에 [지금 가지는 못하죠]. 솔직히 제가 진상 규명을 지금 할 수 있다고 해서 하는 활동도 없지만은, '뭘 하고 할 수 있을까' 이런 생각도 들지만, 어쨌든 해결이 될 때까지는 계속해야 될 것 같고, 그 이후에는 대한민국을 떠나서 살고 싶은 생각은 굴뚝같지만 그런 여건이 될 것 같지는 않고, 하다못해 자식이라도 '이런 세상에선 살기는 힘들겠구나'라는 생각을 많이는 하죠.

간다라고 하면 내 생각 같으면야 [아이들이라도] 멀쩡한 나라에서 살게 하고 싶기야 하겠죠. 지금 대한민국을 보면 "여기에서 잘 살아라"라고는 얘기를 못 할 것 같아요. 진짜 내가 돈이 많아서 경제력이 뒷받침될 수 있는 부분들을 만들어준다라면 모르는데 그렇게 될 수 있기는 힘들 것 같고, 어쨌든 될 수 있으면 이 나라가 바뀌기를 바라는 거지만, 그렇지 못 하다라면, 점점 안 좋은 상황들로 간다라면 이 나라에서 군이 "열심히 살아라"고는 얘기 못 할 것 같애요. 이 나라에서는 내가 장담하고 "너를 [여기서] 잘 살아보라"고 얘기를 못 할 것 같아요.


## 23
## 남은 삶에서 추구하고자 하는 목표

면담자     아버님의 삶에서 한 가지 추구하고자 하는 목표가 있으시다면 어떤 건가요?

세희 아빠     남은 삶에서 한 가지 추구하고 싶은 거? 글쎄요…. 아마 제 개인적인 삶으로 보면 뭔가를 이렇게 딱 [정해두지는 않았어요]. 저는 원래는 이런 생각을 하고 살았어요. 네 가족이 있을 때는 진짜 소박하게 일반 평범한 가정을 꿈꾸면서 살았던 거고, 지금은 가장 크게 생각하는 게 내가 살아 있는 동안에 세상이 조금이나마 바뀐 모습을 봤으면 하는 게 소망이고, 가장 큰 불안한 심리가 바뀔 기미가 보이지 않으니까 사실상 힘들고. 저는 될 수 있다라면 집사람하고도 이런 얘기를 했었는데 "내가 여력이 된다라면 사회 전반적인 구조를 바꾸는 노력들을 할 수 있도록 쪼끔이나마 밑받침이 될 수 있도록 노력들을 해보고 싶다"라는 얘기를 했었어요. 쉽지는 않을 것 같은데 하여튼 그런 세상을 만들기 위해서는 조금이나마, 농담 삼아 '정치를 바꿔야지 되는데'라는 생각이 있어요.

쉽게 얘기하면, 박주민 변호사가 엊그저께도 얘기를 하는데 "우째 되는 거야? 공천받는 거야, 안 받는 거야?" (웃으며) 그러니까 "아이,

안 될 것 같은데, 이게 경선을 해야 될 것 같은데" 이런 얘기를 하다 보니까 "그럼 왜 들어갔는데?" 그런 얘기를 [하니까] "그러게요…. 공천 받을 것 같아서 했는데 어떻게 지금 당 상황이 힘들 것 같다" 이런 얘기도 하고요. 그게 명확하게 정하지는 않았는데 그런 활동들이 필요하다라고 하면 제가 아는 것도 없고 배운 것도 없어서 크게 할 수 있는 거는 없을 거 같은데, 어쨌든 조금이나마 힘이 된다라면 그런 부분들도 활동도 해보고 싶고 [하지요]. 정치에 워낙 관심이 없는데 자꾸 정치적인 게 토대가 돼야지 이 세상이 바뀔 수 있는 게 당연한 거를 너무나 잘 알기 때문에….

면담자　　　정치가 중요하다는 생각을 하시게 된 것 같아요.

세희 아빠　　　'아, 뭘 어떻게 해야지 되나' 이런 생각도 들고, 일단은 '세월호 진상 규명을 하기 위해서는 어떻게 해야 되나' 혼자 고민만 계속하고 있는 상황이에요. '뭐가 도움이 될까' 이런 생각도 많이 하고, 그런 생각들로 계속해서 시간만 흘러가고 있고, 죽기 전에는 진짜 그런 세상이 됐으면 좋겠고…. '힘들다는 거는 아는데 방향이라도 좀 보였으면 좋겠다'라는 생각도 들고, 그 방향을 바꾸는 데 조금이나마 [도움이] 된다면 일을 해보고 싶다 이런….

면담자　　　아버님은 이 세월호 활동이나 여러 활동에 대해서 청사진을 가지고 계신가요?

세희 아빠　　　저는 노동조합이 하는 행동들이 항상 짜여져 있는 틀에 똑같은 집회, 형식적인 집회들로 마무리가 돼요. 같은 생각, 같은 뜻을 갖고 있는 사람들이 한자리에 모이는 거는 정말 쉽고, 얘기하기 편하고 전달하는 것도 쉬워요. 그런 사람들은 당연히 연대활동이나 그런 게 중요하지만, 그런 것보다는 '이미 알고 있는 사람이 중요한 게 아니고 모르는 사람들한테 알려주는 게 중요하다'라고 생각이 들어요. 그 어떤 수단이 됐든, 매체가 됐든, 전단지를 돌리든 지하철에서 하는 행동들이 있잖아요. 그런 걸 다 하든 그 수단이 중요하지 않고 그 방법이 어떤 방법으로 해서든 독특한 아이디어가 나와서 알릴 수 있는 방법이 있다면, 내 주변의 예를 들어서 모르는 사람, 내 폰에 저장되어 있는 사람들한테 이런 이슈가 있으면 문자를 돌려서라도 진실을 가르쳐주고, 노동 개악이 왜 되면 안 되는지 이런 문자들도 돌릴 수도 있는 거고, SNS 주소를 블로그에 올리든지 해서 전달을 할 수 있는 거고, 이런 부분들을 최대한 동원을 해서 그런 부분들의 전략들을 짜야 되지 않나 이런 생각을 [해요].

왜냐면 우리가 보여주는 거는 어디 장소에 똑같은 생각을 갖고 있는 사람들끼리 모여서 집회 발언하고 그런 정보 전달력보다는, 이미 알고 있으면 그런 부분들을, 물론 집회를 통해서 전단지를 통해서든 홍보물을 통해서든 이런 것들을 보고 알았으면 모르는 사람들한테 전달하는 게 중요하잖아요. 그런 전달할 수 있는 방법들을 찾는 게, 국민들한테 알리는 게 가장 중요하지 않나라는, 항상 '우리의 반대편에 서 있는 사람들을 설득하고 바꿔나가는 부분들이 필요하지 않을까'라는, 그런 방법들이 주가 돼야 되지 않나 이런 생각들을 해서, 저는 지금 간담회, 세월호 관련해서 다니고 하면 "우리가 우리끼리 아는 거 중요하다. 하지만 그보다 중요한 건 우리가 제대로 알고, 주변 사람들한테 제대로 전달하는 게 중요하다"라고 해요. 그게 중요하거든요.

왜냐면 우리는 다 알고 있으니까 모르는 사람들한테 제대로 된 진실을 알려가는 게 중요하다[고 보기 때문이에요]. 모르는 사람이 더 많잖아요. 안다고 얘기하는 사람들도 얘기해 보면 모르거든. 그런 사람들한테 제대로 된 정보를 전달하는 게 중요하다, 알려가는 방식 그러니까 어떻게 보면 그 구전의 방식이 됐든 어쨌든 우리가 매스컴을 가지고 있지 못한다라면, 진보성향의 매스컴은 진보성향인 사람만 보거든요, 그런 게 아니라 누구나 볼 수 있는, 매스컴 역할을 할 수 있는 그런 부분들을 방법을 찾는 게 가장 중요하지 않나 생각이 들어요.

## 24
## 못다 한 말

**면담자**　　　그동안 구술증언하시면서 좀 더 하시고 싶은 말씀이나 못다 하신 말씀 있으면 해주세요.

**세희 아빠**　　　지금 얘기하라면 생각도 안 나고, 딱히, 솔직히 그래요. 무슨 얘기를 하라고 하면 막연하고. (면담자 : 오랫동안 아버님의 생각들을 얘기해 보시니까 어떠신지?) 글쎄요. 이렇게 한 가지 주제로는 내 얘기를 많이 한 거죠. 내 얘기를 많이 해본 거는 처음이고, 다른 사람들한테 일부분씩 조금씩 조금씩은 얘기했겠죠. 한 사람을 통해서 한 가지 주제를 통해서 계속해서 얘기했던 거는 처음이기 때문에, 어쨌든 아직도 생각해 보면 다 얘기하지는 못했겠죠. 다 얘기하지는 못했고, 내 삶에 있어서 내가 살아오면서 사회생활 하면서 주요 된 얘기들은 대부분 했었던 것 같고…. 크게 내 삶에 있어서 기복이 많았던 인생은 아닌데, 어쨌든 이 사고 나고 나서 다시 한번 느끼게 됐던 거고, 어쨌든 이런 기록들이 어떻게 저장이 되고 남을지는 모르겠지만 지금까지 여기서 얘기했던 내용들은 제가 보는 관점에서는 다 얘기한 것 같아요. 좋았던 것 같아요.

면담자     조금 후련하세요?

세희 아빠     후련하지는 않고, 후련하지는 않아요. 후련한 거보다도 누군가한테 이렇게 얘기를 하고 나면 답답한 거는 풀리죠, 그때 당시에만 이러고. 어쨌든 지금도 뒤돌아서서 있고 하면, 하다못해 TV를 봐도 뉴스를 봐도 우리의 심각한 상황들은 TV에 나오지 않고, 알아도 그만 몰라도 그만인 내용들은 많이 나오는 것들을 보면, 한참 그것만 봐도 뭐 생각하다 보면 답답한 심정이 올라오고 하니까…. 이런 것들만 봐도 참 진짜 중요한 사항은 [빠지고] 매스컴이라는 게 공중파라는 게 저렇게밖에 못 하나 이런 생각만 드니까…. 왜냐면 공중파 보면 짜증 나고 그런 생각밖에 안 들어요. 진짜 중요한 사안이 뭔지, TV 뉴스를 보면 제목만 얘기하고 그 제목의 속내를 얘기를 안 하니까, 그게 이게 무슨 언론이냐, 누구나 다 제목만 얘기하는 거는 신문을 봐도 제목만 보고 다 판단하고 그러는 게 아니잖아요. 내용을 읽어야지, 그 내용을 알아야 알 수 있는 거 아니에요? 제목만 보고 내용을 알 수 있는 게 아니잖아요.

그니까 그런 부분들이 언론들이 굉장히 취약한 부분[이라고 생각해요]. 저 사람이 예를 들어서 살인자한테 물어보잖아요. "왜 죽였냐?" 하면 그 이유가 있을 거 아니에요. 그 이유는 얘기 안 하고 "죽였다"

그게 끝이잖아요. 지금 우리 뉴스들이 다 그래요. 왜 그런 상황은 필요한지, 노동법을 박근혜가 개악을 할라고 하면 왜 필요한지를 얘기를 안 하잖아요. 그냥 막연하게 청년 실업자들을 없애기 위해서, 그렇게 하면 왜 없애지는데 [하는 이야기는] 자세하게 안 나오잖아요. 그럼 반대로 그걸 하면 안 되는 이유를 얘기를 하잖아. 그러면 민주노총은 왜 그걸 반대를 하는지, 반대 집회만 한다라고 딱 나오잖아. 왜, 반대를 하는 내용이 뭐냐, 반대를 하는 이유가 있을 거 아냐, 그 이유는 안 나오잖아. 그게 지금 바로 언론의 현실이라고. 단지 박근혜 정부가 왜 해야 되는지랑 정당성에 대해서만 계속 어필하려고 하는 내용들만 나오잖아. 하다못해 광고도 보면 노동부에서 노동법을 위반하는 취지의 광고들을 때리는 거 보면 말이 되냐고.

이런 부분들에 대해서 완전히 세상이 잘못돼 있는 거죠, 거짓말을 해도 묵인되는. 광고나 이런 부분들도 거짓말을 해도 묵인되는 게 많잖아요. 이게 정권이 언론을 다 장악하고 있다라는 게 너무 잘못돼 있는 거죠. 일단 우리나라는 언론이 독립이 안 돼 있고 사법 체계가 지금 독립이 안 돼 있다는 거죠. 그거만, 딱 두 개만 독립성이 보장이 돼도 세상이 이렇지는 않을 거라는 데, 그런 생각이 너무 많이 들어요. 그게 제대로 된 민주국가가 아니라는 거, 민주주의가 아니라는 거지. 민주주의라 하면 대통령 선거 직선제 요거밖에 없는데 그 직선제마저도 투명성이 떨어져 있잖아요. 국정원 댓글 사건부터 해서 부정 개표부터 해서 이런 것들을 다 잠재우지 못한다면 이건 민주주의가 아닌 거죠. 그걸 해소시켜 줘야 민주주의인 거죠. 의심을 계속 품고 있는데 해소시켜 주지 않잖아요. 사법권이 독립돼야지 일단은 그런 것부터

세희 아빠 임종호

[해결해야 한다고 봐요]. 민주주의가 진짜 민주주의가 아니잖아 우리나라는.

그런 부분들을 우리는 사람들을 잘 몰라요. 민주국가라고 하니까 민주국간가 하는 거지. 하나하나 파고 들어가면 너무나 바뀌어야 될 게 많은 거야. 막연한, 옛날 나이 드신 어르신들처럼 막연하게 생각하고 판단하는 시기는 아니라는 거예요. 너무나 단순하기 때문에 정치하는 사람들이 너무나 단순하게 정치를 하는 거예요, 이용을 하는 거지. 우리 일반 서민들을 이용을 잘하는 게 정치인들이라서, 머리가 좋으면 정치를 하는 게 아니에요. 단순한 서민들의 삶을 이용을 하면 되니까 머리가 좋을 필요가 없다니까, 정치하는 사람들이. 단순하니까 단순하게 이용을 해버리잖아, 서민들을. 그런 정치를 한다는 자체가 잘못됐다(한숨). 얘기하면 더 답답한 것 같아.

면담자        긴 시간 동안 구술에 응해주셔서 감사합니다. 여기서 마치도록 하겠습니다.

**4·16구술증언록 단원고 2학년 9반 제1권**

그날을 말하다 세희 아빠 임종호

ⓒ 4·16기억저장소, 2020

**기획 편집** 4·16기억저장소 ₁ **지원 협조** (사)4·16세월호참사가족협의회

**펴낸이** 김종수 ₁ **펴낸곳** 한울엠플러스(주)

**초판 1쇄 인쇄** 2020년 4월 1일 ₁ **초판 1쇄 발행** 2020년 4월 16일

**주소** 10881 경기도 파주시 광인사길 153 한울시소빌딩 3층

**전화** 031-955-0655 ₁ **팩스** 031-955-0656 ₁ **홈페이지** www.hanulmplus.kr

**등록번호** 제406-2015-000143호

Printed in Korea.

**ISBN** 978-89-460-6777-6 04300

　　　 978-89-460-6801-8 (세트)

* 책값은 겉표지에 표시되어 있습니다.